MANAGEMENT

管理学

王　翔　淦家辉／主编

郑　娟　朱天义　陈谨祥／副主编

经济管理出版社

ECONOMY & MANAGEMENT PUBLISHING HOUSE

图书在版编目（CIP）数据

管理学/王翔，淦家辉主编；郑娟，朱天义，陈谨祥副主编 .—北京：经济管理出版社，2023.9

ISBN 978-7-5096-9295-0

Ⅰ.①管… Ⅱ.①王… ②淦… ③郑… ④朱… ⑤陈… Ⅲ.①管理学—高等学校—教材 Ⅳ.①C93

中国国家版本馆 CIP 数据核字（2023）第 180601 号

组稿编辑：张巧梅
责任编辑：姜思宇
责任印制：黄章平
责任校对：张晓燕

出版发行：经济管理出版社
　　　　　（北京市海淀区北蜂窝 8 号中雅大厦 A 座 11 层　　100038）
网　　　址：www. E-mp. com. cn
电　　　话：（010）51915602
印　　　刷：北京晨旭印刷厂
经　　　销：新华书店
开　　　本：720mm×1000mm/16
印　　　张：20
字　　　数：404 千字
版　　　次：2023 年 10 月第 1 版　　2023 年 10 月第 1 次印刷
书　　　号：ISBN 978-7-5096-9295-0
定　　　价：69.00 元

前　言

　　《管理学》一书于 2009 年在武汉大学出版社出版，2010 年获江西省高等学校优秀教材二等奖，在本科生和研究生教学中已连续使用 13 年，反映颇佳。鉴于管理理论和管理实践的新发展，尤其是公共管理领域改革的新形势，征得原第一主编刘汉一教授同意并授权，我们对该教材进行了修订。在第一版《管理学》基础上，我们尽可能吸收管理学前沿理论成果，反映管理学发展趋势，回应公共管理领域实践与改革的新形势、新问题、新关切。

　　本书保持原版设为基础篇、职能篇、前沿篇，各章体例也保持不变：以短小精炼的管理小故事开篇，以引发深思的管理案例收尾，同样辅以"复习思考题"，使原版《管理学》特色得以延续。但在章节安排上，做了比较大的调整：基础篇增加"管理环境"一章，前沿篇将原版的"人本管理"、"压力管理"、"危机管理"三章分别变更为"应急管理"、"知识管理"、"大数据治理"，以反映管理学理论新成果和管理实践新发展。

　　本书新增课程思政内容，以满足课程思政教学所需。根据中共中央办公厅、国务院办公厅《关于深化新时代学校思想政治理论课改革创新的若干意见》（2019 年 8 月）和教育部《高等学校课程思政建设指导纲要》（2020 年 5 月）精神，新版《管理学》各章以"课程思政小贴士"呈现若干"思政元素"并明确"教学意图"，试图以"润物细无声"的方式，将管理学理论教学与思想政治教育结合起来。这是新版《管理学》一大特色。

　　本书共十章，其中基础篇包括第一章管理学概述、第二章管理理论的形成和发展、第三章管理环境；职能篇包括第四章计划、第五章组织、第六章领导、第七章控制；前沿篇包括第八章应急管理、第九章知识管理、第十章大数据治理。

　　本书主要用作高等学校公共管理专业本科生和硕士研究生的教材，也可作为管理类其他专业、经济类各专业的教学参考书。

　　本书编写大纲由王翔组织设计，编写组成员有王翔、淦家辉、郑娟、朱天义、陈谨祥，王翔、淦家辉担任主编，郑娟、朱天义、陈谨祥担任副主编。各章节的撰稿分工为：王翔编写第一章和第三章、郑娟编写第二章和第九章、陈谨祥编写第四章和第五章、淦家辉编写第六章和第八章、朱天义编写第七章和第十章。全书由主编和副主编审稿，由王翔总纂定稿。

由于编写者水平有限，教材难免存在一些疏漏和不足，敬请各位读者不吝指正！

《管理学》编写小组
2022 年 9 月于南昌

目　录

基础篇

职能篇

前沿篇

基础篇

断地深化，人类的管理活动也在逐步地走向科学化。

正是由于管理的科学性，才催生了管理学这门学科。管理学是人类在长期从事管理实践活动中，对管理活动规律的总结。管理学把管理的规律性揭示出来，形成原则、程序和方法，对管理者的管理活动予以普遍性指导，使管理成为理论指导下的规范化的理性行为。承认管理的科学性，就是要求人们在管理活动中要不断发现与摸索管理的规律性，按照管理的规律来办事，在科学的管理理论与原则的指导下，搞好管理，提高管理效率。

管理的科学性还体现在严密的程序性和先进的技术性上。程序性是管理活动的一个重要特征。严密的程序性在管理活动中表现为一种严格的程序化操作，这种程序性首先体现在管理流程的设计中，其次体现在具体的操作工艺中。先进的技术性是指科学技术在管理活动中的应用与普及，现代管理活动越来越依靠现代科学技术，例如管理信息系统的开发与应用就是人类将计算机技术应用于管理活动的结果。随着现代科学技术的飞速发展，管理与技术的结合将会越来越紧密，管理活动也将会越来越高效化与智能化。

（二）艺术性

管理是一种随机的创造性工作，它不像有些科学那样可以单纯通过数学计算去求得最佳答案，也不可能为管理者提供解决问题的标准模式，它只能使人们按照客观规律的要求，实施创造性管理，从这个意义上讲，我们说管理是一种艺术。

管理的艺术性要求人们在从事管理活动时要注重管理技巧。在很多时候，一项具体管理活动的成效与管理者技巧发挥的程度密切相关。管理者对这种管理技巧的运用与发挥，体现了管理者设计和操作管理活动的艺术性。另外，由于人们在从事管理活动中可供选择的管理方式、手段多种多样，因此，在众多可选择的管理方式中选择一种合适的方式用于现实的管理之中，这也是管理者进行管理的一种艺术性技能。艺术性这种东西更多地取决于人的天赋与直觉，是一种非理性的东西，管理有时就是一种非理性的活动，否则就不会有许多人认为"管理没有理论"。

管理科学是反映管理活动中的客观规律的知识体系，管理艺术则是以管理知识和经验为基础，富有创造性管理技巧的综合。管理科学是管理这一能动过程的客观规律的反映，而管理艺术则是管理者主观创造性方面的反映。人们只有既掌握管理科学又具备娴熟的管理艺术，才能使自己的管理活动达到炉火纯青的地步。

对于学习管理学的人来说，不能把管理学当作一般的知识性学科进行学习，也不能简单地当作完成职业任务的操作技能来学习，而应该从管理科学、管理艺术两个层面来学习研讨管理学，使自己修炼成一个出色的管理者！

简言之，管理具有"两重性"，即科学性与艺术性。

第二节　管理者的分类及要求

管理者就是管理行为的发出者，也就是管理主体。组织中的管理者是指那些在组织中行使管理职能、指挥或协调他人完成具体任务的人。管理者的工作不是为了取得个人成就，而是帮助他人完成组织任务。在我们的日常生活中，存在着各种形形色色的组织，如公司、企业、学校、医院、政府部门、慈善组织等，这些不同类型的组织都具备组织的一些基本的共同的特征。

第一，每一个组织的存在和发展都有着它自身的目的，也就是说每一个组织都有着组织目标。第二，每一个组织都是由人组成的，组织中的人有的是管理人员，有的是非管理人员。第三，每一个组织都有着一定的组织结构和组织制度，用以规范组织成员的行为。

管理者在组织中工作，但并非所有在组织中工作的人都是管理者。我们可以把管理者之外的组织成员称为作业人员。作业人员是这样的组织成员，他们直接从事某项工作或任务，不具有监督其他人工作的职责，如工厂流水线上的装配工人、公司的业务员、酒店的服务员等。而管理者则是指挥监督别人活动的人，如工厂的组长、公司的业务经理、酒店的大堂经理等。当然，管理者也可能承担某项作业职责，如公司的业务经理除了负责管理监督业务员之外，有时自己也得跑业务，承担一部分业务职责。但是，有一点是绝对的，那就是作为一个管理者，一定要有直接下属，负有直接指挥下属开展工作的职责。在不同的组织中，不同的管理者具有明显的共性，并且共性大于差异性，从共性中把握差异，从差异中认识共性，才可能把握现实中管理者的角色定位。

一、管理者的分类

对管理者进行科学的分类，有助于我们更好地认识管理工作。依据不同的标准，可以将管理者分成不同的类型。管理者的分类方法可以说是多种多样的，比较常见的分类方法有以下两种：

（1）按管理者在组织中所处的层级可分为：高层管理者、中层管理者、基层管理者。高层管理者即对整个组织的管理负有全面责任的人，他们的主要职责是：制定组织的总目标、总战略，掌握组织的大政方针并评价整个组织的绩效。中层管理者的主要职责是：贯彻执行高层管理者所制定的重大决策，监督和协调基层管理者的工作。与高层管理者相比，中层管理者特别注意日常的管理工作。

基层管理者的主要职责是：给下属作业人员分派具体工作任务，直接指挥和监督现场作业活动，保证各项任务的有效完成。

高层管理者一般是指处在或接近组织最高领导位置的那一部分人，如公司的董事长、总经理，政府部门的首长，学校的校长等。中层管理者则可能享有这样的一些头衔，如公司的部门经理和地区经理、政府某个部门的主任、单位主管、大学某个学院的院长等。基层管理者是指最接近作业人员的那一部分人员，如工厂的领班、运动队的教练等。

组织中的管理者，按照层级由低到高，其人数由多到少呈递减趋势，呈现出一种金字塔型的结构，如图 1-1 所示。

图 1-1 管理者的层级

（2）按管理者所负责的领域可分为：综合管理人员与专业管理人员。综合管理人员即负责管理整个组织或组织中某个事业部的全部活动的管理者。专业管理人员即仅仅负责管理组织中某一类活动的管理者，专业管理人员又可称为职能管理者，即只负责组织中的某项职能的管理人员。

组织中的高层管理者一般属于综合管理人员，如公司的总经理、政府的首长、学校的校长等。中层管理者与基层管理者大都属于专业管理人员，如公司的财务经理、学校的教务处长等。我们可以以公司为例，对管理者的领域进行具体分类，如图 1-2 所示。

二、管理者的素质

管理者的素质是指管理者有效从事管理活动所应具备的知识、能力与修养等。虽然不同层级的管理者和不同领域的管理者有不同的素质要求，但是对于一般意义上的管理者而言，又有着一些共同的基本的素质要求，这是由管理工作的内在共同特性所决定的。不同层级和不同领域的管理工作虽然有不同的表现形式，但是仍有着共同的特性。管理者的素质就是建立在这一共同特性基础之上的。作为一名合格的管理者应该能够做到有效地履行管理职能，明确管理者在管理工作中所应该扮演的角色和掌握的基本管理技能。

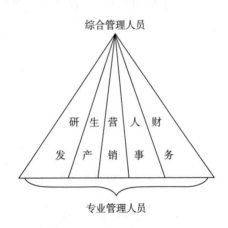

图 1-2　管理者的领域分类

（一）有效地履行管理职能

20 世纪初，致力于创建一般管理理论的法国著名管理学家法约尔认为，所有的管理者都履行着五种管理职能：计划、组织、指挥、协调和控制（即管理活动包含的五项要素）。法约尔的管理职能理论为人们科学地认识管理工作奠定了基础，也使人们相信对于所有的管理者而言，都要承担一些共同的管理职能，至于这些共同的管理职能到底包含哪些内容，后人则有不同的看法，有提出六种职能的，有提出七种职能的，也有提出四种或者三种职能的。孔茨在其畅销全球的管理学经典教科书中，将管理职能概括为计划、组织、人事、领导和控制五项。另一位管理学经典教科书作者斯蒂芬·P. 罗宾斯则将管理的五个职能精简为四个：计划、组织、领导和控制。无论是五职能说，还是四职能说，其本质内容都是一样的，只不过是表述的不同而已。今天比较通用的是罗宾斯的计划、组织、领导与控制四职能说（见图 1-3）。

计划职能包含确定组织的目标，制定组织的整体战略以实现组织的目标，以及将计划逐层展开，以便协调和将各种活动一体化。

组织职能是指管理者承担着设计组织结构的职责。它包括决定组织要完成的任务是什么，谁去完成这些任务，这些任务怎么分类组合，谁向谁报告，以及各种决策应在哪一级上制定。

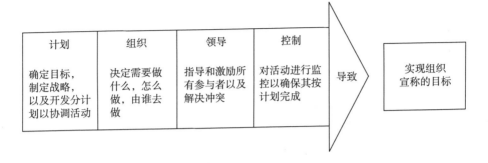

图1-3 管理的四种职能

领导职能体现在管理者指导和协调组织成员的过程中。当管理者激励下属，指导他们的活动，选择最有效的沟通渠道，解决组织成员之间的冲突时，他就是在进行领导。

控制职能是管理者要履行的最后一个职能。为了保证事情按照既定的计划进行，管理者必须监控组织的绩效，将实际的表现与预先设定的目标进行比较，如果出现了任何显著的偏差，控制的任务就是使组织回到正确的轨道上来。这种监控、比较和纠正的活动就是控制职能的含义。

既然所有的管理者都必须承担计划、组织、领导和控制职能，那么作为一名合格的管理者就应该具备良好的计划、组织、领导和控制能力，这应是管理者必备的基本素质。管理者合格与否，在很大程度上取决于上述四种管理职能的履行情况。

（二）明确管理者的角色

根据亨利·明茨伯格（Henry Mintzberg）的一项被广为引用的研究，管理者在管理活动中扮演着十种角色，这十种角色可被归入三大类：人际角色、信息角色和决策角色，如图1-4所示。

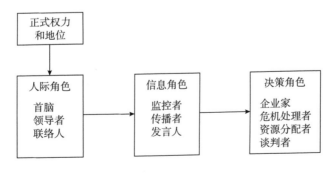

图1-4 管理者的角色

1. 人际角色

人际角色直接来自于正式权力并且涉及基本的人际关系。管理者所扮演的三种人际角色是首脑、领导者和联络人。

首脑。作为组织的首脑，每位管理者有责任主持一些仪式，比如接待重要的访客、参加某些职员的婚礼、与重要客户共进午餐等。

领导者。由于管理者管理着组织，他就对该组织成员的工作负责，在这一点上就构成了领导者的角色。这些行动有一些直接涉及领导关系，比如，在大多数组织中，管理者通常负责雇用和培训职员。另外，也有一些行动是间接地行使领导者角色。比如，每位管理者必须激励员工，以某种方式使他们的个人需求与组织目的达到和谐。在领导者的角色里，我们能最清楚地看到管理者的影响。正式的权力赋予了管理者强大的潜在影响力。

联络人。联络人角色指的是管理者同他所领导的组织以外的无数个人或团体维持关系的重要网络。通过对每种管理工作的研究发现，管理者花在同事和单位之外的其他人身上的时间与花在自己下属身上的时间一样多。这样的联络通常都是通过参加外部的各种会议、参加各种公共活动和社会事业来实现的。实际上，联络角色是专门用于建立管理者自己的外部信息系统的——它是非正式的、私人的，但却是有效的。

2. 信息角色

依靠与下属和关系网的人际联系，管理者成为组织的神经中枢。他不可能知道每件事情，但却肯定比任何下属知道得多。作为领导，管理者有正式和简单的途径去接近他们的每一个下属，关于本组织的情况，他们比其他任何人都知道得更多。另外，管理者的交往活动也把他们暴露在外部信息面前，而他们的下属通常缺乏接近这些信息的途径。管理者进行的很多联系活动都是联系其他具有同等地位的管理者，这些管理者本身就是自己组织的神经中枢。以这种方式，管理者逐步建立起强有力的信息资料库。信息处理是管理者工作的关键部分。管理者所扮演的信息角色主要包括监控者、传播者、发言人三种。

监控者。作为监控者，管理者为了得到信息而不断审视自己所处的环境。他们询问联系人和下属，接收主动提供的信息（这些信息大多来自他的个人关系网）。担任监控角色的管理者所收集的信息很多都是口头形式的，通常是传闻和流言。这些联系使管理者在为组织收集信息上具有天然的优势。

传播者。管理者必须分享并分配信息。组织内部可能会需要这些通过管理者的外部个人联系收集到的信息。在传播者的角色中，管理者需要直接传递给下属一些他们独享的信息，因为下属没有途径接触到它们。当下属之间的联系不大便利时，管理者有时会分别向他们传递信息。

发言人。管理者把一些信息发送给组织之外的人，比如总裁发表演讲或者工程领导建议供应商改进某个产品。另外，作为发言人角色的一部分，每位管理者必须随时告知并满足控制其组织命运的人或部门的要求。首席执行官可能要花大量时间去同有影响力的人周旋，要就财务状况向董事会和股东报告，还要履行组织的社会责任等。

3. 决策角色

信息是决策制定时不可或缺的因素。管理者在组织的决策制定系统中起着主要作用。作为具有正式权力的人，只有管理者能够使组织专注于重要的行动计划；作为组织的神经中枢，只有管理者拥有及时全面的信息来制定战略。管理者的决策角色主要表现为企业家角色、危机处理者角色、资源分配者角色和谈判者角色。

企业家。管理者必须努力组织资源去适应周围环境的变化。在监控者角色里，管理者不断寻找新思想，而作为企业家，当出现一个好主意时，管理者要么决定一个开发项目，直接监督项目的进展，要么就把它委派给其他人去落实。

危机处理者。企业家角色把管理者描述为变革的发起人，而危机处理者角色则显示管理者非自愿地回应压力。在这里，管理者不再能够有效控制迫在眉睫的罢工、某个主要客户的破产或某个供应商违背了合同等突发事件。实际上，每位管理者必须花大量时间对付高压或骚乱。没有组织能够事先考虑到每个偶发事件。骚乱发生的原因不仅是因为管理者的疏忽，以至于酿成危机，还因为再好的管理者也不可能准确预测自己采取行动的所有结果。

资源分配者。管理者负责在组织内分配资源，他分配的最重要的资源也许就是他的时间。接近管理者就等于接近了组织的神经中枢和决策者。管理者还负责设计组织的结构，即决定分工和协调工作的正式关系的模式。在作为资源分配者的角色里，重要决策在被执行之前，首先要获得管理者的批准。通过保留这种权力，管理者能确保决策是互相关联的。分裂这种权力就等于鼓励不连续的决策和脱节的战略。

谈判者。对各个层次管理工作的研究显示，管理者花了相当多的时间用于谈判，比如足球俱乐部老板被叫来解决与坚持不让步的超级球星的合同纠纷、公司总裁率领代表团去处理一次新的罢工事件等。谈判是管理者不可推卸的工作职责，而且是工作的主要部分，因为只有管理者有权把组织资源用于"真正重要的时刻"，并且只有他拥有重要谈判所要求的关键信息。

明茨伯格认为，管理者的这10种角色是不能轻易分开的，它们形成了一个完全形态，是一个有机整体。没有哪种角色能在不触动其他角色的情况下脱离这个框架。比如，如果一位没有联络交往的管理者缺乏外部信息，那么他就既不能传播下属需要的信息，也不能做出充分反映外部条件的决定。实际上，新上任的管理者普遍面临的一个现实问题是，在关系网搭建之前，他很难做出有效的决策。

（三）掌握必备的管理技能

管理学界的研究表明，管理者在从事管理工作时必须具备以下三类技能：

（1）技术技能，指管理者掌握与运用某一专业领域内的知识、技术和方法的能力，包括专业知识、经验，技术、技巧，程序、方法、操作与工具运用的熟练程度等，如监督会计人员的管理者必须懂会计知识。

（2）人际技能，指管理者处理人事关系的技能，包括观察人、理解人、掌握人的心理规律的能力；人际交往中融洽相处、与人沟通的能力；了解并满足下属需要，对下属进行有效激励的能力；善于团结他人，增强向心力、凝聚力的能力等。

（3）概念技能，指管理者观察、理解和处理各种全局性的复杂关系的抽象能力，包括对复杂环境和管理问题的观察、分析能力；对全局性的、战略性的、长远性的重大问题的处理与决断能力；对突发性紧急处境的应变能力等。概念技能的核心是一种观察力和思维力。

以上三类管理技能对于处于组织不同层次的管理者而言，其重要性是不一样的。三类管理技能对于不同层次管理者的重要性程度可以用图 1-5 表示。

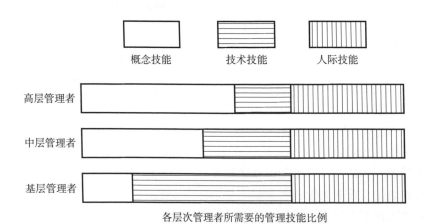

各层次管理者所需要的管理技能比例

图 1-5　管理者技能图

由图 1-5 可以看出，概念技能对于高层管理者最重要，对于中层管理者较重要，对于基层管理者较不重要；技术技能对于基层管理者最重要，对于中层管理者较重要，对于高层管理者较不重要；人际技能对于所有层次的管理者的重要性大体相当。

三、管理者的职权

所谓职权是指管理者依据其职位，为了达到组织目标而拥有的开展活动或指挥他人行动的权力。拥有一定的职权是管理者完成分派任务的必要条件，任何一个管理者都拥有与其在这一组织中的岗位职责相对应的岗位职权。管理者没有与其职责相对应的职权，将无法履行其职责。因此，从某人被任命为某一组织的管理者起，上级就会赋予其指挥该组织中的其他成员的权力，并可在授权范围之内自行决定有关该组织运行方面的事项。

（一）管理者的职权

管理者不仅拥有开展本职工作的权力，而且还拥有指挥下属开展工作的权力。在组织中，管理者的权力来自于组织中更高管理层的授予。组织正式授予管理者的职权一般包括支配权、强制权和奖赏权。这些权力发挥作用的基础不同，适用范围也不同，为更有效地指挥下属，管理者就必须学会正确地运用职权。

1. 支配权

在其分管的工作范围，管理者具有确定工作目标、建立相应组织、制定规章制度、组织开展活动的决策权和对下属工作的调配权。这种支配权是由管理者的地位或在组织权力阶层中的角色所赋予的。组织正式授予管理者职务，从而使管理者占据权势地位和支配地位，使其有权对下属发号施令。管理者的支配权力主要包括：参与选择下属和对下属工作进行调配、检查、考核和按照组织的规定进行奖惩的权力；在组织核定的预算范围内按组织相关制度审批（或审核）本部门费用开支的权力；根据本部门的职能，按照组织的相应制度和流程，组织制定本部门各项工作具体操作规程和相应制度实施细则的权力；要求其他部门对本部门工作进行合理配合的权力；在本职工作范围内按组织相应制度自主组织开展本部门工作的权力。

管理者的支配权，来源于他的工作职责。因此，管理者拥有的支配权局限于管理者的工作职责范围之内，一旦超越这一范围，该管理者的支配权就会失效。

2. 强制权

强制权是指管理者拥有权力可迫使组织成员顺从。这种权力可能是负面的。强制权并不像其他类型的权力是基于互利的权力移转，组织成员是因不想遭受到惩罚才顺从管理者的要求。在某些情况下，管理者是依赖于强制权来迫使下属服从自己的命令。

强制权只适用于管理者要求下属履行其职责范围内的工作。当下属没有能够按照要求履行其应该履行的职责时，管理者可以通过惩罚威胁来迫使下属履行职责，从而保证完成组织分派的各项任务。要发挥强制权的效用，必须事先向下属讲清楚如果不服从上级的指挥、不履行其应该履行的职责将受到何种惩罚，强制权发挥作用的基础是下属的惧怕，而且这种惩罚必须是下属所害怕的。当下属不在乎这种可能的惩罚，或者事先不知道这种可能的惩罚，强制权就会失效。为了使强制权有效，管理者必须对下属的工作加强监督检查，但这会提高管理成本。

3. 奖赏权

奖赏权是通过给予精神和物质的奖励，来引导下属做出有利于组织目标的行动。管理者可通过强制权迫使下属履行其应该履行的工作职责。但当管理者要求下属付出额外的劳动或从事其岗位职责范围以外的工作时，管理者就不可以通过强制权来迫使下属服从，而要通过奖赏权来诱使下属服从。奖赏权是建立在交换原则基础之上的，管理者通过提供精神和物质的奖励来换取下属的遵从。奖励可增加管理者对下属的诱导力，提高下属对额外工作的兴趣并提高工作效率，但条件是管理者所许诺给予的奖励必须是下属所需要的，否则就不能对下属的行为产生有效作用。

（二）职权的有效性

在组织中，管理者拥有指挥下属的职权，但管理者的职权并不总是有效，管理者的权力只在一定的范围之内有效。管理者的职权来自于组织的工作需要，因此管理者的职权运用只有出自工作需要，与组织目标的实现相一致，并发挥出有助于组织目标实现的作用时，其权力才是有效的。任何一个组织成员都可以拒绝执行管理者发布的与组织目标不一致的指令。

管理者的职权受组织中工作职责权力分配的限制，管理者只能行使岗位职责所授予的权力。任何一个管理者的权力，一方面要受更高层级权力的限制，即使是组织的最高权力也要受到法律和官方权力的制约；另一方面也受同级其他权限和下级权限的制约，管理者不能随意干涉他人权限范围之内的事务。例如在一个组织中，只负责分管生产工作的管理者不能擅自作出财务策略的决定（财务管理者的权力），也不能擅自作出组织基本人力资源的调配（组织最高管理机构的权力）。

即使是在组织规定的权力范围之内，管理者权力的充分行使也受到权力重叠交叉的冲击。任何权力都不是孤立的，很难做到界限绝对分明，有时有些权力在执行中还会发生冲突。权力交叉或冲突的存在，并不能成为取消其中某一种权力的理由，但在客观上会影响管理者有效行使其权力。

管理者权力的有效性，一方面与权力行使是否与组织目标相一致有关，另一方面还要看下属接受权力支配的情况。若下属拒绝接受权力支配，那么权力的有效性也会丧失，然而采用奖励或惩罚的办法也许能诱使或迫使下属改变态度，从而恢复权力的有效性。

管理者权力的有效性受到各种因素的影响，所以管理者不仅要清楚了解各种权力的作用基础和适用范围，而且要了解影响职权有效性的各种因素，以正确运用好各种职权，确保自身职责的履行。

（三）管理者的领导责任

权力与责任是相互对应、相辅相成的。管理者在组织中拥有指挥他人的权力，相应地，管理者也就负有与其权力相对应的责任，即：管理者不仅要对自己的工作负责，而且要对下属的工作负责。因为下属是在管理者的指挥下开展各项工作的，下属在工作中出现问题，就说明管理者在履行其管理职能方面存在着不足，管理者负有不可推卸的领导责任，因此不仅犯错误的下属要对其自身工作失误负责，而且管理者要对下属工作中出现的失误，以及这种失误反映出来的管理问题承担领导责任。

管理者所承担的责任大小是与其权力大小和利益大小相对应的。作为一个管理者，除了要对自己的计划、组织、领导、控制等本职工作负责以外，还要对其分管部门或分管工作的最终绩效负责，对下属人员的工作行为负责，对分管部门所提供的信息的及时性和准确性负责。管理者不仅要对自己的工作负责，而且还要对分管部门和下属的工作绩效负责。下属在工作中出现失误，是因为管理者没有履行好自己的职责，在计划、组织、领导、控制某一环节出了问题。因此，组织中出现任何问题，该组织的管理者都负有不可推卸的领导责任；要彻底解决组织中的问题，就必须从管理者自身是否很好地履行了其管理职责着手。

综上所述，尽管管理者在组织中的地位不同、职责不同，但从他们所从事的工作性质看，他们从事的都是管理工作。而且，无论管理者在组织中的地位如何，其所担负的基本职责是一样的，即：设计和维护一种环境，使身处其间的人们能在组织内协调地开展工作，从而有效地实现组织的目标。

课程思政小贴士

思政元素：早在 2010 年 9 月 1 日，在中央党校秋季学期开学典礼上，习近平总书记就强调指出，马克思主义权力观概括起来是两句话：权为民所赋，权为民所用。领导干部不论在什么岗位，都只有为人民服务的义务，都要把人民群众利益放在行使权力的最高位置，把人民群众满意作为行使权力的根本标准。

教学意图：引导学生了解职权的有效性，理解组织管理和个人管理的异同。

第三节　管理学的研究内容和特点

一、管理学的研究内容

管理学是一门系统地研究人类管理活动及其基本规律的科学。人类的管理活动涉及到生产力、生产关系、上层建筑三个方面，管理学作为一门科学，研究管理活动的规律性，就是为了帮助人们解决与管理活动有关的生产力、生产关系和上层建筑等方面的问题。具体而言，管理学研究的主要问题包括以下三个方面：

（一）合理组织生产力

主要研究如何配置组织中的人力、财力、物力等各种资源，使各要素充分发挥作用，以实现组织目标和社会目标的相互统一。因此，怎样计划安排、合理组织以及协调、控制这些资源的使用以促进生产力的发展，就是管理学研究的主要问题。

（二）完善生产关系

主要是研究如何处理组织中人与人之间的相互关系，尤其是管理者与被管理者之间的矛盾关系问题；研究如何建立和完善组织机构设立、人员安排以及各种管理体制问题；研究如何激发组织内部成员的积极性和创造性，为实现组织目标而服务。

（三）适时调整上层建筑

主要是研究如何使组织内部环境与其外部环境相适应的问题；研究如何使组织的规章制度与社会的政治、经济、法律、道德等上层建筑保持一致的问题，建立适应市场经济发展的新秩序和规章制度，从而维持正常的生产关系，促进生产力的发展。

在研究人类管理实践活动的基础上，管理学逐渐形成了一套自己的学科研究体系与学科框架。在理论与方法不断创新和发展的基础上，管理学已经成为一门独立的学科，形成了自己的学科特征，其学科研究内容主要包括以下几个方面：

1. 管理思想与管理理论的产生和发展

管理思想与管理理论是一个历史的发展和演化的过程。管理思想与管理理论的形成与发展，反映了管理科学从实践到理论的发展过程。研究其产生和发展是为了鉴古知今，继往开来，以更好地推动管理理论的创新与发展。本书通过对管理理论的产生和发展的研究和介绍，可以使读者更好地理解管理学的发展历程，加深对管理学的认识。

2. 管理的基本原理与原则

任何一门学科都有其基本的原理，管理学也不例外。管理的基本原理是指带有普遍性的、根本性的管理规律，是对管理的实质及其基本规律的表述。诸如：决策的制定、计划的编制、组织的设计、过程的控制等，这些活动都有一个基本的原理和原则，是人们进行管理活动所必须遵循的，我们必须学习和掌握它。

3. 管理过程与管理职能

主要研究管理活动的过程和环节、管理工作的程序等问题。管理职能主要涉及到管理过程中的计划、组织、领导与控制等环节。

4. 管理者及其行为

管理者是管理活动的主体。管理活动的成功与否，与管理者有着密切关系。管理者的素质，管理者的领导方式、领导行为、领导艺术和领导能力，对管理活动的成败起着决定性的作用。

5. 管理方法

管理方法是实现管理目标所不可缺少的，因而它是管理学研究的重要内容。管理的方法很多，如经济学方法、社会学方法、心理学方法等。一般而言，凡是有助于管理目标实现的各种方式、手段、技术等都可以归于管理方法的范畴。管理功能的发挥，管理目标的实现，离不开各种管理方法的合理使用。

二、管理学的特点

管理学是人们长期从事管理实践活动的理论总结。它是在管理实践经验的基础上，吸取和运用有关其他学科的研究成果，经归纳提炼而形成的有关管理的系统知识。现代管理学是在继承和发展管理历史经验与理论的基础上，综合运用现代社会科学、自然科学、技术科学的理论与方法，研究现代社会条件下管理活动的基本规律和方法形成的综合性交叉科学。现代管理学具有以下特点：

（1）管理学是一门综合性的交叉科学。管理学的研究和知识运用涉及到许多学科的知识，既有社会科学，也有自然科学。管理学既涉及生产力，又涉及生产关系和上层建筑，它与经济学、政治学、心理学、数学以及各种技术科学有密切的关系，是这些科学交叉渗透的产物。所以，管理学不同于一般文科，也不同于一般理科，而是文理交叉的学科。管理研究的内容十分广泛，所涉及的学科也非常多，因此管理学是一门综合性的交叉科学。

（2）管理学是一门软科学。研究具有知识形态的技术称为软技术或软科学。而管理学是研究组织资源的合理配置和利用的原理、程序和方法，以期达到组织的目标，这属于知识形态的范围，所以说管理学是一门软科学。

（3）管理学是一门应用科学。科学的门类，一般由基础科学、技术科学和应用科学所组成。基础科学是研究基础理论的，如自然科学方面的物理学、化学、生物学等，社会科学方面的哲学、史学、经济学等。应用科学则是将基础理论和技术用于实践，解决生产生活中遇到的各种理论和技术问题。而管理学是研究管理活动的规律性，目的是解决与管理活动有关的生产力、生产关系和上层建筑等方面的问题。所以说管理学是一门应用科学。

（4）管理学是一门模糊科学。管理学发展只有100多年历史，其许多原理是建立在调查访谈、观察、归纳的基础之上，一些原理没有经过严格的证明。另外，管理学还有许多未知的空白区等待人们去研究，也还有许多概念、观点等问题没有统一的定论，所以说管理学是一门模糊科学。

（5）管理学是一门科学，更是一门艺术。管理学研究管理活动具有一般规律，但在实践过程中，要根据具体的管理环境和管理条件去开展管理活动。管理活动的效果，依赖于管理者根据条件，创造性地运用自身的知识、技能、方法和经验去解决各种复杂多变的管理问题。管理活动中这种创造性发挥，体现了管理的艺术性。

案 例
升任公司总裁后的思考

郭某最近被一家生产机电产品的公司聘为总裁。在他准备去接任此职的前一天晚上，他浮想联翩，回忆起他在公司工作20多年的情况。

他在大学时学的是工业管理，大学毕业获得学位后就到该公司工作，最初担任液压装配单位的助理监督。他当时感到真不知如何工作，因为他对液压装配所知甚少，在管理工作上也没有实际经验，他感到几乎每天都手忙脚乱。可是他非常认真好学，他一方面仔细参阅该单位所订的工作手册，并努力学习有关的技术书刊；另一方面监督长也对他主动指点，使他渐渐摆脱了困境，胜任了工作。经过半年多时间的努力，他已有能力独担液压装配监督长的工作。可是，当时公司没有提升他为监督长，而是直接提升为装配部经理，负责包括液压装配在内的四个装配单位的领导工作。

在他当助理监督时，他主要关心的是每日的作业管理，技术性很强。而当他担任装配部经理时，他发现自己不能只是关心当天的装配工作状况，他还得做出此后数周乃至数月的规划，还要完成许多报告和参加许多会议，他没有多少时间去从事他过去喜欢的技术职责。当上装配部经理不久，他就发现原有的装配工作手册已基本过时，因为公司已安装了许多新的设备，吸收了一些新的技术，这令他花了整整一年时间去修订工作手册，使之切合实际。在修订手册过程中，他发现要让装配工作与整个公司的生产作业协调起来是有很多讲究的。他还主动到几个工厂去访问，学到了许多新的工作方法，他也把这些吸收到修订的工作手册中去。由于该公司的生产工艺频繁发生变化，工作手册也不得不经常修订，郭某对此都完成得很出色。他工作了几年后，不但自己学会了这些工作，而且还学会如何把这些工作交给助手去做，教他们如何做好，这样，他可以腾出更多时间用于规划工作和帮助他的下属工作得更好，以及花更多的时间去参加会议、批阅报告和完成自己向上级的工作汇报。

在他担任装配部经理 6 年之后，正好该公司负责规划工作的副总裁辞职应聘于其他公司，郭某便主动申请担任这一职务。在同另外 5 名竞争者较量之后，郭某被正式提升为规划工作副总裁。他自信拥有担任这一新职位的能力，但由于此高级职位工作的复杂性，仍使他在刚接任时碰到了不少麻烦。例如，他感到很难预测 1 年后的产品需求情况，可是一个新工厂的开工，乃至一个新产品的投入生产，一般都需要在数年前做出准备。而且在新的工作岗位上他还要不断处理市场营销、财务、人事、生产等部门之间的协调，这些他过去都不熟悉。他在新岗位上越来越感到：越是职位上升，越难以仅仅按标准的工作程序去进行工作。但是，他还是渐渐适应了，做出了成绩，以后又被提升为负责生产工作的副总裁，而这一职位通常是由该公司资历最深的、辈分最高的副总裁担任的。到了现在，郭某又被提升为总裁。他知道，一个人当上公司最高主管职位之时，他应该自信有处理可能出现的任何情况的才能，但他也明白自己尚未达到这样的水平。因此，他不禁想到自己明天就要上任了，今后数月的情况会是怎样？他不免为此而担忧！

资料来源：http://www.gdcp.cn/jpkc/glxjc/.

案例讨论

1. 郭某担任助理监督、装配部经理、规划工作副总裁和总裁这四个职务，其管理职责各有何不同？能概括其变化的趋势吗？

2. 你认为郭某要成功地胜任公司总裁的工作，哪些管理技能是最重要的？

复习思考题

1. 管理的职能有哪些？它们之间有什么关系？

2. 如何理解管理既是一门科学又是一门艺术？

3. 在一个组织中，管理者承担着哪些角色？

4. 请将管理的四种职能与管理者的十种角色相对照。

5. 为什么要学习管理学?

6. 为什么管理者对组织的成功起着重要作用?

7. 什么是管理? 怎样理解管理的含义?

8. 为什么处于同一组织的不同层次的管理者其所需技能结构是不同的?

9. 如果下属不服从管理者,管理者应该怎么办?

10. 管理者的领导责任有哪些?

11. 部门工作没做好,主要是下属的责任,管理者的职责太多,不应管理者承担责任吗?

12. 管理学的特点有哪些?

第二章　管理理论的形成和发展

飞不出瓶口的蜜蜂[①]

如果你把六只蜜蜂和同样多只苍蝇装进一个玻璃瓶中，然后将瓶子平放，让瓶底朝着窗户，会发生什么情况？

你会看到，蜜蜂不停地想在瓶底上找到出口，一直到它们力竭倒毙或饿死；而苍蝇则会在不到两分钟之内，穿过另一端的瓶颈逃逸一空——事实上，正是由于蜜蜂对光亮的喜爱，由于它们的智力，蜜蜂才死亡了。

蜜蜂以为，囚室的出口必然在光线最明亮的地方；它们不停地重复着这种合乎逻辑的行动。对蜜蜂来说，玻璃是一种超自然的神秘之物，它们在自然界中从没遇到过这种突然不可穿透的大气层；而它们的智力越高，这种奇怪的障碍就越显得无法接受和不可理解。

那些愚蠢的苍蝇则对事物的逻辑毫不留意，全然不顾亮光的吸引，四下乱飞，结果误打误撞地碰上了好运气；这些头脑简单者总是在智者消亡的地方顺利得救。因此，苍蝇得以最终发现那个正中下怀的出口，并因此获得自由和新生。

管理正如这个玻璃瓶一样，最初，对人们来说也是一个不为人知的黑箱，是管理的理论家和实践家不断地探索与创新，才有了今天的管理学丛林，并把管理学的理论不断发扬光大。

第一节　早期的管理思想

从人类社会产生到 19 世纪末，人类为了谋求生存自觉不自觉地进行着管理活动和管理的实践，其范围是极其广泛的，但是人们仅凭经验去管理，尚未对经

---

① 参考资料：https://wenku.so.com/d/9f262354fde17238722f483157c46c5a.

验进行科学的抽象和概括，没有形成科学的管理理论。早期的一些著名的管理实践和管理思想大都散见于埃及、中国、希腊、罗马和意大利等国的史籍和许多宗教文献之中。

一、中外管理思想萌芽

（一）中国的管理思想萌芽

作为世界上伟大的文明古国之一，中国有着光辉灿烂的历史文化遗产，其中就包括丰富多彩的管理思想。由于当时经济发展水平的限制，管理思想有些支离破碎，这些思想虽然不成体系，但是，我们探索管理思想的渊源，发展管理学的基本理论，寻找适合中国国情的管理理论和方法，都有必要对中国历史上的管理思想进行发掘。本节仅从先秦至汉代的诸子百家中选取有代表性的五家，即儒家、道家、法家、兵家和商家，对其管理思想扼要阐明，以见中国古代管理思想之一斑。

1. 以"仁"为核心的儒家管理思想

儒家的特点是关心人生、社会问题，他们在伦理道德方面建立了相当完整的思想体系，其中蕴含着丰富的政治管理及人事管理思想。儒家有四部经典之作：《论语》《孟子》《大学》《中庸》。其中，《论语》是记录孔子及其弟子言行的著作，孔子的一系列思想和主张都记录在其中。孔子的管理思想可以概括为以下几个方面：

"仁"是整个儒家理论体系的核心。孔子说："仁者，爱人。"（《论语·颜渊》）其核心是尊重和关爱人。孔子强调，在内为仁，在外为礼，即内心的道德情操和外在的行为规范相统一就达到了"仁"的境界。

孔子主张"和为贵"，孟子进一步明确提出"天时不如地利，地利不如人和"（《孟子·公孙丑》），把"人和"的理念推到管理准则的最高位置上。"和"就是和谐统一。相互有差异的事物组织在一起，相互协调、相互配合，就是"和"。

儒家管理思想最大的特点之一就是讲究"度"。如何实现"和"的理念？在方法论上孔子提出了"中庸"之道，以哲学的观点来认识的话，实际上是对"度"的把握与灵活运用。这种对"度"的灵活运用是管理的极高境界，在孔子一系列关于为官、从政、治家、治国的言论中，我们都能找到这种强调"度"的理念和方法。

儒家管理思想还有一个特点就是强调伦理道德观念。"为政以德，譬如北辰，居其所而众星共之。"（《论语·为政》）这段话就是强调伦理道德的巨大价值，一个人一旦有了仁德，就像天上的北斗星一样，满天的星辰都会围绕着你，听从你的指挥。所以修德是树立领导权威的关键所在。只有制度权力是不够的，必须有道德感召力。

在人事管理上，强调人本、识人、用人。所谓"为政在人"，"其人存，则其政举；其人亡，则其政息"（《中庸》）。看一个人到底是什么样子，要看他行为指向什么目的，这个目的背后的动机是什么，他现在的生活和心理状态如何。通过这三点，就可以清楚地掌握一个人的品性。在用人上要有战略眼光，用人所长而不是求全责备。

2. 以"无为"为最高原则的道家管理思想

老子是道家学派的创始人，著有《老子》一书。《老子》又称《道德经》，分《道经》和《德经》上下两篇。《老子》有丰富的管理思想，既有"治国"，又有"用兵"；既有宏观战略管理，又有微观战术管理，它被称为"君王南面之术"的重要著作。其主要思想有：

无为而治的管理原则。老子认为，实现"无为"的管理原则，是要使社会上的所有人，包括统治者和被统治者，都"无为"。"无为"是一个普遍适用于任何管理过程的原则，不论是政治管理、经济管理，还是军事管理、社会文化管理，都概莫能外。从这种认识出发，老子在治国问题上一贯强调"政简刑轻"，主张国家对经济活动采取不干预、少干预的态度，反对以严厉的政治、法律手段治国。

以弱胜强的管理策略。老子提出"抗兵相加，哀者胜矣"的观点。这里"哀者"既指战争的弱势一方，全军、全民对强敌的侵凌同仇敌忾；又指它得到交战双方以外势力的广泛同情与支持。又提出"以正治国"，要想在战争中取胜，首先要做好内治工作来加强自己的实力；"以奇用兵"，提倡后敌而动，伺机制敌的原则。

"善下"的用人思想。老子说"知人者智"，"善用人者为之下"，"常善救人，故无弃人"。就是说，认识人才，发现人才，才称得上有智慧。领导者应当时时处下，事事居后，不要显示自己的高贵，更不要把自己摆在前面，而应该永远谦恭、温和。"善下"的用人思想，对现代管理中如何识别人才、使用人才有重要的启示意义。

3. 以"法治"为基础的法家管理思想

法家是战国时期形成的一个重要学派，它是代表当时新兴地主阶级的一个政治派别。在历史上先秦法家对封建地主阶级生产关系的产生、国家的统一以及封建中央集权制的建立起过重要的积极作用。主要代表人物有李悝、吴起、商鞅、韩非等。其主要管理思想有：

以法治国的行政管理思想。法家以法治国思想的主要内容是严刑厚赏，即一是强调刑罚，二是注重赏罚。法家主张"性恶论"，认为人的天性都是趋利避害的，因此实行严格的赏罚制度是最有效的管理手段。

"以农富国"的经济管理思想。法家是极端的重农主义者，他们把农业看作富国的唯一途径，甚至看作国民经济的唯一部门。此外，商鞅提出"国富而贫治"的思想，即富国要当贫国来治理；还有"国贵少变"，即治理国家要注意相对稳定和事物发展的阶段性，切不可朝令夕改。韩非也同样指出了"治大国而数变法则民苦之"这个道理。

用人唯贤的人事管理思想。法家反对单凭个人喜怒好恶用人的人事管理原则。韩非认为，真正精明的管理者并不在于他个人的才能有多高明，而在于他善于集中大家的智慧来管理。

4. 兵家的管理思想

《孙子兵法》是一部含有丰富管理思想的重要著作。它的许多基本观点，对于现代企业经营管理具有启迪意义。《孙子兵法》共十三篇，它的管理思想包括系统管理、管理职能、人的管理等方面。

《孙子兵法》中的系统管理思想和管理职能思想，主要体现在"五事"和"七计"之中。所谓"五事"是指道、天、地、将、法。道——使民众和君主愿望一致，同心同德，不怕牺牲；天——讲究昼夜、阴晴、寒暑等自然天气状况；地——指路途的远近、险恶平坦、广阔狭窄、死地生地等地理状况；将——将帅的才智、诚信、仁慈、勇敢、威严等；法——讲部队的编制、指挥信号、将帅的职责、粮道和军需及军械的管理制度等。在孙子看来，上述五项是相互联系、相互配合的一个整体，必须综合考虑。

在"五事"的基础上，还要探求和对比敌我双方的强弱优劣，称为"七计"："故校之以计而索其情，曰：主孰有道？将孰有能？天地孰得？法令孰行？兵众孰强？士卒孰练？赏罚孰明？吾以此知胜负矣。"即要对敌我双方的情况进行比较分析，从而探索战争胜负的情势：哪一方的君主开明？哪一方的将帅贤能？哪一方占有天时、地利？哪一方政令畅通？哪一方的武器装备精良？哪一方的士卒训练有素？哪一方的赏罚公正严明？我们根据上述情况，就可预知谁胜谁负了。

孙子在对人的管理问题上，强调上下协调一致："道者，令民与上同意也，故可以与之死，可以与之生，而不畏危"。他提出"上下同欲"作为"知胜有五"中的一条。为此，孙子主张要有"赏"。因为"赏"是满足士兵的欲望，激励士兵士气的重要方法，而"利"则是"赏"的主要内容。但是，也不能滥施奖罚，要注意量度。

5. 商家的经营管理思想

商家是先秦至西汉前期的一个颇具特色的思想流派，主要代表人物有子贡、计然、范蠡和白圭等。

子贡，卫国人，孔子著名的七十二弟子之一，他在商业经营方面的思想可概括为：囤积货物，待价而沽；贱买贵卖（如，丰年买粮，灾年卖粮）；了解行情，善于判断，提出"物以稀为贵"的主张。

计然，又名计倪、计研，学识渊博，曾为范蠡之师。计然根据谷物丰歉的自然规律，来预测一切商品行情的变化。计然提出"积著之理，备完物，无息币"（《史记·货殖列传》），"论其有余不足，则知贵贱。贵上极则反贱，贱下极则反贵。贵出如粪土，贱取如珠玉"（《史记·货殖列传》），认为商品的价格决定于供求关系，供过于求时，价格低就买入，求过于供时，价格高就卖出。

范蠡从事经营活动，他主张"知斗则修备，时用则知物，二者形则万货之情可得而观已"（《史记·货殖列传》）。意思是说，能够充分理解作战与战前准备的关系，能够及时了解季节和需求之间的关系，则天下货物的供需行情，就看得很清楚了。这是范蠡从事商业经营的基本原则。他注意加速商品和资金的周转，增加利润，"财币欲其行如流水"（《史记·货殖列传》），"无敢居贵"（《史记·货殖列传》）。

白圭是战国时期的大商人，他"乐观时变"，根据年岁丰歉和商品供求规律预测，实行"人弃我取，人取我与"的商业经营原则。当年岁谷物丰收时，出售丝漆而大量收购谷物；待蚕丝大量上市时，则购进帛絮而出售低价收购的谷物。这样他每年的利润达百分之百。因此，白圭在当时被尊称为"治生之祖"。可见，在上述思想中，已经包含有商品市场管理、预测与决策等理论。另外还有如管子、吕不韦、桑弘羊等人的管理思想也十分丰富。

从上面的分析可以看出，中国古代虽然没有专门的管理学著作，但古人在论述人生观、社会观、兵法之类问题时，都涉及到管理学的重要原则。

课程思政小贴士

思政元素：中国特色社会主义文化，源自中华民族五千多年文明历史所孕育的中华优秀传统文化，熔铸于党领导人民在革命、建设、改革中创造的革命文化和社会主义先进文化，植根于中国特色社会主义伟大实践。（摘自习近平 2017 年10 月 18 日在中国共产党第十九次全国代表大会上的报告）

教学意图：引发思考，中华民族传统文化中蕴含着哪些管理思想？

（二）西方的管理思想萌芽

西方许多国家，尤其在西方各大文明发祥地，在早期的管理实践中总结出了深刻而丰富的管理思想。下面主要就国家行政管理、生产管理等方面的管理思想进行简要介绍。

1. 国家行政管理思想

（1）汉谟拉比法典。公元前2000多年的古巴比伦王国，就有了古代较为成熟的行政管理形式，具体体现就是制定了人类历史上第一部成文法典——汉谟拉比法典。它共有280多条，内容涉及贸易、工资、责任、奖罚等问题，甚至对会计收据的处理也做了一些规定。

（2）政事论。《政事论》是古代印度公共行政管理的奠基之作，亦译作《利论》或《治国安邦述》。梵语中意为"国王利益的手册"。包含有丰富的政治、经济、法律和军事、外交思想。相传为古印度孔雀王朝的开国大臣考底利耶所著，成书年代约在公元前4世纪末到前3世纪初。全书共15卷，150章，180节。《政事论》系统论述君主如何统治国家的种种问题。它分析了当时国家关系的基本状况，提出处理国与国之间关系的基本法则，以及自强争霸的种种方略。战争是扩张势力的基本方式，建立强大军队，灵活机动地作战，夺取敌人的土地和城市，是其军事管理思想的主要内容。该书也论述了行政管理人员的选拔、培养与使用办法等。

（3）君主论。15世纪初，意大利早期政论家、思想家马基雅维利在《君主论》一书中，提出了君主的权力来源于群众、维持组织的凝聚力、领导者的生存意志力和领导技术四大管理原则。这些指导思想对于现代管理还有着深远的影响。

2. 生产管理思想

（1）胡夫金字塔的建造。胡夫金字塔建于公元前2560年，这座巨大的陵墓高约146.5米，底边长约230米，共用230万块巨石堆砌而成。据考证，为建成该金字塔，一共动用了10万名奴隶，历时20余年。如此巨大的建筑工程，离不开较强的组织能力和管理思想的指导。

（2）有关简单的劳动分工思想。在公元前370年，古希腊学者瑟诺芬，提出朴素的劳动分工思想。他认为，在制鞋过程中，一个人只缝鞋底，另一个人进行剪裁工作，还有一个人制鞋帮，再由一个人专门把鞋底、鞋帮等部件组装起来。这样做，一定能把工作做得最好。

（3）威尼斯造船厂。15世纪管理思想的中心集中在意大利。威尼斯造船厂是当时世界上最大的工厂，该厂占有60英亩水陆面积，雇用1000多工人。造船厂在各方面的管理经验，已体现出现代管理思想的雏形。例如，装配线生产，威尼斯造船厂在工作中采取了类似于流水线作业的装配生产制度，船舰所需的各种零配件都放在一条运河的两岸，并按安装顺序排列，工人按部件和装备的种类分配在各个部门，并进行分工，一条战船从运河一端进来，走到另一端，武器、用具、食物、船员都配备完整，整装出发，效率极高。

二、产业革命时期的管理思想

（一）西方早期管理思想产生的社会背景

14—15世纪，欧洲各国已产生了资本主义的萌芽。随着原始积累的加紧进行，英、法等国先后爆发了资产阶级革命，相继推翻了封建地主阶级的统治，又经过18世纪到19世纪的工业革命，终于建立了资本主义。资本主义经历了简单协作、手工制造和机器大生产三个阶段。工业革命是资本主义的机器大工业代替手工技术为基础的工厂手工业的革命。工业革命既是生产技术上的一次革新又是生产关系的一次重大变革。这场工业革命使得物质资源和人力资源的大规模的结合成为必要，由此也引起了一系列实现这种结合而必须解决的管理问题，从而把管理提到了一个前所未有的高度，进一步推动近代管理思想和实践的迅速发展。

有计划、有组织的工人运动迫使资本家在处理劳资问题和赚取高利润上谋求新的途径。于是，管理问题研究开始了，管理的二重性决定了它不仅肩负着合理利用资源的重任，也担负着协调劳资关系、维护资产阶级统治的使命。

（二）西方早期管理思想的先驱者

古典管理理论产生之前，已有众多的企业界和理论界人士开始自觉研究管理问题，他们的研究成果，构成了管理理论产生的思想源头，为管理理论的诞生奠定了直接现实基础。这方面的人物很多，其中有代表性的有：

1. 小詹姆斯·瓦特和马修·博尔顿

他们的贡献主要体现在管理技术方面，即市场研究与预测技术；生产计划技术；生产过程规范化和产品部件标准化；依据工作流程有顺序地安装机器；建立详尽的生产统计记录；按照机器进行分部门的成本利润核算；工人与管理人员的培训方法；按效率和效果支付工人工资；工人自己管理自己；等等。难怪管理学家厄威克和布雷奇在研究了他们的管理经验后指出，他们之后，古典管理理论阶段的管理学家，在许多方面（例如计划）都没有超出他们二人的思想，他们的成本核算制度，甚至还要优越于现代许多成功的企业。

2. 亚当·斯密

亚当·斯密是英国古典政治经济学的杰出代表，在产业革命之初就对管理理论作出了贡献。他在1776年出版了《国富论》一书，该书不仅对经济和政治理论做了卓有成效的论述，而且对管理问题也进行了深入的探讨。针对劳动分工给制造业带来的变化，斯密以制针业为例进行了阐述，他说，一名没有受过专门训练的工人，恐怕一天也难以制出一根针来。就更不可能希望他每天制造二十根针。倘若把制针工序分为若干工作环节，每一环节都安排一项专门的工作，一个人专门抽铁丝，一个人专门把铁丝拉直，一个人专门切截铁丝，一个人专门磨尖铁丝的一端，一个人专门磨铁丝另一端，以便装上圆头，进行明确分工，相同数量的工人就能完成比以前更多的工作量。同时，斯密进一步分析了劳动分工推动生产效率提高的原因，他认为：第一，分工可以大大减少由一种工作转到另一种工作而损耗的时间；第二，工人的技术经过专业分工的训练，在业务上的某一种工作日益熟练；第三，机器的发明简化了劳动过程，使一个人能够做许多人的工作。

3. 罗伯特·欧文

罗伯特·欧文是英国的空想社会主义者，对共产主义理论的形成与建设产生了重大影响。同时，他也是英国 19 世纪一位颇有成就的企业家，对管理理论的形成也作出了贡献，这就是他首次提出了关心人的哲学，并在他与人合办的企业进行了全面实验，试图在企业内建立起一种全新的人际关系，例如：缩短工人的劳动时间；改善工厂内工人的工作条件；规定童工的最低年龄；为工人提供厂内膳食；设立商店，按成本价向工人提供生活必需品；改善工人生活居住条件；等等。在当时资本主义社会，欧文的这些做法是不可思议的，具有开创性，因此，他被誉为人事管理的先驱者。

4. 查尔斯·巴贝奇

查尔斯·巴贝奇是英国的数学家、发明家，是产业革命后期对管理思想贡献最大的先驱者之一。巴贝奇更全面、更细致地分析了劳动分工能提高生产效率的原因；特别强调劳资协作，为了调动劳动者的工作积极性，提出了一种固定工资加利润分享的制度。他认为劳动分工使生产率提高的原因是：第一，节省了学习所需要的时间；第二，节省了学习期间所耗费的材料；第三，节省了从一道工序转移到下一道工序所需要的时间；第四，经常从事某一工作，肌肉能够得到锻炼，不易引起疲劳；第五，节省了改变工具、调整工具所需要的时间；第六，重复同一操作，技术熟练，工作较快；第七，注意力集中于单一作业，便于改进工具和机器。

巴贝奇提出的一种固定工资加利润分享制度有以下好处：第一，每个工人的利益同工厂的发展及其所创利润的多少直接有关；第二，每个工人都会关心浪费和管理不善等问题；第三，能促使每个部门改进工作；第四，有助于激励工人提高技术水平及自身品德；第五，工人同雇主的利益一致，可以消除隔阂，共求企业的发展。

5. 安德鲁·尤尔

安德鲁·尤尔是英国管理教育的先驱，尤尔在管理方面的主要著作是 1835

年出版的《制造业的哲学》。他首先建议他所任教的学校建立起专门向工人传授知识的学院，该学院后来成为培养管理人员的基地。他指出每一个企业都有三种有机系统：第一是机械系统，指生产的技术和过程；第二是道德系统，指工厂中的人事方面；第三是商业系统，指工厂企业通过销售和筹措资金来维持生存。尤尔的思想对法国管理大师法约尔产生了直接影响。

6. 威廉·杰文斯

威廉·杰文斯是英国的经济学家和逻辑学家，他把数学方法引入经济学，在经济学方面的代表作是《政治经济学理论》和《经济学原理》。他在管理思想方面也有较大贡献，杰文斯是第一个研究劳动强度和疲劳关系问题的人，比泰罗所做的类似研究实验早十年。

7. 丹尼尔·麦卡勒姆和亨利·普尔

丹尼尔·麦卡勒姆是赴美的苏格兰移民，他思维敏捷，想象力丰富，在实践中积累了大量的管理经验。这些经验被美国宾夕法尼亚铁路公司所采用。麦卡勒姆主张实行严密的管理制度，他认为：必须恰当地划分并履行职责，实行明确的分工负责制；要想使人更好地履行职责，必须授予他足够的权力；采取措施以了解每个人是否忠实地履行了职责；建立每日报告核查制度反馈情况。

同时，麦卡勒姆还制定了严密的组织措施，包括：为工人拟定了职务说明书，工人必须按职务要求开展工作；绘制出最早的组织图以表示各部门之间的分工和报告控制关系；工人按其职务要求分为几个等级，并穿上标有其等级的制服。

麦卡勒姆的管理制度和组织措施遭到了工人的反对，但却得到了亨利·普尔的高度赞扬。普尔是一位出色的管理先驱，他在 1849—1862 年担任《美国铁路杂志》的主编时，就提出了许多重要的管理思想。他在泰罗之前 50 多年就提出了建立严格管理制度的思想，在法约尔之前 60 年就提出了集中指挥的问题，在梅奥之前 70 多年就提出了人的因素问题，而在阿吉里斯之前 100 年就提出了消除正式组织僵化问题，这些都是十分难能可贵的。

8. 查尔斯·杜平

查尔斯·杜平于 1819 年就任巴黎的公立艺术和职业学校的数学和经济学教授。他把管理作为一门独立的学科来进行教学。1826 年时，法国 98 个城市中有5000 多名职工学习杜平有关管理的教材。以后，他出版了有关管理的著作，读者就更为广泛了。

第二节　古典管理理论

在社会经济发展和前人管理思想的基础上，从 19 世纪末到 20 世纪初，随着资本主义自由竞争向垄断过渡，科学技术水平和生产社会化程度的不断提高，资本主义市场范围和企业规模的扩大，特别是资本主义公司的兴起，使组织管理工作日益复杂，而且还促使组织所有者与管理者加速分离，对管理的要求越来越高。而当时的管理一般仍是建立在经验和主观臆断的基础上，所以远远不能适应社会化大生产的要求，也不能适应复杂的企业组织的要求。为了适应生产力发展的要求，美国、法国、德国及其他一些西方国家都掀起了科学管理运动，从而形成了各有特色的管理理论，它主要包括科学管理理论和组织管理理论，又统称为古典管理理论。其中，科学管理理论着重研究如何提高单个工人的生产效率，其代表人物有弗雷德里克·温斯洛·泰罗（Frederick Winslow Taylor，1856—1915）、弗兰克·吉尔布雷斯（Frank Gilbreth，1968—1924）和莉莲·吉尔布雷斯（Lillian Gilbreth，1978—1972）夫妇以及亨利·L. 甘特（Henry L. Gantt，1861—1919）等；组织管理理论着重研究管理职能和整个组织结构，其代表人物有亨利·法约尔（Henri Fayol，1841—1925）、马克斯·韦伯（Max Weber，1864—1920）等。

在本节中我们重点介绍，美国的泰罗创建的科学管理理论、法国的法约尔创建的一般管理理论和德国的韦伯创建的行政组织管理理论。

一、泰罗的科学管理理论

弗雷德里克·温斯洛·泰罗是科学管理理论的创始人。他出生在美国费城一个富裕的律师家庭，中学毕业后考上哈佛大学法律系，但不幸因眼疾而被迫辍学。1875 年，19 岁的泰罗进入一家小机械厂当徒工，1878 年进入费城米德瓦尔钢铁厂当技工，1884 年升任总工程师，在该厂一直工作到 1897 年。在此期间，因工作努力，表现突出，很快先后被提升为车间管理员、小组长、工长、技师、制图主任和总工程师，并通过业余学习获得了机械工程学士学位。在米德瓦尔钢铁厂工作期间，发现许多工人"故意偷懒""磨洋工"，工作效率很低；虽然实行计件工资制度，但由于雇主在提高生产后就降低计件单价，造成工人不愿多做工作，生产效率难以提高。在实践中，他感到当时的企业管理当局不懂得用科学方法来进行管理，不懂得工作程序、劳动节奏和疲劳因素对劳动生产率的影响，而工人则缺少训练，没有正确的操作方法和适用的工具，这都大大影响了劳动生产率的提高。因此，为了改进管理，他进行了著名的"搬运生铁块试验"和"铁锹试验"。1898—1901 年，他又在伯利恒钢铁公司继续从事管理方面的研究。1901 年以后，大部分时间用于咨询、写作、演讲等，宣传他的企业管理理论——科学管理，即通常所称的泰罗制。泰罗的科学管理思想的代表著作有：《计件工资制》（1895 年）、《车间管理》（1903 年）、《科学管理原理》（1911年）等。1906 年，他出任美国机械工程师学会主席。1911 年，他的代表作《科学管理原理》出版，标志着科学管理理论的正式形成。1915 年 3 月 21 日泰罗于费城去世，墓碑上写着：科学管理之父——F. W. 泰罗。

泰罗的科学管理理论的主要内容包括以下几个方面：

（一）工作定额原理——制定科学的工作标准

科学管理的中心问题是提高效率。泰罗认为，最高的工作效率是工厂主和工人共同达到繁荣的基础。它能使较高的工作和较低的劳动成本结合起来，从而使工厂主得到最大的利润，工人得到最高的工资，进一步提高他们对扩大再生产的兴趣，促进生产的继续发展和工厂主、工人的共同富裕。因此，提高劳动生产率，是泰罗创建科学管理理论的基本出发点，是确定各种科学管理原理、方法的基础。为此，泰罗的主要工作有以下三方面：第一，对工人"磨洋工"的原因进行研究；第二，时间研究；第三，动作研究。对工人"磨洋工"的原因进行研究：认为工人之所以磨洋工，是由于雇主和工人对工人一天究竟能做多少工作心中无数，而且工人工资低，多劳也不多得。为了发掘工人的劳动潜力，就要制定出有科学依据的工作定额，即"合理的日工作量"。为此，他进行了工时和动作研究，其中一项很有名的实验就是搬运生铁块试验，以工资由每天 1. 15 元提高到 1. 85 元为诱因，按着秒表指挥一位工人搬运生铁块，"现在搬起一块生铁块走吧……现在坐下休息……现在走……现在休息……"最后，这位工人按计划将47. 5 吨生铁块装上了车。这样工作定额提高了近三倍，工人的工资也有所提高。

（二）标准化原理——制定标准化的操作方法

要使工人掌握标准化的操作方法，使用标准化的工具、机器和材料，并使作业环境标准化，以利于提高劳动生产率。在这方面，他也做过一个实验：工具标准化实验。研究了铲运工人的铲子规格与生产效率的关系，根据不同的物料设计了不同规格的铲子，小铲用于铲运重物料，如铁矿石等，大铲用于铲运轻物料，如焦炭等。这种做法大大提高了生产效率。泰罗认为，必须用科学的方法对工人的操作方法、使用的工具、劳动和休息时间进行合理搭配，同时对机器的安排和作业环境的布置等进行分析改进，消除各种不合理的因素，把各种最好的因素结合起来，形成一种最好的方法，他把这叫做管理当局的首要职责。后来实行的合理化操作运动就是在此基础上发展而来的。

（三）合理用人——科学地选择和培训工人

为了提高劳动生产率，必须为工作挑选"第一流的工人"：能力与工作相适应。所谓第一流的工人，即该工人有能力最适合干这种工作，且该工人必须愿意做这种工作。做法是：根据人的能力和天赋把他们分配到相应的工作岗位上，还要对他们进行培训，教会他们科学的工作方法，激发他们的劳动热情。

（四）差别计件工资制

泰罗认为要在科学地制定劳动定额的前提下，采用差别计件工资制来鼓励工人完成或超额完成定额，即计件工资率按完成定额的程度浮动，例如：如果工人完成或超额完成定额，则按比正常单价高出 25% 计酬，且超额和定额内的部分都按此价计酬，但如果完不成定额，则按比正常单价低 20% 计酬。他指出，这种工资制度既能克服消极怠工的现象，又会大大提高工人的劳动积极性，雇主的支出虽然有所增加，但由于利润提高的幅度大于工资提高的幅度，对雇主是有利的。现在有些企业仍在采用的计件工资制、工时定额制定法都是以泰罗的差别计件工资制为基础的发展和改进。

（五）计划职能与执行职能相分离

为了提高劳动生产率，泰罗认为应该用科学的工作方法取代经验工作方法，把计划职能和执行职能分开。所谓经验工作法是指每个工人用什么方法操作、使用什么工具等，都由工人根据自己或师傅等的经验来决定。泰罗主张明确划分计划职能与执行职能。泰罗的计划职能实际上就是管理职能，由专门的计划部门来从事调查研究，为定额和操作方法提供科学依据；比较"标准"和"实际情况"，进行有效的控制等工作。至于现场的工人，则只能从事执行的职能，即按照计划部门制定的操作方法和指示，使用规定的标准工具从事实际的操作，不得自行改变。

（六）实行职能组织制

泰罗主张实行"职能管理"，即将管理工作予以细分，使所有的管理者只能承担一种管理职能。他设计出 8 个职能工长，代替原来的 1 个工长，其中 4 个在计划部门，4 个在车间。每个职能工长负责某一方面的工作。各工长在其职能范围内，可以直接向工人发出命令。

事实证明，这样的管理方式易造成一个工人受多个人领导的现象，易引起管理混乱，所以职能工长制没有得到推广，但这种职能管理思想为以后职能部门的建立和管理的专业化提供了参考。

（七）科学管理是一场思想革命

科学管理的核心是要求管理人员和工人双方实行重大的精神变革。泰罗认为，科学管理是一种概念性的哲学，其精华不在于具体的制度和方法，而在于重大的精神变革，实现劳资双方的相互协作。泰罗所谓的精神革命即是工人和雇主之间要相互协作，为共同提高劳动生产率而努力。当然，雇主关心的是低成本，工人关心的是高工资，关键是要双方认识到提高劳动生产率对双方都是有利的，他这样论述："劳资双方在科学管理中所发生的精神革命是，双方都不把盈余的分配看成头等大事，而把注意力转移到增加盈余的量上来，直到盈余达到这样的程度，以至不必为如何分配而进行争吵。……他们共同努力所创造的盈余，足够给工人大量增加工资，并同样给雇主大量增加利润。"这就是泰罗所说的精神革命，遗憾的是他所希望的这种精神革命一直没有出现。

（八）在管理上实行"例外原则"

泰罗主张在组织机构的管理控制上实行例外原则。他认为规模较大的企业不能只依据职能原则来组织管理，还需要实行例外原则，即企业的高级管理人员把处理一般事务的权限下放给下级管理人员，自己只保留对例外事项的决定和监督权，如企业基本政策的制定和重要人事的任免等。这种以例外原则为依据的管理控制原理，以后发展成为管理上的分权化原则和实行事业部制管理体制。

科学管理理论事实上不是泰罗一个人的创造发明，而是集中了前人和同代人的经验和知识，这些人从多方面对泰罗的主张作了补充和完善，努力在各个部门、各个方面推广和实行科学管理。包括卡尔·巴思（Carl Barth，1860—1939）、弗兰克·吉尔布雷斯和莉莲·吉尔布雷斯夫妇以及亨利·L. 甘特等。

泰罗的科学管理理论是管理思想发展史上的一个里程碑，它是使管理成为科学的一次质的飞跃。作为一个较为完整的管理思想体系，科学管理理论对人类社会的发展作出了不可磨灭的贡献。一方面，泰罗将科学引入管理领域，提高了管理理论的科学性。泰罗等做了大量的科学实验，并在此基础上提出了系统的理论和一整套的方法措施，为管理理论的系统形成奠定了基础。从本质上讲，科学管理理论突破了工业革命以来一直延续的传统的经验管理方法，是将人从小农意识、小生产的思维方式转变为现代社会化大工业生产的思维方式的一场革命。科学管理理论在管理哲学上取得了重要的突破，泰罗堪称管理哲学大师，是西方古典管理理论的开创者。因此，他被称为"科学管理之父"。另一方面，科学管理理论的提出，对于提高劳动生产率、推动生产力的发展有着重要的现实意义。同时，科学管理理论加强了社会公众对消除浪费和提高效率的关心，促进了经营管理的科学研究，其后的运筹学、成本核算、准时生产制等，都是在科学管理理论的启发下产生的。

但是，泰罗的科学管理理论由于历史和社会的原因，也难免存在一些局限性，具体表现在：

第一，科学管理理论的一个基本的假设就是，人是"经济人"。在泰罗和他的追随者看来，人最为关心的是自己的经济利益，企业家的目的是获取最大的利润，工人的目的是获取最大的工资收入，只要使人获得经济利益，他就愿意配合管理者挖掘出他自身最大的潜能。这种人性假设是片面的，因为人的动机是多方面的，既有经济动机，也有许多社会和心理方面的动机。

第二，科学管理理论的许多原则在实际推行过程中，并没有得到很好的贯彻。科学管理的本意是应用动作研究和工时研究的方法来进行分析，以便发现和应用提高劳动生产率的规律，但很多企业的工时研究没有建立在科学的基础上，往往受到企业主和研究人员主观判断的影响，由此确定的作业标准反映了企业主追求利润的意图，为工人确定的工资率也是不公正的。此外，泰罗主张的职能工长制和差别计件工资制，也没有得到广泛的应用。

第三，泰罗对工会采取怀疑和排斥的态度，在管理中存在对工人严重的剥削。在他看来，工会的哲理和科学管理的哲理是水火不相容的，工会通过使工人和管理部门不和，加紧进行对抗和鼓励对抗，而科学管理则鼓励提倡利益的一致性。所以泰罗认为，如果工人参加工会，组织起来，就容易发生怠工的情况。但事实上，如果没有工会的参与，很难建立起真正协调的劳资关系。强调"科学管理"是"思想革命"，强调"思想革命"对劳资双方有利，掩盖了资本主义剥削的实质，以便对工人进行控制。因此，科学管理理论的具体实施办法，在当时是为了维护资本家的利益服务的。

泰罗的科学管理理论尽管出现在工业化的初期，但在当代工业发达国家进入管理技术更大发展的时期，该理论并未过时，仍有其生命力。我国正处于社会主义初级阶段，泰罗科学管理理论中的许多合理组织生产的基本方法，对我国经济建设和社会发展来说仍有重要意义。

二、法约尔的一般管理理论

就在泰罗以探讨工厂中提高效率为重点进行科学管理理论研究的同时，法约尔则以管理过程和管理组织为研究重点，着重研究管理的组织和管理的活动过程。法约尔是西方古典管理理论在法国的杰出代表。法约尔被公认为第一位概括和阐述一般管理理论的管理学家，被后人誉为"现代经营管理理论之父"。

1841 年，法约尔出生在法国的一个资产阶级家庭。1856—1858 年，他就读于里昂公立中等学校；1858—1860 年，他就读于圣埃蒂安国立矿业学院。1860年毕业后，他进入一家矿业公司担任工程师，并显示出他的管理才能。1888 年，当该公司的财务状况极为困难，公司几乎濒于破产时，法约尔被任命为总经理，到 1918 年法约尔退休时，公司的财务状况极好。法约尔的一生大致可分为四个阶段。第一阶段是 1860—1872 年的十二年，法约尔作为一个基层的管理人员和技术人员，主要负责采矿技术工程的事情，在此期间，他曾被任命为科芒特里矿井矿长。第二阶段是 1872—1888 年的十六年，他被提升为经理，管理一批矿井，他不仅要考虑技术问题，而且还要考虑管理和计划方面的问题，这促使他对管理进行研究。第三阶段是 1888—1918 年的三十年，1888 年，当公司处于破产边缘时，他被任命为总经理，并按照自己关于管理的思想和理论对公司进行了改革和整顿，把原来濒于破产的公司整顿得欣欣向荣，同时为公司培养了一批管理、技术和科学上的骨干力量。第四阶段是 1918—1925 年的七年，法约尔致力于普及自己的管理理论。在科芒特里矿井工作期间，法约尔就开始了管理的研究工作。1900 年，他向"矿业和冶金协会"的会议提交了论行政管理的论文，开始系统地阐述他的行政管理的思想。在 1908 年的矿业学会五十周年大会上，他提交了论文《论管理的一般原则》。1916 年，他在《矿业学会公报》上，发表了管理著作《工业管理与一般管理》。从 1918 年退休后，他创办了一个管理学研究中心。这个中心每周都要举行一次有作家、哲学家、社会活动家、工程师、政府官员和实业界人士参加的会议。他还试图说服政府重视管理。1921 年，他的《论邮电部门行政改革》的小册子出版；同年他在《政治与国会评论上》上发表了一篇题为《国家在管理上的无能》的重要论文。1924 年，在国际联盟代表大会上，他发表了题为《管理要义的重要性》的演说。

法约尔位居企业高层领导，担任总经理达 30 年之久，有着长期管理大企业的经验。他还担任过法国陆军大学和海军学校的管理学教授，并对法国的许多公共机构如邮政、烟草等部门的管理做过调查和研究。因此，他的管理理论以大企业的整体为研究对象，管理原则和方法带有普遍意义，这就不同于以车间、工厂的生产管理为研究对象的泰罗科学管理理论。法约尔的一般管理理论概括起来大致包括以下内容：

（一）提出了企业的基本活动

法约尔认为，任何企业都存在着六种基本活动，分别是：技术活动（生产、制造、加工等）、商业活动（购买、销售、交换等）、财务活动（资金的筹措与运用等）、安全活动（设备维护和人员的安全等）、会计活动（货物盘存、成本统计、核算等）、管理活动（计划、组织、指挥、协调、控制）。法约尔认为，管理活动在六项基本活动中处于核心地位。

（二）管理的五项职能

法约尔第一次对管理职能作了明确划分，提出了五项管理职能，即计划、组织、指挥、协调和控制。

计划：管理人员要尽可能准确地预测企业未来的各种事态，确定企业的目标和完成目标的步骤，既要有长远的指导计划，也要有短期的行动计划。法约尔认为计划是管理的首要职能。

组织：即确定执行工作任务和管理职能的机构，由管理机构进一步确定完成任务所需的设备、物资和人员。

指挥：即对下属的活动给予指导，其目的是根据企业的利益，使本单位中所有职工能做出最大贡献。

协调：让企业人员团结一致，使企业的所有活动和努力得到统一与和谐，以便使企业的经营顺利进行。

控制：就是检查每一件事情是否同所拟定的计划、发出的指令和确定的原则相符合，其目的是发现、改正和防止重犯错误。像其他管理要素一样，控制要素在执行时需要有专心致志的工作精神和高超的艺术。

（三）管理原则

法约尔认为，管理是工商企业、政府甚至家庭中所有涉及人的管理的共同活动，因而他提出了著名的 14 条"一般管理原则"。

（1）分工。劳动专业化是各种机构、团体、组织进步和发展的正常的方法。借助于分工，可以减少每个人的工作目标，提高工作效率。

（2）权力与责任。权力是发布命令和强迫别人服从的力量。责任和权力是互为因果的，责任是权力的必然结果和重要的对等物。行使权力就必然产生责任；委以责任而不授予相应的权力就是组织的缺陷。

（3）纪律。即以企业同雇员之间的协定为依据的服从、勤勉、积极、规矩和尊重的表示。纪律对于企业是绝对必要的，没有纪律企业就难以发展。同时，纪律松弛必然是领导不善的结果。严明的纪律产生于良好的领导、管理当局同工人之间的关于规则的明确协议和奖罚的审慎应用。

（4）统一指挥。即一个下属只应接受一个领导者的命令。双重指挥经常是混乱和冲突的根源。

（5）统一领导。即对于同一目标的集体活动，只能在一个领导和一项计划下进行。

（6）个人利益服从整体利益。在一个企业里，一个人或一个部门的利益不能置于整个企业利益之上。它有赖于领导者的坚定性和良好榜样以及签订公平的协定和经常的监督。

（7）人员报酬。报酬与支付方式要公平合理，尽可能使职工和公司双方都满意。

（8）集中。企业的集权与分权的程度不是千篇一律、固定不变的。它要根据企业的规模、条件和经理个人的个性、道德、品质，以及下属人员的可靠性等因素来确定。

　　（9）等级链。即从企业最高领导到最基层的各级领导人所组成的等级链。这个链条就是权力执行的路线和信息传递的渠道。一般情况下，不要轻易违反这个链条。但在特殊情况下应该适当变动（即"跳板"形式，又称"法约尔桥"）。

　　（10）秩序。即人与物各得其所。要做到有"秩序"，必须做到职位要适合于职工，职工要适合于职位。每个职工都必须处在他能做出最大贡献的岗位上。

　　（11）公平。即亲切、友好和公平。为了鼓励雇员能全心全意地和无限忠诚地执行职责，企业领导应以公平的态度对待已经建立的规则和职工。企业领导应该对各级领导灌输公平意识。

　　（12）人员稳定。如果人员不断变动，工作将得不到良好的效果。一般来说，成功企业的管理人员是稳定的。

　　（13）首创精神。这是事业壮大的巨大源泉，必须大力提倡、充分鼓励首创精神。

　　（14）集体精神。即努力在企业内部建立起和谐与团结的气氛。集体精神是企业的重要保证。

　　法约尔认为，上述 14 条原则只是显示管理理论的一些"灯塔"，并不是固定不变的。原则是灵活的，是可以适应于一切需要的，问题在于懂得使用它，这是一门很难掌握的艺术，它要求智慧、经验、判断和注意尺度。

　　作为古典管理理论的一个重要组成部分，法约尔的一般管理理论具有更强的理论性和系统性，他对管理职能的概括和分析为管理学提供了一套科学的理论框架和内容，对现代管理科学仍具有直接重大影响。

　　1. 法约尔对管理"普遍性"的论述是管理思想发展上的一个重大贡献

　　法约尔提出，管理是可以应用于一切事业的一种独立活动；随着一个人在职务上的提升，越来越需要管理活动；管理知识是可以传授的。

　　2. 法约尔的管理思想具有很强的系统性和理论性

　　虽然法约尔的管理思想与泰罗的管理思想都是古典管理思想的代表，但法约尔管理思想的系统性和理论性更强，后人根据他的理论构架，把它引入了课堂。法约尔在管理的组织理论、管理的原则方面提出了崭新的观点，为以后管理理论的发展奠定了基础。

　　3. 法约尔的一般管理理论被誉为管理史上的第二座丰碑

　　这一理论作为西方古典管理思想的重要代表，后来成为管理过程学派的理论基础（该学派将法约尔尊奉为开山祖师），也是以后各种管理理论和管理实践的重要依据，对管理理论的发展和企业管理的进步均有着深刻的影响。对管理五项职能的分析为管理科学提供了一套科学的理论构架。经过多年的研究和实践证明，总的来说仍然是正确的，现在仍然为许多人所推崇。

但应该认识到法约尔的管理理论并不是包罗万象、一成不变的。正如他自己所强调的，这些原则并不完整，也不是一成不变的，它不能回答特殊的问题，他不主张在实际工作中盲目地、刻板地套用这些原则，而应结合具体管理情况灵活应用它们。法约尔一般管理理论的主要不足之处是他的管理原则缺乏灵活性，对具体的管理过程重视不够，以至于有时管理实践工作者无法完全遵守。

同时，法约尔的管理理论相当复杂，大部分与组织工作有关，他提出的十四条管理原则就是证明，但是我们也应该看出这十四条原则都强调的是组织内的要素，而忽视了组织同它周围环境的关系，这是一个很大的缺陷。

三、韦伯的行政组织理论

马克斯·韦伯是德国古典管理理论的代表人物。他于 1864 年出生于德国爱尔福特一个有着广泛政治交往和社会联系的富裕家庭。1882 年进入海德堡大学学习法律，先后就读于柏林大学和哥丁根大学，并于 1889 年写了关于中世纪商业公司的博士学位论文。1883—1887 年他三次参加军事训练和演习，因而对德国的军事生活和组织制度有相当多的了解，这对其以后组织理论的产生起了重大影响。韦伯是德国著名的社会学家，对法学、经济学、政治学、历史学和宗教都有广泛的兴趣，曾担任教授、政府顾问、编辑、作家等。韦伯对管理理论的主要贡献是提出了"理想的行政组织体系"理论，主要反映在他的代表作《社会组织和经济组织理论》一书中。由于韦伯是最早提出一套比较完整的行政组织体系理论的人，因此，被称为"组织理论之父"。

所谓理想的行政组织体系理论，是指通过职务或职位而不是通过个人或世袭地位来管理，他所讲的"理想的"并不是指最合乎需要的，而是指现代社会最有效和合理的组织形式。

韦伯提倡行政组织理论与当时的社会背景有关，主要是针对 19 世纪德国社会的企业大多是一些家族式的企业提出来的。在家族式的企业中，大多数职务或职位由与企业所有者具有血缘关系或某种个人情感关系的人担任，并不是因为他们具有担任该职务的能力，而是因为他们与所有者的关系。他们不是按照理性、制度和规范来进行管理，而是凭个人的知识、经验、兴趣和爱好，从而造成企业的效率十分低下。雇员受命于雇主多于企业本身，结果是企业所赚取的利润往往被用来满足雇主个人的欲望，而企业本身的目标反被忽略。因此，韦伯提出企业的管理应该是非个人化而是理性化的。

韦伯指出，任何组织都必须以某种形式的权力作为基础，才能实现目标。只有权力，才能变混乱为秩序。韦伯认为，存在三种纯粹形态的权力：理性—合法的权力，传统的权力，超凡的权力。在这三种纯粹形态的权力中，传统的权力是世袭得来而不是按能力挑选的，其管理单纯是为了保存过去的传统，传统权力的效率较差。超凡的权力则过于带感情色彩，并且是非理性的，不是依据规章制度而是依据神秘或神圣的启示。只有理性—合法的权力才适宜作为理想组织体系的基础，才是最符合理性原则、高效率的一种组织结构形式。韦伯行政组织理论的基本内容主要有以下几个方面：

（一）揭示了组织与权威的关系并划分了权力的类型

韦伯认为，任何组织都必须以某种权力为基础，才能实现目标，只有权力才能变混乱为秩序，但不同组织建立的权力也不同。他认为，古往今来，权力有三种：一是传统权力，它以对社会习惯、社会传统的尊崇为基础；二是超凡权力，它以对领袖人物的品格、信仰或超人智慧的崇拜为基础；三是理性—合法权力，它以对法律确立的职位权力的服从为基础。韦伯认为，以传统权力或超凡权力为基础建立的组织不是科学的组织，只有建立在理性—合法权威基础上的组织，才能更好地开展活动，才是理想的组织，韦伯称这种组织为官僚制组织。

（二）归纳了官僚制组织的基本特征

（1）明确的分工。即组织内每个职位的权力和责任都应有明确的规定。

（2）自上而下的等级系统。组织内的各个职位按等级原则进行法定安排，形成自上而下的等级系统。

（3）人员的使用。组织中人员的使用，完全根据职务上的要求，通过正式考试或教育训练来实现。

（4）职业管理人员。管理人员有固定的薪金和明文规定的升迁制度，是一种职业管理人员。

（5）遵守规则和纪律。管理人员必须严格遵守组织中的规则和纪律。组织要明确规定每个成员的职权范围和协作形式，避免感情用事，滥用职权，以便正确行使职权，减少摩擦和冲突。

（6）组织中人与人之间的关系。组织中人与人之间的关系完全以理性准则为指导，不受个人情感的影响。这种关系不仅适用于组织内部，而且也适用于组织同外界的关系。

韦伯认为，理性的行政组织体系最符合理性原则，是达到目标、提高劳动生产率的最有效的形式。在精确性、稳定性、纪律性和可靠性等方面都优于其他组织。所以，它适用于各种管理工作和各种大型组织，如教会、国家机构、军队和各种团体。韦伯对完善古典管理理论作出了重要的贡献。行政组织结构强调组织结构的管理和职位权力的等级性，它的核心是权力等级思想，认为职权与职责应该遵循从最高层到最底层的一条权力线。它是一种特定的组织结构形式，广泛应用于一些较为复杂的组织中，如大企业、政府机构、军事机构等，仍然是一种现代社会中运用较为有效的组织形式。

然而，这种组织形式注重上下级之间的权力约束与被约束，忽视人的工作态度和心理变化。因此，这种"刚性"管理体制，在现代社会注重以人为本的环境下，在一定程度上可能降低组织效益。

总之，古典管理理论阶段的这三位代表人物及其管理理论，既有不同之处，又有一致的地方。不同之处主要表现在他们研究的侧重点不同，泰罗的科学管理理论，注重采取科学的、标准化的管理方法来提高企业生产效益；法约尔的一般管理理论，从管理的职能出发，研究如何来提高企业的组织效益，试图找到一些普遍适用的管理原则；韦伯的行政组织理论，官僚组织结构侧重于行政组织管理，凭借行政职权来实现社会组织的整体效益。同时，我们也应该看到，作为古典管理理论的组成部分，三者也存在共同之处，这一阶段的管理思想的核心是建立在"经济人"假设基础上，认为人是经济动物，人是为了自己的经济利益而工作的，只有通过严厉的惩罚和严格规章制度才能刺激人去努力工作。对古典管理理论的认识见图2-1。

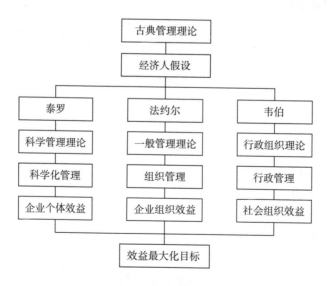

图2-1 对古典管理理论的认识

第三节　现代管理理论

古典管理理论虽然得到广泛的流传和应用，但古典管理理论沿袭亚当·斯密的思想，只将人当成"经济人"，主张用严格的科学方法和规章制度进行管理。较多地强调科学性、精密性、纪律性，而对人的因素注意较少，把工人当成机器的附属品，不是人在使用机器，而是机器在使用人，这就引起工人的强烈不满。

20世纪20年代前后，一方面是工人日益觉醒、工会组织日益发展，工人组织起来对雇主进行反抗和斗争；另一方面经济的发展和周期性危机的加剧，以及科学技术的发展和应用，单纯用古典管理理论和方法已经不能有效地达到提高劳动生产率和增加利润的目的。一些管理学家和心理学家也注意到社会化大生产的发展，需要与之相适应的新的管理理论。他们开始从生理学、心理学、社会学等方面出发研究组织中有关人的一些问题，如人的工作动机、情绪、行为与工作的关系等。他们还研究如何按照人的心理发展规律去激发其积极性和创造性。于是行为科学便应运而生，进入现代管理理论阶段。现代管理理论阶段主要指行为科学理论及管理理论丛林阶段，行为科学理论重视研究人的心理、行为等对高效率实现组织目标的影响作用，代表性成果有霍桑试验和梅奥的人际关系理论。20世纪40年代到80年代，除了行为科学理论得到长足发展之外，许多管理学者从不同角度提出自己所主张的管理理论、概念和方法，孔茨称其为管理理论丛林。

一、霍桑试验和梅奥的人际关系理论

乔治·埃尔顿·梅奥（George Elton Mayo，1880—1949），原籍澳大利亚，后移居美国，是美国哈佛大学教授，他受过心理学和社会学方面的系统训练，对古典管理理论作出了重要的补充和发展。梅奥的主要著作有《工业文明的人类问题》和《工业文明的社会问题》。

1924—1932年，美国国家研究委员会和西方电气公司合作，由梅奥负责进行了著名的霍桑试验，即在美国芝加哥西方电气公司的霍桑工厂进行了一连串的试验，目的是研究工作环境和生产力之间的关系。霍桑试验分四个阶段。

第一阶段：工厂照明试验。此项试验旨在证明工作环境与生产率之间有无直接的关系。研究人员将接受试验的工人分为两组：一组采用固定照明，称为控制组；另一组采用变化的照明，称为试验组。研究人员原以为试验组的产量会由于照明的变化而发生变化。但结果是，两组的产量都大为增加，而且增加数量几乎

相等。由此得出结论，照明度与生产率之间并无直接关系，工厂照明灯光只是影响员工产量的因素之一。两组产量都得到提高的原因，是因为被测试人员对测试产生了兴趣。

第二阶段：继电器装配试验。试验的目的是企图发现各种工作条件变动对生产率的影响。研究人员将装配继电器的 6 名女工从原来的集体中分离出来，成立单独小组，同时改变原来的工资支付办法，以小组为单位计酬；撤销工头监督；工作休息时间免费供应咖啡；缩短工作时间，实行每周 5 日工作制，等等。结果发现工人产量增加了。接着，又逐渐取消这些待遇，恢复原来的工作条件，但生产率并没有因此而下降，反而仍在上升。据此梅奥推测，由于督导方法的改变，使员工的态度改善，产量提高。

第三阶段：谈话研究。在上述试验的基础上，梅奥用两年多时间对公司 2 万多名员工进行了调查。被访问者可以就自己感兴趣的问题自由发表意见。研究者由此得出结论：任何一位员工的工作成绩都受到周围环境的影响，即不仅取决于个人自身，还取决于群体成员。

第四阶段：观察试验。为搞清楚社会因素对激发工人积极性的影响，研究人员选择了一个由 14 名工人组成的生产小组进行观察试验。这个小组以集体产量计算工资，根据组内人员的情况，完全有可能超过他们原来的实际产量，可是，进行了 5 个月的统计，小组产量仍维持在一定水平上。经过观察，发现组内存在着一种默契：往往不到下班时间，大家已经歇手；当有人超过日产量时，别人就会暗示他停止工作或放慢工作进度；不向上司告密等。梅奥等由此得出结论：实际生产中，存在着一种"非正式组织"并决定着每个人的工作效率。

通过上述四个阶段的试验，梅奥等得出的结论是：人们的生产效率不仅要受到生理方面、物理方面等因素的影响，而且还要受到社会环境、心理因素的影响。相对于"科学管理"只重视物质条件，忽视社会环境、心理因素对工人生产效率影响的观点，这是一个很大的进步。梅奥教授在 1933 年出版了《工业文明的人类问题》一书，提出了人际关系学说，奠定了行为科学理论的基础。其主要观点有：

1. 职工是"社会人"

古典管理理论把人看作仅仅为了追求物质利益而工作的"经济人"，把人看成是对工作条件的变化能做出直接反应的"机器"。但霍桑实验表明，经济条件的变化，并非是劳动生产率提高或降低的决定性因素。梅奥等创立了"社会人"假设，即人不是孤立存在的，而是属于某一集体并受这一集体影响制约的"社会人"。他们不仅是单纯追求金钱收入，更重要的是他们有社会和心理方面的需求，并期望得到满足。

2. 提高职工的满足度，可以提高职工的士气，从而提高劳动生产率

梅奥等认为，提高生产效率的主要途径是提高职工的满意度，即职工在生理尤其是心理方面的需要得到满足。不同人的需要各异，这主要取决于两个方面：职工个人的情况，包括由于不同经历、不同家庭状况、不同社会生活所形成的对工作所持的不同态度；工作场所的情况，包括职工相互之间和职工与上级之间的人际关系状况。因此，新的领导能力在于提高职工的满足度，激发士气，而职工满足度大小在很大程度上取决于职工的社会地位。

3. 正式组织中存在着"非正式组织"

企业的经营结构是由"技术组织"和"人的组织"所构成的。而"人的组织"又可分为"正式组织"和"非正式组织"两种。正式组织是为了实现企业目标所规定的企业成员之间职责范围的一种结构，如工厂、车间、小组等，是有一定的目标和组织结构形式，并由一套规章制度等规定成员之间相互关系的群体。正式组织对个人具有强制性，这是古典管理理论所研究和强调的。梅奥认为，组织中还存在着非正式组织，是人们在共同工作的过程中，建立起一定的感情，形成某种共识和不成文规矩的非正式团体，这种无形组织有它特殊的感情、规范和倾向，左右着成员的行为。非正式组织与正式组织有重大的区别，正式组织以效率为导向，非正式组织以感情为导向。非正式组织与正式组织相互依存，对生产效率的提高有很大的影响。

人际关系学说的出现，开辟了管理理论研究的新领域，纠正了古典管理理论忽视人的因素的不足。同时，人际关系学说也为以后的行为科学的发展奠定了基础。与古典管理理论相比，这一时期的主要变化是：由原来的以"事"为中心，发展到以"人"为中心；由原来对纪律的研究，发展到对行为的研究；由原来的监督管理，发展到"人性激发"的管理；由原来的独裁管理，发展到参与管理。

二、管理理论丛林

第二次世界大战以后，随着现代科学技术日新月异的发展，生产社会化程度的日益提高，引起了人们对管理理论的普遍重视，研究也日臻深入。在许多国家，特别是美国，从事管理理论研究的人越来越多，背景也越来越丰富。除了从事实际管理工作的人和管理学家，一些社会心理学家、经济学家、数学家等也开始从不同的背景和角度研究管理问题。于是出现了许多新的管理理论和学说，形成了大大小小许多学派。这些理论和学派，在历史渊源和内容上相互影响和相互联系，形成了盘根错节、争相竞荣的局面，被称为"管理理论的丛林"。

1961 年 12 月，美国著名的管理学家哈德罗·孔茨在美国的《管理杂志》上

发表了《管理理论的丛林》的文章，提出了"管理理论丛林"的概念，把当时的各种管理理论划分为 6 个主要学派。1980 年，孔茨又发表了《再论管理理论的丛林》一文，指出管理理论已经发展到至少 11 个学派。下面着重介绍以下几个学派：

（一）管理过程学派

管理过程学派又称传统学派或管理职能学派，它是在法约尔的一般管理理论上发展起来的，它把管理的职能作为研究的对象，他们先把管理的工作划分为若干职能，然后对这些职能进行研究，阐明每项职能的性质、特点和重要性，论述实现这些职能的原则和方法。他们认为，无论什么样的组织，管理人员所从事的管理职能都是相同的，管理活动的过程就是管理的职能逐步展开和实现的过程。

管理过程学派的鼻祖是法约尔，他将管理活动分为计划、组织、指挥、协调和控制五大管理职能，并进行了相应的分析和讨论。古典组织理论学家厄威克、古利克等都属于这一学派的前期代表人物。该学派的主要代表人物是美国的孔茨和奥唐奈。孔茨和奥唐奈合著的《管理学》是战后这一学派的代表作。其理论要点如下：

（1）该学派认为，管理是设计并保持一种环境，以期有效地达到既定目标的过程。管理人员要完成许多相互关联的管理职能，其中被该学派共同认可的管理职能有计划、组织和控制职能。

（2）将各项管理职能，特别是计划、组织和控制职能作为分析研究管理问题的框架。将原有的和新的管理概念、原则、理论和技术都归于其中，做到了结构规整、内容广泛又易于理解。

（3）强调管理职能的共同性。任何组织机构以及各级组织的管理人员所履行的基本管理职能是相同的，只是花在每项管理职能上的时间可能有差别。

孔茨为管理理论树立了一个标志，在他的鼓励和引导下，管理过程学派这种按照管理职能对管理进行分类的方法得以推广，越来越成为一种可行的统一框架，并为世界各地所广泛采用。孔茨和奥唐奈在仔细研究这些管理职能的基础上，将管理职能分为计划、组织、人员配备、领导和控制五项，而把协调作为管理的本质。孔茨利用这些管理职能对管理理论进行分析、研究和阐述。孔茨是管理过程学派的集大成者，他继承了法约尔的理论，并把法约尔的理论更加系统化、条理化，使管理过程学派成为管理各学派中最具有影响力的学派。

（二）经验主义学派

经验主义学派又称为案例学派，他们主张通过分析管理者的实际管理经验或案例来研究管理问题。通过分析、比较，研究各种各样的成功的和失败的管理经验，就可以抽象出某些一般性的管理结论或管理原理，以有助于学生或从事实际工作的管理人员来学习和理解管理学理论，使他们更有效地从事管理工作。

经验学派在管理的组织结构设计、领导方法等方面都有较深入的研究。该学派主张从实际出发，研究管理经验，并在一定情况下将经验上升为理论。但在更多情况下，它只是为了将这些经验传授给实际工作者，向他们提出有益的建议。不少学者认为，从严格意义上讲，经验学派所谓的经验实质上是传授管理学知识的一种方法，称为"案例教学"。实践证明，这是培养学生分析和解决问题能力的一种很有效的途径。事实上，目前美国等一些国家的很多大学都采用"案例教学"的方法来培训工商管理学院的学生。

经验主义学派的方法可以说在管理理论丛林中较具特色，但它们受到了许多管理学家的批评。经验主义学派由于过于强调经验而无法形成有效的原理和原则，无法形成系统的管理理论，管理者可以依靠自己的经验，而无经验的初学者则无所适从。而且，过去所依赖的经验未必能运用到将来的管理中。

主要代表人物是德鲁克，主要作品有《管理的实践》《管理：任务、责任、实践》等。另一个代表人物是欧内斯特·戴尔（Ernest Dale），代表作是《伟大的组织者》等。

（三）行为科学学派

行为科学开始于20世纪20年代末、30年代初的霍桑试验，创始人是美国哈佛大学教授、管理学家梅奥，梅奥创建的人际关系学说——早期的行为科学以后，经过几十年的大量研究工作，许多社会学家、人类学家、心理学家、管理学家都从事行为科学的研究，先后发表了大量优秀著作，提出了许多很有见地的新理论，逐步完善了人际关系理论。

行为科学以人的行为及其产生的原因作为研究对象。具体来说，它主要是从人的需要、欲望、动机、目的等心理因素的角度研究人的行为规律，特别是研究人与人之间的关系、个人与集体之间的关系，并借助于这种规律性的认识来预测和控制人的行为，以实现提高工作效率，达成组织的目标。二战后，行为科学学派主要代表人物及其代表作：马斯洛（Maslow）的《人类动机的理论》；赫茨伯格（Herzberg）的《工作的激励因素》；麦格雷戈（McGregor）的《企业的人性面》。

（四）社会系统学派

社会系统学派（或社会合作系统学派）是从社会学的角度来研究管理，把企业组织及其成员的相互关系看成是一种协作的社会系统。美国的切斯特·巴纳德是该学派的创始人，他早在20世纪30年代就孕育了组织是一个开放系统的思想，但他的见解被人们广泛接受又经过了30年时间。总体来看，该学派有如下一些主要观点：

（1）组织是一个社会协作系统。

（2）组织作为一个协作系统能否生存取决于三个条件：协作的效果，即能否顺利完成协作目标；协作的效率，即在达到目标的过程中，是否使协作成员损失最小而心理满足较高；协作的目标，即协作目标能否适应协作环境。

（3）正式组织作为一个协作系统，具有三要素：协作的意愿、共同的目标、信息的沟通。这三个要素都是不可或缺的。因此，管理者在管理过程中，要围绕这三个要素，尽可能地创造一个适宜组织发展的协调环境。

巴纳德认为，组织要生存，必须保持两个平衡：对内平衡，即组织成员的个人目标同组织目标的平衡；对外平衡，即组织同外部经济、技术、社会环境之间的平衡。

巴纳德采用行为科学和系统的方法，把正式组织的要求同个人的需要连接起来。到了20世纪60年代，以美国学者卡斯特等为代表，把系统理论全面运用于企业管理，形成了系统管理学派。

（五）系统管理学派

系统管理学派亦称系统学派，该学派将企业作为一个有机整体，把各项管理业务看成是相互联系的网络，应用系统理论，全面分析与研究企业和其他组织的管理活动和管理过程，并建立起系统模型以便于分析。

系统管理学派产生于20世纪60年代初，它是在一般系统理论的基础上建立起来的，它们应用系统理论的原理，全面分析与研究企业和其他组织的管理活动和管理过程，重视对组织结构和模式的分析，建立了系统模型。该学派的代表人物有卡斯特、罗森茨韦克和约翰逊等。其理论要点有：

（1）组织是一个系统，是由相互联系、相互依存的要素构成的。

（2）系统在一定的环境下生存，与环境进行物质、能量和信息的交换。从这种意义上讲，系统是开放的。系统从环境输入资源，通过转换过程把资源转换为产出物，一部分产出物为维持系统而消耗，其余部分则输出到环境中。系统在投入—转换—产出的过程中不断进行自我调节，以获得自身的发展。

（3）运用系统观点来考察管理的基本职能，可以提高组织的整体效率，使管理人员不至于只重视某些与自己有关的特殊职能而忽视了大目标，也不至于忽视自己在组织中的地位和作用。

（六）管理科学学派

管理科学学派又称数理学派，是泰罗的科学管理理论的继承和发展，形成于二战初。战后，像杜邦那样的大工业企业开始采用军队中用来调动军队、设备和发展潜艇方面的技术，来解决管理决策问题。事实上，就是用科学技术来解决管理的实际问题并进行决策。更具体地说，就是运用正式的数学模型和计算机技术来进行管理决策，以提高经济效率。

管理科学学派的代表人物是伯法等。这一学派认为，管理就是应用各种数学模型和特征来表示计划、组织、控制、决策等合乎逻辑的程序，求出最优的解决方案，以达到企业的目标。其主要观点是：

（1）生产和经营管理的各项活动都要以经济效益的好坏作为评价标准。

（2）组织是由"经济人"组成的追求经济利益的系统，同时又是一个由物质技术和决策网络组成的系统。要建立一套决策程序和数学模型应用于管理并通过电子计算机求解，以提高决策的科学性。

（3）依靠电子计算机进行管理。随着企业生产经营范围的扩大、决策问题的复杂化、方案选择的定量化，使得企业管理活动中影响某一事物的因素变得错综复杂。建立模型后，计算任务极其繁重，要求及时处理大量数据并提供准确信息，而这些只有依靠电子计算机才成为可能。

（4）强调现代科学管理方法的应用。如运筹学、系统分析、概率论等。

管理科学学派开辟了管理学的一个广阔的研究领域，使管理从定性描述走向了定量分析，为现代管理决策提供了科学的方法，对管理水平和效率的提高有很大帮助。但是，它把管理工作看作数学过程、概念符号和模型，只依靠定量的分析，而忽视定性的分析，特别是忽视了人的因素，这是它的不足之处。

（七）决策理论学派

决策理论学派是在以巴纳德为代表的社会系统学派的基础上发展而来的。其代表人物是曾获 1978 年诺贝尔经济学奖的赫伯特·西蒙，由于他在决策理论方面的突出贡献而获得诺贝尔经济学奖，他的代表作是《管理决策新科学》《管理行为》《组织》等。该学派把决策看作研究管理活动的出发点，把系统理论、运筹学、计算机科学等综合运用于管理决策问题。其理论要点如下：

（1）突出决策工作在管理活动中的地位。该学派认为，管理的关键在于决策，决策贯穿于管理的全过程，"管理就是决策"。

（2）决策是个复杂的过程，大致可分为四个阶段：第一阶段，确定目标、搜集资料，即提出所要决策的问题，针对影响决策的主要因素，搜集、整理资料；第二阶段，提出备选方案，即在确定目标的基础上，依据所搜集到的信息，编制可能采取的行动方案；第三阶段，对备选方案进行论证，选出最佳或最满意方案；第四阶段，评价阶段，即实施方案，对执行情况进行监督与反馈，以检验决策的正确性。这四个阶段的每一个阶段本身都是一个复杂的决策过程。

（3）以"令人满意"的行为准则作为决策标准。由于受各种变动的环境、因素的影响，人们在进行决策时，很难求得最佳方案。"最优化"准则几乎无法实现。因此，人们往往只考虑与问题有关的情况，制定出一套令人满意的标准，只要达到或超过了这个标准，就可以做出令人满意的决策。

（4）一个组织的决策根据其活动是否反复出现，可分为程序化决策和非程序化决策。西蒙认为，这两种决策就像一个光谱的连续统一体，一端为高度程序化的决策，另一端为高度非程序化的决策，沿着这个光谱，可以找到不同色度的各种决策。

决策理论学派以社会系统论为基础，强调运筹学、计算机等新学科、新技术的应用，综合了行为科学与管理科学的许多优点。因此，西蒙的大部分思想被人们认为是现代企业经济学和管理学的基础。

（八）权变理论学派

权变理论是继系统理论之后，于20世纪70年代在西方出现的另一个试图综合各个管理学派的理论。其代表人物是卢森斯、伍德沃德、菲德勒等。该学派认为，管理实务取决于环境，在管理中要根据内外条件随机应变。其主要观点为：

（1）突破了传统理论把组织看成是静止的、相对封闭的系统的局限，认为环境是不断变化的，不存在一成不变的、普遍适用的、理想的组织管理模式。要把环境对组织的作用具体化，把管理理论与管理实践紧密联系起来。

（2）环境变量和管理变量之间存在着函数关系，这种函数关系就是权变关系。这是权变管理理论的核心内容。环境可分为外部环境和内部环境。外部环境又可分为两种：一种由社会、技术、经济、政治和法律等组成；另一种由供应者、顾客、竞争者、雇员和股东等组成。内部环境基本上是正式组织系统，包括组织结构、决策程序、交流与控制以及技术状况等。内部环境的各个变量与外部环境的各个变量之间是相互联系的。管理变量指的就是各种管理观念和技术。组织应根据不同的关系采取适当的管理方法。

（3）为了使问题得到很好的解决，要进行大量的调查研究，然后把组织的情况进行分类，建立模式，据此选择和调整有效的组织方式。建立模式时应考虑如下因素：组织的规模、工艺技术的复杂性、管理者位置的高低、管理者的权力、下级个人之间的差别、环境的不确定性，等等。

权变理论学派试图通过"权宜应变"融各学派学说于一体。权变理论学派并不排斥哪一个学派，而是认为每个学派的理论和方法都是可取的，管理过程学派、行为科学学派、管理科学学派、系统管理学派等的理论和方法都是权变关系中的管理变量，对权变理论都能作出贡献。

权变管理理论强调随机应变，主张灵活运用各派学说的观点，为管理学的发展作出了一定的贡献。这个学派在美国等地风行一时。20世纪70年代以来，世界科技、经济、政治发展变化很快，企业、组织也有了很大变化，使得权变理论具有很高的实用价值。

课程思政小贴士

思政元素：党的十九大以来，我多次讲，当今世界正经历百年未有之大变局。当前，新冠肺炎疫情全球大流行使这个大变局加速变化，保护主义、单边主义上升，世界经济低迷，全球产业链供应链因非经济因素而面临冲击，国际经济、科技、文化、安全、政治等格局都在发生深刻调整，世界进入动荡变革期。今后一个时期，我们将面对更多逆风逆水的外部环境，必须做好应对一系列新的风险挑战的准备。（摘自习近平2020年8月24日在经济社会领域专家座谈会上的讲话）

教学意图：引发思考，运用相关管理理论分析我们如何应对"百年未有之大变局"？

第四节　管理理论创新发展

进入20世纪七八十年代以来，随着社会环境的日益复杂和动荡，管理学界产生和发展了许多新的管理理论，战略管理理论、企业再造理论和学习型组织理论等理论思潮代表了管理理论发展的新趋势。

一、战略管理理论

20世纪70年代后，国际国内环境的剧变促使管理理论注重研究组织如何适应充满危机和动荡的外部环境，战略管理理论迅速兴起，从发展进程上看，大致可分为早期战略管理理论、竞争战略理论、核心能力理论和新战略管理理论。

（一）早期战略管理理论

从20世纪60年代到80年代初，战略管理理论获得了长足的发展，出现了比较有影响力的两个理论学派：设计学派和计划学派。

设计学派以哈佛商学院的安德鲁斯（Andrews）教授为代表。该学派认为，首先，在制定战略的过程中，要分析企业的优势（Strength）与劣势（Weakness）、环境所带来的机会（Opportunity）与威胁（Threat），即著名的SWOT模型。其次，高层经理人应是战略制定的设计师，并且还必须督导战略的实施。再者，战略制定模式应是简单而又非正式的，关键在于指导原则，优良的战略应该具有创造性和灵活性，有充足的弹性以适应环境的变化。

计划学派以哈佛商学院的安索夫（Ansoff）教授为代表。安索夫在1965年出版的《公司战略》一书中首次提出了"企业战略"这一概念，并将战略定义为

"一个组织打算如何去实现其目标和使命，包括各种方案的拟定和评价，以及最终将要实施的方案"。同时提出了"战略四要素"说，认为战略的构成要素应当包括产品与市场范围、增长向量、竞争优势和协同效应①，其中，产品与市场范围，即公司经营的产品和市场的范围；增长向量，即企业打算进入的产品/市场的变化；竞争优势，即明确在该范围内企业较之竞争者所具有的有利的竞争地位和特长；协同效应，即将企业的不同部分有机结合起来以取得单个部分不能实现的方法。以他为代表的计划学派主张：战略制定是一个有控制、有意识的正式计划过程；企业的高层管理者负责计划的全过程，而具体制定和实施计划的人员必须对高层管理者负责；通过目标、项目、预算的分解来实施所制定的战略计划；等等。

总的来说，早期战略管理理论强调战略管理实质是一个组织对其环境的适应过程以及由此带来的组织内部结构化的过程。要求组织的战略设计和规划都要适应外部环境变化，战略实施势必要求组织结构与组织战略相适应，战略管理主要由组织高层管理人员来负责。这些观点奠定了战略管理理论的基础，但过分强调组织对外部环境的适应性，忽视对组织行业和竞争环境的分析。

（二）竞争战略理论

20世纪80年代初，以哈佛大学商学院的迈克尔·波特（Michael Porter）为代表的竞争战略理论占据了战略管理理论的主流地位。波特认为，企业战略的核心是获取竞争优势，而影响竞争优势的因素有两个：一是企业所处产业的盈利能力，即产业的吸引力；二是企业在产业中的相对竞争地位。因此，竞争战略的选择应基于以下两点考虑②：①选择有吸引力的、高潜在利润的产业。不同产业所具有的吸引力以及带来的持续盈利机会是不同的，企业选择一个朝阳产业，要比选择夕阳产业更有利于提高自己的获利能力。②在已选择的产业中确定自己的优势竞争地位。在一个产业中，不管它的吸引力以及提供的盈利机会如何，处于竞争优势地位的企业要比劣势企业具有较大的盈利可能性。而要正确选择有吸引力的产业以及给自己的竞争优势定位，必须对将要进入的一个或几个产业结构状况和竞争环境进行分析。

波特在其著作《竞争战略》中提出了经典的行业结构分析模型③，即"五力模型"，认为决定企业获利能力的首要因素是"产业吸引力"，企业在拟定竞争

① 夏晖．关于战略管理理论发展历程的综述［J］．中南民族大学学报（人文社会科学版），2003，23（8）：91-93．

② 汪涛，万健坚．西方战略管理理论的发展历程、演进规律及未来趋势［J］．外国经济与管理，2002，24（3）：7-12．

③ 迈克尔·波特．竞争战略［M］．北京：中信出版社，2014．

战略时，必须深入了解决定产业吸引力的竞争法则，竞争法则可用五种竞争力来具体分析：行业现有的竞争状况、供应商的议价能力、客户的议价能力、替代产品或服务的威胁、新进入者的威胁。在此基础上他进一步提出了赢得竞争优势的三种通用战略：总成本领先战略、标新立异战略和目标集聚战略。总成本领先战略就是最大努力降低成本，通过低成本降低商品价格，从而维持竞争优势。标新立异战略就是企业提供的产品或服务要别具一格。目标集聚战略就是主攻某个特定的客户群、某产品系列的一个细分区段或某一个地区市场。

波特在其著作《竞争优势》中进一步提出以价值链为基础的战略分析模型①，他认为，每一个企业的价值链都是由以独特方式联结在一起的九种基本活动构成的，包括内部后勤、生产作业、外部后勤、市场和销售、服务五种基本活动；采购、技术开发、人力资源管理、基础设施四种辅助活动。价值链活动是竞争优势的来源，企业可以通过价值链活动和价值链关系（包括一条价值链内的活动之间及两条或多条价值链之间的关系）的调整来实施其基本战略。

波特的竞争战略理论将战略制定与战略实施有机统一起来，他提出的行业结构分析模型、三大战略和价值链分析理论在过去20年里受到战略管理领域的普遍认同，成为外部环境和战略选择分析的重要理论依据，但仍然忽视对组织内部环境的分析。

（三）核心能力理论

20世纪90年代后，随着企业竞争环境日益严峻，战略管理研究日益重视对企业内部条件的分析，普拉哈拉德（Prahalad）和加里·哈默尔（Gary Hamel）在《哈佛商业评论》发表了《企业核心能力》一文，认为企业本质上是一个能力的集合体，在企业众多的能力之中，核心能力是关键的、最根本的能力。企业在长期发展中依托、利用其资源，形成了难以被其他企业模仿和复制的、使企业在市场竞争中保持竞争优势并取得主动的、能给企业带来持久丰厚利润的独特能力，即核心能力。识别、培育、扩散和运用核心能力开拓市场是企业形成持续竞争优势的决定因素。企业经营战略的关键在于培养和发展企业的核心能力，即"组织中的积累性学识，特别是关于如何协调不同的生产技能和有机结合多种技术流的学识"②。核心能力的形成要经历企业内部资源、知识、技术等的积累、整合过程。正是通过这一系列的有效积累与整合，形成持续的竞争优势后，才能为获取超额利润提供保证。

---

① 迈克尔·波特. 竞争优势［M］. 北京：中信出版社，2014.

② Prahalad, C. K., and G. Hamel. The Core Competence of the Corporation［J］. Harvard Business Review，1990（5）.

该理论进一步认为，并不是企业所有的资源、知识和能力都能形成持续的竞争优势，只有当资源、知识和能力同时符合珍贵（能增加企业外部环境中的机会或减少威胁的资源、知识和能力才是珍贵的）、异质（企业独一无二的，没有被当前和潜在的竞争对手所拥有）、不可模仿（其他企业无法获得的）、难以替代（没有战略性等价物）的标准之时，它们才成为核心竞争力，并形成企业持续的竞争优势。因而，要培养和发展核心竞争力，企业应首先分析自身的资源、知识和能力的状况，然后依据上述标准，选择其中某一方面或几个方面，充分发挥这一方面或几个方面的优势，并成为最擅长者。

核心能力理论着重强调的是企业内部条件对于保持竞争优势以及获取超额利润的决定性作用，克服了波特的价值链分析模型涵盖企业内部所有方面的过度宽泛性，要求企业从自身资源和能力出发，在自己拥有一定优势的产业及其关联产业进行多元化经营，从而避免受产业吸引力诱导而盲目地进入不相关产业经营。

（四）新战略管理理论

进入 21 世纪后，随着产业环境不确定性的增强，信息技术的发展，竞争的全球化和顾客需求的多样化发展，战略管理领域出现了一系列新的理论主张，战略生态理论、战略网络理论等应运而生。

1996 年，詹姆斯·弗·穆尔（James F. Moore）出版了《竞争的衰亡：商业生态系统时代的领导与战略》一书，首次提出和定义了"商业生态系统"概念，认为商业生态系统就是以组织和个人的相互作用为基础的经济联合体，是客户、供应商、主要生产者、竞争者和其他风险承担者相互配合、相互补充以生产商品和服务而组成的群体。主张跳出"把自己看作是单个的主体"的竞争思维，通过构建客户、市场、产品或服务、经营过程、组织、利益相关者、社会价值和政府政策等维度的系统成员，以合作演化为主要机制建立成功的商业生态系统。战略生态理论打破了传统的以行业划分为前提的战略理论的限制，架构了基于合作演化模式的企业战略设计新思路。

哈里略（Jarillo）在《战略网络》一书中把企业网络思想引入战略研究之中，强调企业的网络及其关系网络在企业战略中的作用，并将战略网络定义为：有独特性但又相互联系的营利组织之间的长期性的、有目的的组织安排，以使在网络内部的组织获得或保持竞争优势。他认为，战略网络是企业竞争优势之源，是介于市场组织和企业内部层级组织之间的一种中间型组织模式，是一种平等、独立的合作协调关系。古拉蒂（Gulati）把战略网络定义为由那些具有持久性的、对进入其中具有战略意义的节点构成的组织，包括战略联盟、合资、长期的买卖伙伴和由一群相似节点构成的组织，它是嵌入公司内的各种社会关系的整体安排，他强调战略网络对企业行为和业绩的重要影响，必须将战略网络观念整合于战略研究之中①。

课程思政小贴士

思政元素：党的十八大以来，党中央把握发展阶段新变化，把逐步实现全体人民共同富裕摆在更加重要的位置上，推动区域协调发展，采取有力措施保障和改善民生，打赢脱贫攻坚战，全面建成小康社会，为促进共同富裕创造了良好条件。现在，已经到了扎实推动共同富裕的历史阶段。适应我国社会主要矛盾的变化，更好满足人民日益增长的美好生活需要，必须把促进全体人民共同富裕作为为人民谋幸福的着力点，不断夯实党长期执政基础。（摘自习近平 2021 年 8 月 17 日在中央财经委员会第十次会议上的讲话）

教学意图：运用战略管理理论分析实现全体人民共同富裕的战略价值和实践路径。

二、企业再造理论

1993 年，迈克尔·哈默（Michael Hammer）和詹姆斯·钱皮（James Champy②）合著了《企业再造》一书，明确提出了企业再造理论。企业再造（Reengineering）也叫做企业流程再造（Business Process Reengineering，BPR），迈克尔·哈默和詹姆斯·钱皮将企业再造定义为："企业再造就是对企业业务流程做根本性的重新思考和彻底的重新设计，以求在成本、高质量服务和速度等各项当代绩效考核的关键指标上取得显著的改善"③。强调树立"以流程为导向"的思想，以流程为再造的出发点和终点，用崭新的流程替代传统的以分工理论为基础的流程。

哈默（Hammer）提出，实施流程再造必须符合七项原则：

（1）围绕最终结果而非具体任务来实施再造工作。

（2）让后续过程的有关人员参与前端过程，把企业的内部或外部的业务流程看成一条有机结合、环环相扣的链条，下一道工序的生产者对前一道工序的产出质量最有发言权。

（3）将信息处理融入产生该信息的实际工作中去。

（4）将地域上分散的资源集中化。

（5）将平行工序连接起来而不是集成其结果。

---

① 宋波，徐飞等．企业战略管理理论研究的若干前沿问题［J］．上海管理科学，2011，33（3）．

② James Champy 有译为詹姆斯·钱皮，也有译为詹姆斯·钱匹，是同一著作不同翻译版本，对人名的翻译不一样。

③ 迈克尔·哈默，詹姆斯·钱匹．企业再造［M］．南昌：江西人民出版社，2019．

（6）决策点下移并将控制融入过程。

（7）在源头获取信息。

企业再造是一项非常复杂的工程，它往往会引起企业的文化、管理理念、组织结构和业务流程等多方面多层次的变化。因此，必须有步骤、有目的和有计划地组织实施，才能保证业务流程再造的成功。业务流程再造的生命周期可以分为项目规划、流程建模、流程优化、系统实施和项目评价五个阶段。项目规划阶段的主要任务是制定企业经营规划（包括制定企业的近期和远期发展战略）和业务流程再造的目标以及再造的组织建设。流程建模阶段的主要任务是准确描述企业现在的业务流程，通过流程图等工具建立业务流程模型。流程优化的主要任务是在已建立的业务流程基础上分析和优化企业的流程，它又可以分解为流程分析、流程诊断以及流程再设计三个阶段。系统实施阶段的主要任务就是根据优化后的业务流程模型，在企业中建立相应的信息系统，并改造原有的业务流程。系统实施完成后，要对新的流程进行监控和评价，以便发现其中存在的问题，在必要的情况下，还要对流程再次进行完善。

三、学习型组织理论

1990年，美国麻省理工学院斯隆管理学院的彼得·圣吉教授出版了他的享誉世界之作——《第五项修炼：学习型组织的艺术与实践》，引起管理界的轰动。这本书于1992年获得世界商学院最高荣誉奖——开拓者奖。从此，建立学习型组织、进行五项修炼成为管理理论与实践的热点。为什么要建立学习型组织？因为世界变化得太快。企业环境的变化要求企业不能再像过去那样被动地适应。因此，企业只有主动学习才能适应迅速变化的市场环境。美国壳牌石油公司总裁卡洛说："应变的根本之道是学习。"

所谓学习型组织，是指通过培养弥漫于整个组织的学习气氛、充分发挥员工的创造性思维能力而建立起来的一种有机的、高度柔性的、扁平的、符合人性的、能持续发展的组织。这种组织具有持续学习的能力，具有高于个人绩效总和的综合绩效。或者可以说，学习型组织是指那些能认识环境、适应环境，进而能动地作用于环境的有效组织。

彼得·圣吉提出了学习型组织的五大要素，中译本译为"五项修炼"，即：自我超越、心智模式、共同愿景、团队学习和系统思考。第一项修炼，自我超越——实现心灵深处的渴望。自我超越是指能突破极限的自我实现或技巧的精熟，通过建立个人"愿景"、保持创造力、诚实地面对真相和运用潜意识，便可实现自我超越，它是学习型组织的精神基础。第二项修炼，改善心智模式——用新眼睛看世界。心智模式指存在于人们大脑中的许多设想、信念、图像或印象，就是我们每一个人理解与看待周围事物的心理素质和思维方式。改善心智模式就是要发掘人们内心的图像，使这些图像浮上表面，并严加审视，及时修正，使其能反映事物的真相。第三项修炼，建立共同愿景——打造生命共同体。共同愿景是组织中人们所共同期盼的景象，它为组织学习提供了焦点和能量，在缺少愿景的情况下，组织充其量只会产生适应性学习，只有当人们致力于实现他们深深关切的事情时，才会产生创造性学习。建立共同愿景使得组织成员拥有一个共同的目标和信念，促使大家凝聚在一起，主动地去认真努力学习、追求卓越。第四项修炼，团队学习——激发群体智慧。团体学习是指发展团体成员整体搭配和提高实现共同目标能力的过程。团队学习的修炼必须精于运用"深度汇谈"与"讨论"两种不同的团队交谈方式，深度汇谈是自由和有创造性地探究复杂而重要的议题，先暂停个人的主观思维，彼此用心聆听，讨论则是提出不同的看法，并加以辩论。第五项修炼，系统思考——见树又见林。系统思考要求人们用系统的观点对待组织的发展，它引导人们从局部到整体、从看事物的表面到洞察其变化背后的结构以及从静态的分析到认识各种因素的相互影响，进而寻找一种动态的平衡①。

课程思政小贴士

思政元素：要加快建设学习型社会，大力提高国民素质。要增强学习本领，在全党营造善于学习、勇于实践的浓厚氛围，建设马克思主义学习型政党，推动建设学习大国。这是中国共产党第一次在党的重要文献中同时将推动学习型社会、学习型政党、学习大国建设上升为党的重要意志和任务。（摘自习近平2017年10月18日在中国共产党第十九次全国代表大会上的报告）。

教学意图：引发思考，学习型社会、学习型政党、学习大国建设的理论意义和现实意义？

案　例
科学管理

李某是一位冷冻食品厂厂长，该厂专门生产一种高奶油含量的冰淇淋。在过去四年中，每年销售量都稳步递增，但今年情况发生了变化。到8月份，累计销售量比去年同期下降17%，生产量比所计划的减少15%，缺勤率比去年高出20%，迟到早退现象也有所增加。李某认为此情况可能与管理有关，他就此去请教管理专家。

资料来源：https：//iask. sina. com. cn/b/iRzK3a6DOQwr-b. html.

---

① 彼得·圣吉. 第五项修炼：学习型组织的艺术与实践［M］. 北京：中信出版社，2018.

案例讨论

假若李某分别去请教具有科学管理思想、行为管理思想、战略管理思想的三位专家，你认为这三位专家将如何诊断该厂的问题，他们各自会提出什么样的解决问题的方法？如果你是李某，你将采取什么措施解决目前企业存在的问题？

复习思考题

1. 泰罗的科学管理理论包括哪些内容？其贡献与不足是什么？

2. 法约尔的一般管理理论主要包括哪些内容？其贡献与不足是什么？

3. 如何认识韦伯提出的理想的行政组织体系的科学性和进步性？

4. 在孔茨所称的"管理理论的丛林"时代，有哪些主要学派？其主要内容是什么？

5. 战略管理理论的形成和发展经历哪几个阶段，各阶段的主要观点是什么？

6. 学习型组织理论的主要观点是什么？对我国管理实践有何启示？

7. 简述中国古代管理思想及其对当代管理的现实价值。

第三章　管理环境

海尔集团的组织文化[①]

复杂的社会经济文化背景对企业组织文化管理的影响极大，不同的民族有不同的思想观念和行为习惯，需要不同的管理方式。

1. 创新为大。海尔集团在三十几年的发展历程中，先后创新性地提出了多项企业组织文化的管理制度，这些政策制度符合企业自身特点，强化了员工的外部约束，提高了人员的利用效率，同时内部激励机制在开发员工的能动性与创造性、形成企业合力等方面也发挥了激励作用。

2. 人才使用与开发并举。海尔将使用人才与开发人才并举，视全体员工素质的提高为企业长远发展的动力保证，切实在人才培训上投资，认识到员工的学习和提高与企业的生存发展息息相关，应不断满足员工对知识技能的补充和更新的需要，努力使员工与企业同步成长。

3. 建立系统化的员工激励机制。海尔的激励措施多种多样，其中物质激励是基础，精神激励是根本，在两者结合的基础上，逐步过渡到以精神激励为主。

4. 培训是企业的永恒主题和核心环节。海尔建立了培训、使用、选拔、奖惩等良性循环的企业人才开发机制。加大教育投资，建立系统的培训机制，优化育才环境，实施全方位的人才培训计划。通过"实战技能"、脱产培训等培训形式，不断提高员工的工作技能；通过内部网络教学等培训形式，不断提高员工的管理水平；通过全员、全过程的持续性培训与支持，其组织文化资本存量和综合素质均得到了提高。

5. 重视和发挥企业组织文化的凝聚功能。海尔一直很重视企业组织文化这一无形资产，将其分为表层、中层、深层三个层次，从物质到精神。人力资源中心通过《海尔企业文化手册》等企业内部刊物，通过对新员工的教育、日常的案例教学、漫画教学、即时教学等多种形式向员工灌输独特的海尔文化，并将其

---

① 参考资料：https://wenku.baidu.com/view/e95403a2f9c75fbfc77da26925c52cc58bd690c4.html.

融入公司管理体系，用企业理念、企业精神激发和培养员工的企业荣辱感、价值追求、参与需要等，加强员工对企业组织文化的认同感。

组织文化对组织的生存发展有重大影响，良好的组织文化会促进组织目标的实现，组织文化理念的不明确会导致组织思想的混乱，并导致组织行为与组织目标的背离，越来越多的组织已经意识到组织文化的重要性，并开始系统表述组织的使命、核心价值观、经营管理理念，使组织成员明确组织内判断是非的准则，从而有效控制自己的行为，使自己的行为努力符合组织的价值观。

第一节　组织环境的构成

任何组织都是在一定环境中从事活动的，任何管理也都在一定的环境中进行，这个环境我们称之为组织环境。所有的管理人员，不论他们是在政府机构、工商企业、非营利性组织中工作，都必须在不同程度上考虑到组织环境的各种因素和力量，必须对可能影响组织运转的内外部环境因素和力量加以确定、评估并做出反应。作为一名卓有成效的管理者进行管理活动时，既要考虑到本组织的内部环境状况，也要考虑组织外部环境的因素。组织环境的特点制约和影响管理活动。组织环境的变化要求管理的内容、手段、方式方法等随之调整，以利用机会，趋利避害，更好地实施管理。了解组织环境的构成要素，组织环境是如何制约和影响管理活动对管理者来说具有重要意义。

组织环境是指存在于组织内部和外部，影响组织业绩的各种力量和条件因素的总和，包括组织内部环境和组织外部环境。任何组织都不可能脱离整个社会而独立存在，而总是与社会有着千丝万缕的联系。根据对组织影响程度的不同，组织外部环境又可分为一般环境和具体环境。一般环境是指在某一特定社会中，对所有组织都发生影响的外部环境，也称为宏观环境，如政治法律环境、社会文化环境、经济环境、技术环境和自然环境。一般环境的影响通常不直接涉及某个组织，不直接影响组织的经营决策，对组织的影响较具体环境为少，但组织如果忽视这些环境因素，将有可能影响组织的生存与发展。因此，有效的管理者应当认真分析对待组织所处的一般环境。相对于一般环境，具体环境是指对管理者的决策和行动产生直接影响并与实现组织目标直接相关的要素，也称为微观环境，如顾客、供应商、竞争者和公众。对某个组织而言，具体环境是特定的，并随构成因素的变化而变化，它将直接关系组织目标的实现。

组织环境除了组织外部的一般环境和具体环境以外，还包括组织内部环境。

组织内部环境一般包括组织文化和组织经营条件。组织文化是指处于一定经济社会文化背景下，组织在长期发展过程中逐步形成起来日趋稳定的独特价值观，以及以此为核心而形成的行为规范、道德准则、风俗习惯和做事的方式。组织经营条件是指组织所拥有的各种资源的数量和质量情况，如人力资源、物力资源和财力资源。这些直接影响组织目标的制定和实现。每个组织的组织文化有差异，经营条件差异更大，这就要求管理者根据本组织的内部环境，制定相应的组织目标和发展战略。影响组织的环境因素见图3-1。

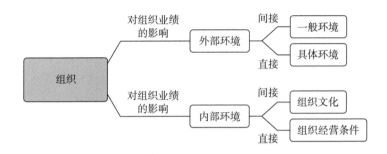

图3-1 组织环境的影响

从图3-1中可以看到，要区分一个因素是否是环境因素，是什么环境因素，其关键取决于该因素对这一组织业绩是否有影响，以及影响是直接的还是间接的。若有影响，这一因素才是该组织的环境影响因素，影响若是直接影响，且影响因素存在于组织外部，则属于具体环境。

环境因素对组织有制约作用，组织要生存发展，就要适应环境，但组织对环境的适应并不是被动的、消极的，而是能动的、积极的，组织可以通过各种方式对环境加以利用，尤其在具体环境方面。比如通过成本领先策略、差异化策略、专一化策略等方式，组织可以影响竞争者、消费者，让环境更好地为组织发展服务。

第二节 组织文化

对管理者影响较大的内部环境有人力资源环境、物力资源环境、财力资源环境以及组织文化。由于不同的组织在人力、物力、财力资源环境差异巨大，这对组织业绩的影响非常明显。限于篇幅，在本书中，内部环境只讨论组织文化对管理的影响。

　　每一个个体都具有自己的个性，每一个组织也同样具有自己的个性特征。不同的组织，人们在工作和相互交往过程中形成占主导地位的价值观、约定俗成的行为规范、相似的习惯和作风，等等，这种个性的东西，我们称之为组织文化。组织文化是在一个组织长期发展过程中积淀下来的，一旦形成便不容易发生变化，是组织形象的有效载体。

一、组织文化的定义

　　组织文化概念的提出和研究源自20世纪70年代日本经济的崛起，人们注意到日美企业管理模式以及文化的不同对企业管理和经营业绩的影响，进而发现了社会文化与组织管理融合的产物组织文化。佩蒂格鲁于1979年在《关于组织文化研究》一文中首次提出"组织文化"的概念。埃德加·沙因在《组织文化与领导力》一书中认为，组织文化的本质应为组织成员所共同拥有的深层次的基本假设和信念，它们无意识地产生作用，这些假设和信念是通过学习获得的，是对组织在外部环境中的生存问题和内部整合问题的反映，这些深层的假设应与"人为事物"和"价值观"区别开来，"人为事物"和"价值观"只是组织文化的表现形式或内容，这些深层的假设才是组织文化的本质。

　　组织文化是指处于一定经济社会文化背景下，组织在长期发展过程中逐步形成起来日趋稳定的独特价值观，以及以此为核心而形成的行为规范、道德准则、风俗习惯和做事的方式。这些共有的价值观和行为规范等会随着时间演变，在很大程度上决定组织成员对组织的认知及组织成员在组织中的行为方式。在每一个组织，有各种不断发展着的价值观、行为规范、道德准则、风俗习惯和做事的方式等，这些观念一旦为组织成员所接受，就变成了组织的共同观念，成为组织文化。组织文化一旦形成，就会在很大程度上对管理者的思维和决策施加影响。组织文化可以通过对一个组织在以下方面所达到程度的分析来描述。

　　（1）控制：用于监督和控制雇员行为的规章、制度及直接监督的程度。

　　（2）成果导向：组织建立明确的业绩要求，管理者关注业绩成果，而不是如何获取这些业绩成果过程的程度。

　　（3）团队导向：工作活动围绕团队而不是个人来组织工作的程度。

　　（4）员工导向：管理决策中考虑结果对组织成员影响的程度。

　　（5）激励导向：晋升和工资增长取决于组织成员绩效，而不是取决于资历、好恶或其他非绩效因素的程度。

　　（6）对组织成员的态度：信任或不信任组织成员，或予以组织成员责任、自由和独立的程度。

（7）创新与风险承受度：鼓励组织成员创新并承担风险的程度。

（8）纷争容忍度：允许组织成员自由争辩和公开批评的程度。

（9）稳定性：组织决策和行动强调维持现状的程度。

（10）组织的开放度：组织掌握外界环境变化并对这些变化做出反应的程度。

课程思政小贴士

思政元素：在长期实践中，我们培育形成了爱岗敬业、争创一流、艰苦奋斗、勇于创新、淡泊名利、甘于奉献的劳模精神，崇尚劳动、热爱劳动、辛勤劳动、诚实劳动的劳动精神，执着专注、精益求精、一丝不苟、追求卓越的工匠精神。劳模精神、劳动精神、工匠精神是以爱国主义为核心的民族精神和以改革创新为核心的时代精神的生动体现，是鼓舞全党全国各族人民风雨无阻、勇敢前进的强大精神动力。（摘自习近平2020年11月24日在全国劳动模范和先进工作者表彰大会上的讲话）

教学意图：通过"工匠精神"、"诚信操守"，引导学生诚信、敬业、创新、包容，塑造积极向上的团队文化。

二、组织文化的特征

组织文化是组织在长期的生存和发展中所形成的，为组织所特有的，且为组织多数成员共同遵循的价值标准、基本信念和行为规范等的总和，及其在组织中的反映，它具有以下几点主要特征：

（一）客观性

组织文化是组织在其所处的一定的经济、社会、文化等因素合力作用下，在长期的发展过程中逐步生成和发展起来的。在组织文化的形成过程中，组织创始人起了关键性的作用。组织创始人的使命和价值观，对建立组织的规划或设想奠定了早期的组织文化。组织创始人在建立组织时，为实现组织目标要求组织成员共同遵循一些价值观和行事准则，同时由于组织初期人数往往较少，创始人自然拥有最大的影响力，非常有利于把自己的愿景灌输给组织成员并以此扩建团队。总体来说，组织文化的产生和存在是不以人的意志为转移的。只要组织存在，组织中就必然会形成组织文化，不管人们是否意识到，组织文化总是存在着，并发挥着或正或负、或大或小的作用。

（二）个异性

每个组织由于其使命不同，所拥有的资源和所处的环境不同，相应地，组织文化也不同，即任何组织的组织文化都有其鲜明的个性。所有的组织都有其特定的组织文化，但其文化对管理的影响程度是不同的。根据组织文化对管理的影响程度的大小，组织文化可分为强文化和弱文化。所谓强文化是指组织强烈坚持并广泛共享基本价值观的文化。弱的组织文化则相反。组织成员对组织的基本价值观的接受程度和承诺程度越大，文化就越强。组织文化的强弱取决于组织规模、组织发展历史、组织成员的流动率及组织的发展速度等，其对比如表 3-1 所示。

表 3-1　强弱组织文化对比

强文化	弱文化
价值观广泛共享 关于"什么是重要的"，价值观传递的信息是一致的 多数员工能讲述关于公司历史或英雄的故事 员工强烈认同价值观 共有价值观与行为之间存在密切联系	价值观局限于少数人，通常是高层管理者 关于"什么是重要的"，价值观传递的信息是相互抵触的 员工对公司历史或英雄知之甚少 员工不太认同价值观 共有价值观与行为之间没有多大联系

强文化更可能存在于小型组织中，因为组织成员离职率低，而且已形成了明确的价值观，能在一段时间内指导组织的活动，但是，大多数组织已向强文化转变。这些组织对什么是重要的，什么是优秀的行为，以及如何推动组织前进等问题达成了相对更高程度的共识。

（三）系统性

组织文化是由共享价值观、行为规范、道德准则、风俗习惯等一系列内容构成的系统，各要素之间相互依存、相互联系。因此，组织文化具有系统性。同时，组织总是一定时期存在于一定区域内，以一定的社会环境为基础，所以组织文化会受社会文化的影响渗透，并随社会文化的进步和发展而不断地调整，相应地，其组织文化也必然带有地域性、民族性和时代性。

（四）可塑性

组织文化是在组织生存和发展过程中逐渐总结、培育和积累而形成的。组织文化是可以通过人为的后天努力加以培育和塑造的，已形成的组织文化也并非一成不变，会随组织内外环境的变化而加以调整。

（五）稳定性

组织文化的塑造和重塑需要相当长的时间，组织的共享价值观、行为规范、道德准则、共同精神取向和群体意识等的形成不可能在短期内完成，组织文化需要经过较长的时间才能形成，但一旦形成，就具有稳定性，组织文化的改变也是十分困难的。

三、组织文化的建设

组织文化的形成在很大程度上归因于组织过去的行为以及这些努力所取得的

成功程度，一旦形成便很难消失，并将对组织及其成员的发展产生持续影响。要使一个组织团结成一个整体，组织文化的建设是必不可少的。组织的精神、文化不可能在组织成员中自然形成，需要进行组织文化的普及传播，这也是组织管理的重要任务。一个人在组织中的经历对其个性的形成有着不可磨灭的影响，组织有不可推卸的义务去帮助组织成员陶冶他的内心世界。成功的组织背后都拥有丰富的、持续多年的价值观、行为规范、道德准则等传统，这些文化对组织目标的执行产生着重大影响。那么组织文化是怎样形成的呢？

组织文化的最初来源通常反映了组织创始人的愿景或使命。组织创始人的愿景和经营理念是组织文化最初构成的指导原则，也是核心文化。同时，组织的人力资源政策、经营策略也会对组织文化的形成产生重要的影响。组织文化通常在一定的生产经营环境中，为适应和促进组织的生存和发展，经过较长时间的相互影响和规范整合而形成。

（一）创始人

组织的创始人对组织早期文化影响巨大。组织文化的形成，常常与组织创始人的经营思想、工作风格、管理艺术以及他们的个人品格、胆识和魄力直接相关。创始人通过描述组织应该是什么样子的方式，来建立早期的组织文化。他们不为已有的习惯或意识所束缚，而且大多数新成立的组织规模较小，这也就有助于创始人向组织的全体成员灌输他的愿景。组织的创始人影响组织文化的形成有以下三种途径：首先，创始人仅仅聘用和留住那些与自己的想法和感受一致的人员；其次，创始人对成员的思维方式和感受方式进行社会化；最后，创始人把自己的行为作为角色榜样，鼓励成员认同这些信念、价值观和假设，并进一步内化为自己的想法和感受。通过这三种途径，组织的早期成员耳濡目染，认同并接纳了创始人的信念和想法，后来陆续进入的成员，或是迎合创始人的想法，或是因意见不合而相继离开，于是组织创始人的人格特点和行事风格也就根植于组织文化之中。

（二）制度化

所谓组织文化的制度化，就是将组织倡导的价值观、理念转变为具有可操作性的管理制度的过程，由此实现组织文化的落实。组织的制度化建设是组织文化形成的一个不可或缺的步骤，而且是较深层次的步骤。一方面，组织在进行文化建设的过程中，必然会产生一系列的文化成果，如奖惩文化、服务文化，这些成果需要以制度的方式才能巩固下来；另一方面，组织创始人的价值观和信念需要通过制度化的过程才能传承得更为久远，也才能够更好地被组织成员接受并内化。当组织文化开始制度化，组织文化就开始独立于组织的创始人和任何组织成员之外。当组织文化经历了持久的制度化后，组织文化就具有了生命力。

（三）从制度到习惯

组织文化形成的关键在于要让组织文化从理念到行动、从抽象到具体、从口头到书面的过程，得到组织成员的理解和认同，并转化为组织成员的日常工作行为，形成组织成员的习惯。制度化阶段，组织成员对于组织的价值观和理念及基本假设只是停留在了解阶段，让组织成员对组织文化形成高度的认同并将其转化为自觉行为才意味着组织文化的成功。要使组织文化转化为组织成员的习惯，使之自觉遵守，可以从以下几个方面着手：

（1）对组织成员进行培训，让他们认识和接受组织文化。通过专门培训可以让组织成员知道组织文化及其作用、组织文化的现有状态以及目标状态等。

（2）健全规章制度，规范组织行为。按照规章制度管理，如考核、晋升制度，可以巩固组织的文化成果，推广组织的核心价值观，引导组织成员的行为。

（3）组织高层领导者信守组织的价值信念，并身体力行。高层领导者的一言一行都对组织文化的形成起着重要的作用。要使组织成员相信并愿意去实践组织的文化，领导者必须身体力行。

（4）对组织文化进行反复宣传和强化。组织可以通过标语、口号和内部出版物等形式反复宣传和强化自己的文化，这有利于组织成员对组织文化的深刻理解和领悟。

（5）树立榜样，进行典型引导。把组织中那些最能体现组织文化核心价值理念的个人和集体树为典型，进行宣传并给予适当的激励。

课程思政小贴士

思政元素：支部建在连上、官兵平等、实行民主主义，"三湾改编"初步解决了如何把以农民及旧军人为主要成分的革命军队建设成为一支无产阶级新型人民军队的问题，从政治上、组织上保证了党对军队的绝对领导。

教学意图：引导学生了解党史，组织文化的建立对组织的影响。

四、组织文化对管理的影响

管理者的决策会受到他所处的文化的影响。一个组织的文化，尤其是强文化，会制约一个管理者的管理职能及其决策选择。组织文化之所以能对管理者产生重大影响，是因为在组织中，组织文化对管理行为有直接的影响。如果组织文化认为压缩费用能够增加利润，低速平稳的收入增长能给公司带来最佳利益，那么在这种情况下，管理者将不可能追求创新的、有较大风险的、长期或快速扩张的发展计划。在对员工的不信任为基础的组织文化中，管理者更可能采取集权的管理方式，而不是放权的管理方式。组织文化影响着组织成员的工作方式以及管理者计划、组织、领导和控制的方式（见表3-2）。

表 3-2　组织文化对管理的影响

管理职能	主要内容
计　划	目标的确立 计划对风险的包容程度 计划是注重长期还是短期
组　织	组织成员的自主权大小 任务应由个人还是团队来完成 部门之间的相互联系程度
领　导	管理者对组织成员工作满意度的关心程度 采用怎样的领导方式 对分歧的包容程度
控　制	对组织成员是允许自我控制还是施加外部控制 业绩评估强调哪些标准 预算超支的控制办法

由于组织文化的混乱会导致组织成员的思想混乱，并带来行为的不一致或与组织目标的背离，因此，越来越多的组织已经意识到明确组织文化的重要性，并开始系统建设组织文化，明确表述组织的使命、核心价值观、行为规范和道德准则，通过明晰组织文化理念，使组织成员与管理层明确思想，从而有效控制行为，促成组织目标的实现。管理层应有意识地引导良好组织文化的形成。

第三节　管理的外部环境

一、一般环境

一般环境是指在某一特定社会中，对所有组织都发生影响的外部环境，也称为宏观环境，如政治法律环境、经济环境、社会文化环境、技术环境和自然环境。这些环境的变化间接影响着组织的业绩，管理者必须考虑这些环境。

（一）政治法律环境

政治法律环境包括组织所在地区的政治制度、政治形势，政府的政策倾向和政治力量的对比、法制体系等因素。政治环境对组织的影响主要表现在政局的稳定和政府对各类组织或活动的态度上。政治的稳定无疑是组织长期发展必不可少的前提条件。政治环境的变化有时对组织的决策产生直接作用，但更多地表现为间接影响。例如，政局动荡会给组织的活动造成直接冲击；政局稳定，政府政策持续性对组织的活动更多的是间接影响。政府是否建立了完善的法律体系（如宪法、民事诉讼法、刑法、劳动法、破产法、专利法、合同法、环境保护法等），并且严格执法，这不仅有助于保障组织的各项权益，也有助于组织活动变得简单、有效。政府颁布的各项法规、行政命令则决定着组织的活动边界。对企业组织而言，政治法律环境起着促进和制约的作用。例如，政局的稳定，政府政策的持续和可预期；政府要求组织为组织成员提供健康无害的工作环境等。由于政治法律环境能够影响管理目标和决策，因此管理者应当密切关注其所在地区的政治法律环境变化。

课程思政小贴士

思政元素：依法治国是中国共产党领导全国各族人民治理国家的基本方略。

教学意图：引导学生明晰依法治国、依法行政、合法经营的辩证关系。

（二）经济环境

经济环境包括其所在国家的经济制度、经济政策、经济结构、经济发展水平、资源状况等方面。经济环境的变化对组织产生直接影响，是影响组织行为的最基本因素。就业率、通货膨胀率、利率、可支配收入、经济周期所处的阶段等反映着经济环境的景气指数。经济环境主要是通过对各类组织所需资源的获得方式、价格水平和市场需求结构来影响各类组织的生存和发展的。经济制度的差异会导致资源供给的差异，一般来说，市场经济比计划经济更容易获得各种资源。紧缩的货币政策会导致组织资金紧张，周转困难。合理的经济结构能够发挥经济优势，推动技术进步和劳动生产效率的提高。经济发展水平影响着市场需求结构，又会影响各类组织的投入产出。资源的充裕或是紧缺，将影响各种资源的价格水平和可获取性，影响甚至是决定着组织的发展。

课程思政小贴士

思政元素：1992 年 10 月，党的十四大明确宣布：我国经济体制改革的目标是建立社会主义市场经济体制。

教学意图：①让学生了解，中国共产党从探索、建立到不断完善社会主义市场经济体制，以及与之相适应的社会上层建筑领域不断推进改革促进经济发展。

②了解我国国家经济政策和发展状况。

（三）社会文化环境

社会文化环境主要由组织所在国家或地区的道德和价值观念、风俗习惯、宗教信仰、教育水平、消费风格等因素构成。社会文化环境通过组织所在国家或者地区人们的行为规范、劳动人口的数量和质量、所追求的精神和物质差异等，进而影响组织的管理。但组织所处的社会文化环境并不是一成不变的，组织必须适应社会文化环境的变迁。例如，富人和穷人、工程师和操作工、不同宗教信仰的组织成员，他们的价值观与态度往往各不相同，因此，对于不同价值观的成员，管理者往往会努力设计出一个既有利于组织目标实现，又能让多数组织成员满意的组织环境。如果组织成员已经开始寻求更多的生活平衡，组织就必须制定家庭休假政策、更为弹性的工作时间和安排，甚至是工作场所的儿童看护设施，以作出适当的调整，满足组织成员不断变化的需求。如果组织有国外业务，管理者就需要熟悉所在国的价值观和文化，其管理方式应认可和包容当地特有的社会文化。

（四）技术环境

技术环境通常由组织所在国家或地区的技术水平、技术政策、科研潜力等因素构成。技术是一般环境因素中变化最迅速的因素。任何组织都与一定的技术存在着联系，组织拥有的技术先进与否，对组织的生存和发展影响极大。技术领先的组织往往比同类组织总是具有更强的竞争力。当前，人类基因密码已被揭开；激光、芯片、新材料、信息通信等技术迅猛发展；阿里、腾讯、百度等企业组织利用信息技术，在竞争中保持领先，这些为我们的工作生活带来了极大的方便。计算机和信息处理技术的发展，已使组织能够建立起大规模、反应灵敏的信息管理系统，智能处理、分析各种文件、报表及数据，极大提高了决策的准确性和及时性，也使异地工作、弹性工作成为现实。技术正从根本上改变组织构建以及管理的模式。

课程思政小贴士

思政元素：习近平总书记指出："今天，我们比历史上任何时期都更接近中华民族伟大复兴的目标，比历史上任何时期都更有信心、有能力实现这个目标。而要实现这个目标，我们就必须坚定不移贯彻科教兴国战略和创新驱动发展战略，坚定不移走科技强国之路。"（摘自习近平 2014 年 6 月 9 日在中国科学院第十七次院士大会、中国工程院第十二次院士大会上的讲话）

教学意图：①引发思考，为什么关键技术必须掌握在自己手里？

②敢于挑战科技权威、不断进行科技创新。

（五）自然环境

自然环境主要由组织所在国家和地区的地理位置、气候条件及资源状况等因素构成。自然环境是人类赖以生存和发展的基础。地理位置是指组织所坐落的地理方位，它决定着一个组织可以利用的自然条件和资源状况。气候条件的变化在一定程度上影响甚至决定着组织的生产生活，极地地区的可工作时间一般比温带、热带地区要短。资源状况对于从事生产和经营的组织来说是重要的制约因素，资源禀赋决定着组织取得相应资源难易的先天条件，比如中东的石油、澳大利亚的铁矿石。自然环境是制约组织活动的一个重要因素。

二、具体环境

相对于一般环境，具体环境是指对管理者的决策和行动产生直接影响并与实现组织目标直接相关的要素，也称为微观环境。对单个组织而言，具体环境都是不同的，并随条件的改变而变化，具体环境比一般环境更直接影响着组织的生存与发展，直接关系组织目标的实现。具体环境主要包括顾客、供应商、竞争者和公众等构成要素。

（一）顾客

顾客是指组织为其提供产品或服务的人或单位，如超市里的购物者、游乐园中的游客、学校内就读的学生、医院就医的患者等，都可称为不同组织的顾客，也即不同组织中的服务对象。组织目标的实现必须以顾客为中心，企业组织生产的产品要能吸引和满足顾客的需求；政党组织必须代表和维护其组织拥护者的需求和利益。否则，组织会被它的顾客抛弃，组织会逐渐衰落甚至消亡。顾客是影响组织生存与发展的主要因素，而顾客对组织来说又是潜在的不确定的因素。顾客的需求是多方面的，并会随着时间和环境的变化而改变，组织只有不断地满足顾客的变化需求，才能生存和发展，当然组织也能在一定程度上引导和改变顾客的需求。当前，组织管理者应该把向顾客提供及时、优质的商品和服务放在组织管理的关键位置。

（二）供应商

提到供应商，我们通常会想起为组织供应原材料和设备的公司。但是，供应商不仅仅是指为组织提供物力的供应者，还包括为组织提供财力、人力、技术和服务等的供应者，供应商是指向该组织提供各种资源的人或单位。组织需要股东、银行、保险、基金会等类似的机构来保证资本的供给；高等院校、职业院校以及劳动市场是组织劳动力的主要供应者；高等院校、科研院所等机构是技术创新服务的源泉。当这些供应商出现问题时，就会束缚管理者的决策和行动。

管理者应尽可能寻求低的成本来保证所需资源的持续稳定供应。如果组织发展所需资源不能稳定、及时地获得，这将极大地影响组织的业绩，甚至会导致整个组织运转的减缓或终止。所以管理者通常要尽最大努力来保证供应的持续稳定。当前，电子商务和区块链的应用正在改变组织与供应商的交易方式。

（三）竞争者

竞争者是指与组织争夺资源、顾客的人或组织。所有组织都会有一个或多个竞争者，即使垄断组织也不例外。资源稀缺时，基于资源的竞争尤为激烈，竞争会导致资源的市场价格上涨。比如，人力资源的稀缺将会导致人力资源价格的上涨，进而影响组织的运营成本。对资源的竞争可能来自于不同类型的组织，而对顾客的竞争则一般发生在同一类型的组织之间。只要顾客是同一的，即使组织提供的产品或服务方式不同，同样会发生竞争，航空与铁路就为争夺货源和乘客而展开竞争。随着互联网、信息等技术的发展，竞争已经跨过了地域的限制，组织将面临着国内外各类组织的竞争。另外，资本经营的发展与创新，使得竞争更为激烈与复杂。资本凭借其力量，打破行业壁垒进行重构，使竞争更加难以避免。

组织忽视竞争者，就会付出沉重的代价。竞争者的出现有效促进了组织的创新和发展。竞争者通过价格、产品差异化、提供新型服务等形式，迫使市场内服务相同顾客的组织进行竞争，是管理者必须了解并及时反应的重要具体环境要素。

（四）公众

公众是一个内涵丰富的概念，通常是指所有实际上或潜在的关注、影响组织达到其目标的其他社会组织、媒体、社区居民及个人。社会组织通常是指代表着社会上部分人群特殊利益的组织，它时刻关注组织的行为对其利益的影响，并通过种种手段来迫使组织作出对其有利的决策。例如，工会、环保组织、卫生组织、消费者权益组织等。媒体是指报纸、杂志、电视台、自媒体等大众传播媒介。社区居民是指组织所在地附近的居民。公众通过直接和间接向政府反映情况，通过宣传工具制造舆论等措施以引起政府和其他公众的关注，最终达到促使组织回应其利益诉求的目的。事实上，有些政府法规的颁发，就是对公众所提出的要求的正面回应。

现在借助网络、人工智能和大数据等技术力量，公众的影响力越来越强，管理者应当意识到组织不可能单独存在，它总是与公众共生共存，组织与公众的关系直接或间接地影响组织行为。组织的决策、运行会受到公众影响。组织是否在公众心中留有良好的社会形象，会直接影响组织目标的实现。比如，公众对酒后驾车的反感与抵制，一方面影响了酿酒和餐饮行业的业绩，另一方面又促进了代驾行业的发展。组织应当树立与公众共同发展的理念，与公众建立良好关系，能更好地促进组织目标的实现。

综上所述，任何组织都不是孤立的。组织的成长与发展受到各种环境因素的制约，管理者必须对这些环境因素的影响作出反应，进行一定程度的干预和管理。

第四节　组织环境的管理

对组织环境认识和掌握并且能够正确、及时地有所作为，将极大地助力管理者目标达成。为此，组织的管理者都应当在条件许可的范围内，学会如何有效地管理组织环境。在多数情况下，环境是可以管理的，关键在于管理者对环境要保持高度的重视与灵敏的嗅觉。对于既定的环境，管理者要了解和掌握环境，并努力使组织适应环境的限制与变化，在特定的环境下寻求生存与发展；同时，积极地寻找突破口，让组织环境有利于组织目标的完成。

一、组织环境的管理

了解组织环境的构成要素是什么对管理者来说具有重要意义。但是，更重要的是知道环境如何影响管理者。通过当前环境的不确定程度，以及组织与其外部相关群体的利益关系，组织环境对管理者施加影响。

（一）组织环境的定位

环境的不确定程度由两个维度决定：组织环境的变化程度和复杂程度。首先是变化程度。如果组织环境的构成要素常变动，我们就称之为动态环境；如果变化很小，则称之为稳定环境。在稳定环境中或许没有新的竞争者，或许现有竞争者没有新的技术突破，公众压力集团极少有影响组织的活动，等等。可预测的快速变化不属于动态环境。比如"双11"电商促销，春节前服装、食品等商品热卖，过后销售额又剧烈下降。但是，由于这一变化是可预测的，因而我们认为环境不是动态的。当谈到变化程度时，所指的是不可预测的变化。如果变化能够精确地预测，它就不是管理者必须应付的那种不确定性。其次，不确定性的另一维度是环境的复杂程度。复杂程度是指组织环境中的要素数量多少以及组织对所拥有要素的了解程度。与组织相关的顾客、供应商、竞争者、公众以及政府机构越少，组织环境中的不确定性就越小。

著名组织理论家汤姆森（Thompson）根据环境的变化程度和复杂程度，用四种典型的组织环境来说明组织所处的环境，如图3-2所示。

状态1：相对稳定和简单的环境。在这种环境中的组织会处于相对稳定的状态。在这种环境下，管理者对内部可采用强有力的组织结构形式，通过计划、规章制度及标准化等来管理。一般来说，日常消费品生产企业大都处于此种环境。

状态2：动荡而简单的环境。处于这种环境中的组织一般处于相对缓和的不稳定状态之中。面临这种环境的组织一般采用调整内部组织管理的方法来适应变化中的环境。纪律和规章制度仍占主要地位，但也可能在其他方面，如市场销售方面需要采取强有力的措施，以应对快速变化中的市场形势。像音像制品公司等多属于这一环境中的组织，它们面临的竞争对手不多，材料供应商也只有固定的几个，销售渠道单一，涉及的政府管理部门也有限。尽管环境影响因素不多，但它却面临着技术或市场需求的迅速变化。

状态3：相对稳定但极为复杂的环境。一般来说，处于这种环境中的组织为了适应复杂的环境都采用分权、事业部制的形式，强调根据不同的资源条件来组织各自的活动。这种环境中，组织面对众多竞争对手、资源供应者、政府部门和公众组织，组织应作出管理上的相应改变。像汽车制造企业基本上处于此种环境之中。

状态4：动荡而复杂的环境。一般环境和具体环境因素的相互作用有时会形成极度动荡而复杂的环境。面对这样的环境，管理者就必须更强调组织内部各方面及时有效的相互联络，并采用权力分散下放和各自相对独立决策的经营方式。一般而言，电子企业、高新技术企业面临的就是技术飞速发展、市场需求变化迅速、竞争对手对抗剧烈的动荡而复杂的环境。

环境的不确定性如何影响管理者呢？图3-2显示，四个单元格分别表述了不

		变化程度	
		稳定	动态
复杂程度	简单	状态1：稳定的和可预测的环境 环境影响因素较少 环境影响因素基本不变 环境要素的复杂知识要求低	状态2：动态的和不可预测的环境 环境影响因素较少 环境影响因素变化大 环境要素的复杂知识要求低
	复杂	状态3：稳定的和可预测的环境 环境影响因素多 环境影响因素变化不大 环境要素的复杂知识要求高	状态4：动态的和不可预测的环境 环境影响因素多 环境影响因素处于不断的变化中 环境要素的复杂知识要求高

图3-2 组织环境的分类

同的变化程度和复杂程度。状态1（稳定简单的环境）代表了不确定性水平最低的环境，状态4（动态复杂的环境）代表了不确定性水平最高。毋庸置疑，状态1中的管理者对组织成果的影响最大，而状态4中的管理者对组织成果的影响最小。但即使是动态复杂的环境中，管理者对外部环境影响也不是无能为力的。因为管理的环境因素总是有一定的规律可循；组织与环境总是相辅相成，相互影响。管理者可以循规在一定程度上管理组织环境。

（二）利益相关群体的管理

对组织环境的管理首先要找到利益相关群体。这些群体关系越清楚、稳定，管理者对组织成果的影响力就越大。

谁是利益相关群体？利益相关群体是组织环境中受组织决策和行动影响的任何相关群体。这些利益相关群体既包括组织内部的群体也包括组织外部的群体。因为组织内外部的群体都能够影响组织采取什么行动以及如何运作。这些相关群体与组织息息相关，这些群体也可能影响组织，组织行为也会对他们产生重大影响。政府、行业协会、供应商、顾客、社会政治活动团体、工会、竞争者、股东、社区、媒体等都是常见的利益相关群体。

为什么管理利益相关群体如此重要？为什么管理者要高度关注利益相关群体呢？因为这可能带来组织环境变化可预测性的改善、成功地创新、利益相关群体信任度的提高和组织柔性，从而减少变化所带来的冲击。目标达成度比较高的组织，管理者在制定决策时，往往会考虑重要的利益相关群体的利益。

管理利益相关群体关系分为三个步骤：

第一，确定谁是组织的利益相关群体。面对形形色色的群体，究竟哪个群体可能受管理者决策的影响，而哪个群体有可能影响到管理者的决策呢？那些有可能受组织决策影响并能影响组织决策的群体就是组织的利益相关群体。

第二，确定组织与这些利益相关群体可能存在的特殊利益或利害关系的内容。管理者必须确定每个利益相关群体对于组织决策和行动的重要程度。

第三，确定利益相关群体关系的管理方式。这一决策取决于利益相关群体的关键程度以及环境的不确定性程度。利益相关群体越关键，环境越不确定，管理者越需要依赖于利益相关群体建立明确的伙伴关系，充分利用环境对组织有利的方面，并努力使其继续朝着这个方向发展；对于环境中不利于组织发展的因素，组织一方面可通过内部的改革使组织与环境相适应，另一方面可努力通过组织的行为去影响环境，使其朝着有利于组织的方向转化。

（三）管理外部环境因素的常见方法

外部环境因素根据其对组织影响的直接性程度，分为一般环境因素和具体环境因素，相应地，在管理上也应采取两种不同的方法。一般环境因素对管理者来说难有作为，管理者主要是如何主动适应它。对具体环境，管理者是可以而且应该通过努力加以管理的。如当产品销售竞争日趋激烈时，我们可以通过提升组织品牌力、成本领先、产品差别化等方式参与竞争。管理者减少组织环境压力经常会用以下措施：

（1）提升品牌力。通过广告营销、参与公众活动等措施提升社会美誉度，建立品牌忠诚度，增强组织竞争力。

（2）总成本领先。成本领先要求组织坚决地建立起高效、规模的生产设施，在经验基础上全力降低成本，加强对成本与管理费用的控制，最大限度地减少研究开发、服务、推销方面的成本费用。组织如获取总成本领先优势，较高的边际利润又将对新技术、新设备、现代设施进行投资，以维护成本上的领先，这种再投资往往是保持低成本的先决条件。

（3）差别化战略。差别化战略是将产品或组织提供的服务差别化，树立起一些全产业范围特性的东西。实现差别化战略可以有许多方式，如让组织在名牌形象、性能用途、顾客服务、商业网络及其他方面等具有独特性。最理想的情况是组织在以上几个方面都有其差别。

（4）专一化战略。专一化战略是主攻某个特殊的顾客群、某产品线的一个细分区或某一地区市场。专一化战略的整体是围绕着很好地为某一特殊目标服务这一中心建立的，它推行的每一项职能都必须考虑这一中心思想。组织业务专一化能够以更高的效率、更好的效果为某些特定的客户服务，从而超过在较广阔范围内的竞争者。组织在服务这一特定对象时，实现了差异化或低成本，或者二者兼而有之。

（5）联合。所谓联合，是指一个组织与其他组织为某一共同的目的而团结起来，包括合资、建立战略联盟等。管理者常用联合的方法控制其主要供应商以确保资源的稳定供应，或联合起来对付强大的竞争对手。

二、组织文化的管理

（一）组织文化的建立

组织文化对于组织的生存发展有着重大的影响，不良的组织文化会影响组织目标的实现。因此，管理者对内部环境的管理，首先是要加强对组织成员的教育，形成良好的组织文化。

组织文化是组织在长期发展过程中逐步形成起来日趋稳定的独特价值观，以及以此为核心而形成的行为规范、道德准则、风俗习惯和做事的方式，是组织内的管理人员及其全体员工，在已有的思想基础上，以组织为平台经过一定时期的积累、融合、创新逐步形成的。组织的创始人、高层管理者在组织文化的形成过程中负有不可推卸的责任，高层管理者要有意识地去引导良好的组织文化的形成，以良好的组织精神来激励员工；确定组织长远目标，使组织成员围绕目标开展工作；建立整套的规章制度，以规范组织成员的行为；处事客观，使组织内部形成民主的气氛；关心和体贴下属，使组织成员团结一致，产生向心力；以身作则，在组织中树立榜样，以榜样的力量感召组织成员；公平奖惩。

课程思政小贴士

思政元素：我们的党内政治文化，是以马克思主义为指导、以中华优秀传统文化为基础、以革命文化为源头、以社会主义先进文化为主体、充分体现中国共产党党性的文化。习近平总书记指出，党内政治生活、政治生态、政治文化是相辅相成的，政治文化是政治生活的灵魂，对政治生态具有潜移默化的影响。（摘自习近平 2016 年 10 月 27 日在党的十八届六中全会第二次全体会议上的讲话）

教学意图：通过学习中国共产党的组织文化，揭示党内政治文化与中华优秀传统文化之间的现实渊源与内在关系，组织文化建设必须着力把握优秀传统文化的地位作用，注重从优秀传统文化中汲取丰厚营养。

（二）组织文化的变革

组织文化需要很长的时间才能形成，但一旦形成后，它又具有稳定性。一个强的组织文化，由于得到组织成员的普遍认同，要改变它更是困难。随着组织内外部环境的变化，原有的组织文化成为组织进一步发展的障碍时，组织文化就需要变革了。以下情形可能会带来组织文化的变革：

（1）组织发生重大危机。重大危机可使人对习惯了的东西进行反思，从而对原有文化变革。

（2）高层管理者变动。新的高层管理者会带来一套新的价值理念，而且由于高层领导决策重大事务，具有掌控全局的能力，因而其观念相对来说也易被组织成员所接受。

（3）组织文化较薄弱。组织文化越强，组织成员认同率越高，组织文化就越难改变。相反，弱的组织文化则为管理者改变组织文化提供了便利。

（4）组织成立不久且规模较小。组织成立的时间越短，组织文化越薄弱。当组织规模较小时，管理者也更容易与组织成员沟通以建立新的价值观念。

需要注意的是，即使这些条件存在，也不能确保组织文化一定改变，而且，组织文化的重大改变往往要花较长的时间才能实现。因此，就短期而言，组织文化是稳定的，不易改变的，在多数情况下，管理者只能去认同它并在管理工作中适应它。

管理者的工作都受到来自组织内外部的各种因素的制约，但管理者仍可以在一定范围内对组织的生存与发展产生重大的影响。在特定的环境中，管理者是决定组织业绩的关键性因素，管理者可以通过管理工作变消极因素为积极因素，从而更好地达成组织目标。

案 例

生态环境的保护管理

情况1：中国生物多样性保护与绿色发展基金会诉秦皇岛方圆包装玻璃有限公司大气污染责任民事公益诉讼案，系京津冀地区受理的首例大气污染公益诉讼案。该案受理后，秦皇岛方圆包装玻璃有限公司积极缴纳行政罚款，主动升级改造环保设施，成为该地区首家实现大气污染治理环保设备"开二备一"的企业，实现了环境民事公益诉讼的预防和修复功能，同时还起到了推动企业积极承担生态环境保护社会责任以及采用绿色生产方式的作用，具有良好的社会导向。

情况2：常州德科化学有限公司诉原江苏省环境保护厅、原中华人民共和国环境保护部及光大常高新环保能源（常州）有限公司环境评价许可案，案涉项目系生活垃圾焚烧发电项目，此类项目周边的居民或者企业往往会对项目可能造成的负面影响心存担忧，不希望项目建在其附近，由此形成"邻避"困境。随着我国城市化和工业化进程加快，"邻避"问题越来越多，"邻避"冲突逐渐呈现频发多发趋势。本案的审理对于如何依法破解"邻避"困境提供了解决路径。即对于此类具有公共利益性质的建设项目，建设单位应履行信息公开义务，政府行政主管部门应严格履行监管职责，充分保障公众参与权，尽可能防止或者减轻项目对周围生态环境的影响；当地的公民、法人及其他组织则应依照法律规定行使公众参与权、维护自身合法环境权益。

情况3：江苏省宿迁市宿城区人民检察院诉沭阳县农业委员会不履行林业监督管理法定职责行政公益诉讼案，盗伐林木的个人被追究刑事责任后，检察机关督促沭阳县农业委员会对个人盗伐林木行为依法处理。沭阳县农业委员会未依法履职，案涉地点林地生态环境未得到恢复。法院判决确认沭阳县农业委员会不履行林业监督管理法定职责的行为违法，应依据森林法对仲兴年作出责令补种盗伐树木株数十倍树木的行政处理决定。该案明确了当事人因同一污染环境、破坏生态行为需承担刑事责任与行政责任时，行政机关不能以行为人已经受到刑事处罚为由怠于对违法行为人追究行政责任，致使国家利益和社会公共利益受损害状态持续存在。

资料来源：https://www.sohu.com/a/298778921_100011110.

案例讨论

以上案例反映了组织环境的关系问题，组织环境主要有哪几类？案例中主要涉及了哪些组织环境？组织环境如何制约组织和个人的活动？

复习思考题

1. 组织环境由哪几部分所组成？

2. 什么是组织文化？怎样描述一个组织的组织文化？

3. 组织文化是如何影响管理者的管理行为的？

4. 在什么情况下需要对组织文化进行变革？组织文化的变革是怎样实施的？

5. 参加一个学生组织，评价这个组织的文化。作为新成员如何学习这些文化？如何维系这些文化？

6. 思考你最喜欢的组织文化类型，评价它的优缺点。

7. 对一个企业而言，一般环境和具体环境哪一个更重要？为什么？

8. 常见的组织外部环境因素有哪些？它们是怎样影响组织业绩的？

9. 管理者能够对组织业绩的取得起到多大作用？

10. 组织如何才能对自身的环境作出正确的评估？

11. 练习界定不同组织的一般环境和具体环境，注意它们的相同点和不同点。

12. 管理者应如何对待组织文化的客观性？

13. 对管理者而言，组织文化强好还是弱好？

14. 掌握组织文化特点，对于管理者有何意义？

15. 为了创建创新的组织文化，管理层应该怎么做呢？

16. 人们生活方式的改变对政府组织有何影响？

17. 垄断组织也有竞争者吗？如有，列举出几个。

职能篇

第四章　计划

舒乐博士的目标细分[①]

舒乐博士的梦想是在加州建设一座水晶大教堂，咨询建筑师后得知要花费至少700万美元，当时舒乐博士身无分文，但最后这个教堂还是如期建成了，舒乐博士用了什么方法呢？

面对难题：如何在自己一毛钱都没有的情况下，筹得700万美元，完成自己建设水晶大教堂的梦想。

目标细分：700万美元＝找到一笔700万美元的捐款＝找到7笔100万美元的捐款＝找到14笔50万美元的捐款＝找到700笔1万美元的捐款＝找到1万笔700美元的捐款。将教堂的1万扇窗户的置名权卖出，每扇700美元，只要能完成，这笔钱就有了。

执行：开始推销窗户，在60天后用奇特美丽的教堂模型打动了A富商。获得了首笔100万美元投资；65天后一对听舒乐博士演讲的夫妇捐了1000美元；90天后一位被博士孜孜以求精神打动的富商捐了100万美元；8个月后一位捐款人对博士说如果你能凑齐600万美元，那最后100万美元我给；第二年开始博士以每扇500美元的价格请求人们认购水晶教堂的窗户，付款方法是每月50美元，10个月内付清，可以说再一次将目标细分法用到了极致。

总结：舒乐博士虽然没钱，但是简直就是将目标细分法运用到极致的高手！目标细分＝量化＋可执行，博士不断将这个不可能实现的大目标拆分成一个个可立刻行动的小目标，是经典的化整为零方法。这已经类似现在众筹的概念了，就是让人们为了共同认同的某一目标，而各自愿意出一小部分钱，最后达成单个个体和组织无法达成的目标。通过目标细分或者分阶段实施对于目标的达成十分有效。

---

① 参考资料：https://baijiahao.baidu.com/s? id=1568461639366425.

第一节　组织宗旨和组织目标

一、组织宗旨

组织宗旨是一个组织要形成的长期形象，它说明这个组织为什么成立以及要做些什么等基本问题，说明组织之所以存在的原因。是一个组织区别于另一个组织的标志。

组织宗旨要解决的这些问题看起来非常简单，但常常被人们忽视。在实际工作中，一些组织之所以发生失误，其主要原因之一就是这些组织的管理者没有提出和回答这些问题。

那么，如何确立组织宗旨呢？

（一）寻求自己的活动领域

寻求自己的经营领域也就确定组织所要提供的服务，这是所有组织确立其宗旨的出发点。那么，如何寻求自己的经营领域呢？首先，要寻求有吸引力的行业；其次，抓住有利时机；最后，估价自己的资源。

（二）选择自己经营服务的差别优势

在选择了自己的经营领域后，组织就要发力差别优势，就是确定一个或几个能优于竞争对手的基础。一个组织要想吸引服务对象与资源，它就至少应该在某些方面比自己的竞争对手高出一筹。我们常听到的"人无我有，人有我优，人优我转"就是这个道理。因为有利的经营领域不仅会吸引你，也会吸引大批的竞争者，如果组织不能把自己可提供的服务和自己的差别优势结合起来，就很难在竞争中脱颖而出。

（三）服务对象的需求就是自己的宗旨

在确立组织宗旨时，尽管活动领域和差别优势非常重要，但满足服务对象要求却是最关键的。组织的宗旨应该强调外在条件——自己服务对象提出的广泛要求，而不应该只注重内在条件——目前正在提供的服务。许多组织在宣布自己的宗旨时，都把自己正在提供的服务作为基本范围，宣布在这个范围内自己的定位。但是，服务对象的需要是广泛的和发展变化的，把自己限制在目前服务的范围内，无疑将把服务对象拒之门外。

课程思政小贴士

思政元素：江山就是人民、人民就是江山，打江山、守江山，守的是人民的心。中国共产党根基在人民、血脉在人民、力量在人民。（摘自习近平 2021 年 7 月 1 日在庆祝中国共产党成立 100 周年大会上的讲话）

教学意图：从管理学视角理解中国共产党为人民服务的根本宗旨。

二、组织目标

（一）组织目标的含义

组织目标是组织宗旨的具体化，是组织在未来一段时间内要到达的目的。

组织目标和组织宗旨是不同的。组织宗旨表达的是组织的追求，不仅相对比较抽象，不具有可操作性，而且也许最终也无法实现；而组织目标必须具体、可操作、可实现、可检验，必须是细化的。因此，组织宗旨需要通过具体化为一定的目标才能成为行动的指南，即组织对实现组织宗旨所必须开展的各方面工作都必须制定相应的目标。

（二）组织目标的特点

1. 目标的差异性

组织目标的差异性是指不同的组织有着不同的目标。其原因在于，第一，不同类型的组织，由于组织宗旨不同，其组织目标也大不一样。如营利性组织的目标较多地表现为各种各样的营利性指标，而非营利性组织则不以盈利为主要目标。第二，组织宗旨基本相同的同类型组织，由于所处的组织环境、拥有的资源及组织文化不同，即使组织目标的指标体系可能相同，但目标的具体数值依然会表现出很大的差异性。

2. 目标的多元性

组织目标的多元性是指在同一个组织中，存在多个不同性质的目标。任何一个组织面对的公众都不是单一的，而是多元的。不同的公众会对组织提出不同的需求，而组织未来能够在社会中生存和发展，就必须考虑不同公众的需求，并尽可能加以满足，这就要求组织确定不同的目标。比如，一家公司，要通过盈利目标的实现来满足投资者对投资回报的需求、通过开发和销售产品目标的实现来满足消费者对产品和服务的需求、通过树立良好企业形象目标的实现来满足当地社区期望公司作出贡献的需求，如此等等。因而，组织的目标不能是单一的，而应该是多元化的。组织目标应该是一个目标体系。在这个目标体系中，一般包括：第一，生存目标。这是组织存在和发展的前提，属于组织宗旨确定的基本目标之一。第二，经济目标。在营利性组织中，主要有资金、费用等及其衡量指标、投资回报、股息成本、劳动生产率、利润等。在非营利性组织中，主要是指费用控制、资金有效运用等。第三，环境目标。涉及组织与外部环境关系的目标，包括社会责任、组织形象、竞争地位等。第四，组织成员个人目标。主要指组织人事管理，包括人员招聘、培训、奖励、惩罚、人际关系、组织文化等。

在组织的目标体系中，管理者应该注意些什么呢？第一，应该尽量减少目标的数量，尽量突出主要目标。因为过多过高的目标会使执行者应接不暇，顾此失彼。第二，对各个目标的相对重要性和完成的时间序列要有合理的规划，即要区分轻重缓急。

课程思政小贴士

思政元素：从二〇二五年到本世纪中叶，在基本实现现代化的基础上，再奋斗十五年，把我国建成富强民主文明和谐美丽的社会主义现代化强国。（摘自习近平2017年10月18日在中国共产党第十九次全国代表大会上的报告）

教学意图：掌握建成社会主义现代化强国目标的多元性与统一性。

3. 目标的层次性

从组织结构角度看，目标形成一个有层次的体系，该体系从广泛的社会经济目标到特定的个人目标，分层次、分等级组成（见图4-1）。

图4-1　组织目标层次体系

我们可以进一步把组织目标简化并归纳为三个层次：

第一层为社会层，即社会加于组织的目标。如组织要以合理的成本为社会提供所需的优质产品和服务，并创造出尽可能多的价值。

第二层为组织层，即组织和专业系统自身发展的目标。如提高组织资源使用效率、增强自我发展能力、激发组织成员积极性和潜力等。

第三层为个人层，即组织成员个人的目标。如业务水平提高、可预期的发展前景、集体荣誉感等。

从目标具体化程度看，组织目标有总目标、战略目标和行动目标三个层次。总目标和战略目标是社会希望一个组织应该达到的目标，它们都是公开的，通过总目标和战略目标，社会知道该组织将做些什么。而行动目标是保密的，它是组织的真正目标，也许只有少数高层管理者和相关人员才知晓。

4. 目标的时间性

组织目标是组织在未来一段时间内要达到的目的，所以，任何组织目标都有时间性，即有一个时限的问题。如果没有"一定时期"的时间约束条件，目标就失去了存在的意义。组织目标的时间性，一方面意味着组织目标都是在特定时间内要达成的；另一方面也意味着在不同的时间段，组织目标是发展变化着的，管理者应根据环境及组织内部条件的变化及时地制定新的组织目标。

根据时限长短，可以将组织目标区分为长期目标、中期目标、短期目标。一般而言，在一个组织中，管理层次越低，组织目标的时间跨度就越短，目标内容越具体；管理层次越高，组织目标的时间跨度就越长，目标内容就越抽象。

5. 目标的可考核性

目标的可考核性是从量化角度提出来的。因为，一般来说，可以将目标分为定性目标和定量目标。对定性目标的考核比较困难，而定量目标考核却容易得多，因为多数情况下，定量目标是用"多少"作为衡量标准的。所以，使目标具有可考核性最简便的办法就是使之定量化。尽管对定性目标的考核比较困难，硬性地将一些定性目标数量化或简单化，对管理也会带来负面影响，但绝不意味着定性目标不能考核或无法考核。定性目标在多数情况下是用"多好"的标准来衡量的，可以用详细说明规划或其他目标的特征和完成日期的方法来提高可考核的程度。

（三）组织目标的作用

目标规定了每个组织成员在特定时期内要完成的具体的任务，从而使整个组织的工作能够在特定的时刻有效地融为一体。没有明确的目标，组织将是一盘散沙，也就不成其为组织了，自然地，管理上也必然是杂乱无章的。因此，目标是组织存在的前提，是组织开展各项工作的基础，是组织成员的行动指南，在管理中起着重要的作用。

1. 目标的指向作用

管理过程需要有明确的目标，如果不是为了达到一定的目标，管理就没有其必要性了。所以，目标的作用首先在于其为管理指明了方向，也就是明确了组织成员的努力方向。一般而言，在一个组织里，每个组织成员的个人目标都是明确的，但在一个管理系统中，这些非常明确的个人目标之间可能是相互矛盾和冲突的，而且，在一般情况下，组织成员最为关心的是自己个人目标的实现问题。因此，管理者的任务就是要把组织目标与个人目标联系起来，使分散的矛盾的甚至是相互冲突的个人目标整合起来，形成一个共同的目标，使每一个组织成员都有明确的努力方向。

2. 目标的激励作用

目标是激励组织成员力量的源泉，它可以激发组织成员的热情和干劲，充分调动他们的潜能和积极性。因为，个人只有有了明确的目标，才能调动其潜在能力，并创造出最佳成绩；同时，个人也只有在实现目标后，才能产生成就感和满意感，而这种成就感和满意感将成为其继续努力工作的强大的内在的动力。当然，目标要具有激励作用，必须满足可行性和先进性两个要求。可行性是指组织成员经过努力能够实现的，先进性是指组织成员必须经过努力才能实现的。组织成员无论怎样努力都无法实现或不经过任何努力就能实现的目标都不能起到激励作用。

3. 组织目标的凝聚和协调作用

组织是一个社会协作系统，它必须要有一种凝聚力来团结组织成员，并维护组织的稳定。组织的凝聚力的大小受到多种因素的影响，其中一个主要的因素就是组织目标。组织目标充分体现了组织成员的共同利益，并能够与组织成员的个人目标取得最大程度的和谐一致时，就能将组织成员凝聚在一起。此外，明确的组织目标也是组织成员之间沟通的途径。因为，每一个组织成员的作用是由组织结构确定的，而组织结构又是以组织目标为基础的，每个人都是为了某些共同的目标加入到组织中来的。只要组织成员都理解了组织目标，就可以实现沟通，并在此基础上相互协作和配合。

4. 组织目标是考核的依据

目标为管理人员提供了衡量成就、评估绩效的标准，没有这些标准，管理人员就没有了测度工作成效的工具，就不能确定各项工作的优劣。比如，管理者应努力提高组织效率，但组织效率的提高应该以组织目标为前提，有利于组织目标实现的效率是积极的，不利于组织目标实现的效率是消极的有时甚至是有害的。所以，无论是对管理活动、组织行为，还是对组织成员个人的努力，都需要根据组织目标来加以考核。只有那些符合组织目标的、有助于组织目标实现的努力，才是应该给予肯定和奖励的行为。

第二节 目标管理

组织目标确定后,将组织目标转换成组织各部门及组织成员的岗位目标的有效方法是目标管理。

目标管理(Management by Objectives, MBO),最早是美国著名管理学家德鲁克提出并进行分析和论证的。1954 年,德鲁克在他出版的《管理的实践》一书中首先使用了"目标管理"这个概念,并在其后的论述中,提出了"目标管理与自我控制"的主张。德鲁克认为,一个组织的目的和任务,必须转化为目标,如果一个领域没有明确的目标,那么这个领域必然被忽视。而目标管理的最大好处,在于它使员工能控制自己的成绩,这种自我控制会激励员工尽自己的最大力量做好工作。因此,德鲁克提出,让每个员工根据总目标的要求,自己制定个人目标,并努力实现这一目标,就能使总目标的实现更有把握。在目标管理的实施阶段和成果评价阶段,应该做到充分信任员工,实行权力下放和自我管理,发挥每一个职工的主动性和创造性。德鲁克的观点和主张在当时的管理领域产生了巨大影响,并为目标管理的实践打下了坚实的基础。

我国于 20 世纪 70 年代引进了目标管理,并运用于管理实践中,取得了明显的效果。

一、目标管理的内涵

目标管理是一种综合性的以工作为中心和以人为中心的管理方法,它首先由一个组织中的上级管理人员和下级管理人员、员工一起制定组织目标,并由此形成组织内每一个成员的责任和分目标,明确规定每一个成员的职责范围,最后又用这些目标来进行管理、评价和决定对每一个部门、成员的奖惩。

从中我们可以看到,目标管理的内涵包括下列基本思想:

1. 以目标为中心

在目标管理中:第一,强调目标的制定,明确目标是有效管理的前提。明确的目标使整个组织有了协同行动的准则,使组织成员的思想、意志、行动统一在一起,以最经济有效的方式去实现组织目标。第二,计划的制定和执行要以目标为导向。第三,强调目标的实现,而不是行动本身。

2. 强调系统管理

第一,强调各个层次的目标相互协调。第二,强调总目标与分目标之间、分目标之间是相互联系的。总目标的实现有赖于分目标的实现，而某一分目标的实现则有赖于其他分目标的配合。因此，总目标与分目标之间、分目标与分目标之间应该形成一个网络体系，相互支持，以保证目标的整体性和一致性。

3. 重视人的作用

目标管理中的目标确定，不是完全由上级确定并分派给下级的，而是鼓励员工参与目标的确定。这种目标的确定方式给予员工充分的信任，员工在这种尊重和信任的氛围中对自己的职责和可能实现的绩效目标作出承诺，并与上级人员达成共识，然后，员工就会自觉地去实现自己承诺的目标。可见，目标管理是一种参与性、自控性的管理方法，员工在参与过程中，获得成就感和被尊重的满足感，组织的目标也在员工的承诺中得以实现。

二、目标管理的过程

目标管理过程有下列三个阶段：

（一）目标的制定

确定目标是目标管理过程中起决定性作用的环节。确定目标又可以分为四个步骤。

1. 最高层管理人员预定目标

目标的制定一般由高层管理者根据组织实际情况，通过对组织内部和外部环境的分析，初步确定组织在未来一段时间内要完成的任务，然后和下属进行讨论和修改。

2. 审议组织结构和职责分工

在目标管理中，要求每一个目标都要有人负责。所以，在预定目标后，需要重新审议现有的组织结构，若有必要，应对现有的组织结果作出若干变动，明确职责，使每一个目标都有明确的责任部门和责任人。

3. 共同确定下级目标

向下级传达并明确组织的规则和目标，在此前提下和下级商定他的目标，共同讨论下属该做些什么、能做些什么、有什么困难、需要什么帮助等问题。目标确定的结果应该是下级目标支持上级目标、分目标支持总目标，形成一个上下衔接的目标体系。

4. 上下级协商并达成协议

上下级就实现各项目标所需的条件及达成目标后的奖惩事项达成协议，并授予下级相应的权力。双方协商后，由上下级签署书面协议。组织汇总所有资料，绘制出目标图。

（二）目标的实施

目标管理在实施阶段强调自主管理和自我管理，但这并不意味着达成协议后，管理者特别是高层管理者就可以放手不管。斯蒂芬·P. 罗宾斯的研究结果表明，当高层管理者对目标管理高度负责，并亲身参与到目标管理的实施过程时，生产率的平均改进幅度可以达到56%；而高层管理者低水平的承诺与参与，生产率的改进幅度仅为6%。所以，在目标管理的实施阶段，要特别注意把握好两点：一是高层管理者的参与更多地体现在指导、协助，提出问题，提供信息情报以及创造良好工作环境方面；二是高层管理者要更多地把权力交给下级管理者，充分依靠下级管理者的自我控制来完成目标任务。

（三）考评与反馈

对各级目标的完成情况，采取定期检查、考核是比较有效的手段。检查的方法可以多样化，如采用质检、互检、责成专门部门进行检查或评比、竞赛等形式。检查的依据是事先确定的目标。对最终结果，应根据目标进行评价，并将评价结果及时反馈。反馈对绩效有积极影响。它可以使人们知道自己努力的水平是否足够，它能够诱使人们在实现了原先的目标后进一步提高自己的目标，而且使人们了解自己行动方式的效果。经过评价和反馈，使得目标管理进入下一阶段的循环。

三、目标管理的优缺点

与其他管理方式一样，目标管理有自己的优点和长处，也有缺点和不足。管理者在进行目标管理时要充分认识。

（一）目标管理的优点

1. 形成激励

当目标成为组织各个层次、各个部门、各个成员未来一段时间内要达成的一种结果，而且实现的可能性相当大的时候，目标就成为组织成员的内在激励因素。特别是当这种结果实现，组织还有相应报酬时，目标的激励作用就更大。从目标成为内在激励因素来看，这种目标最好是组织各个层次、各个部门、各个成员自己制定的目标。他人强加的目标有时不但不能起到激励作用，反而成为一种怨恨的对象。

2. 有效管理

目标管理方式可以切实提高组织管理的效率。因为目标管理是一种结果式管理，而不仅仅是一种计划的活动方式。这种管理迫使组织各个层次、各个部门和组织的每一个成员，尽力完成目标。由于这些目标是组织总目标的分解，当组织各个层次、各个部门和每一个成员的目标都实现的时候，也就是组织总目标的实现。在目标管理中，一旦分解目标确定，且不规定各个层次、各个部门和每一个成员完成各自目标的方式、手段，反而给了他们在完成目标过程中一个创新的空间，这就能有效地提高组织的管理效率。

3. 明确任务

目标管理能使组织各级管理者及其他成员都明确组织的总目标、组织的结构体系、组织的分工与合作及各自的任务。职责的明确，使得主管人员知道，为了完成目标必须赋予下级相应的权力，而不是大权独揽。另外，许多实施目标管理的公司或其他组织，通常在目标管理过程中会发现组织体系存在的缺陷，从而帮助组织对其体系进行改造。

4. 自我管理

目标管理实际上是一种自我管理的方式，或者说是一种引导组织成员自我管理的方式。在实施目标管理的过程中，组织成员不再只是做工作，执行指示，等待指导和决策，而是成为有明确规定目标的单位或个人。一方面，组织成员都已参与了目标的制定，并取得了组织的认可；另一方面，组织成员在努力实现组织目标的过程中，除目标已定外，如何实现目标则是他们自己决定的事。从这个意义上说，目标管理是一种自我管理的方式。目标管理之所以能起到激励作用，与它是一种自我管理方式有直接关系。

5. 有效控制

目标管理本身也是一种控制的方式，即通过分解后目标的实现最终保证总目标实现的过程就是一种结果控制方式。目标管理并不是目标分解下去后便没事了。事实上组织高层在目标管理过程中要经常检查、对比目标，进行评比，如果发现偏差就要及时纠正。从另一个方面看，一个组织如果有一套明确的可考核的目标体系，其本身就是监督控制的最好依据。

（二）目标管理的缺点

（1）制定目标的困难。真正可考核的目标通常很难确定，尤其是组织实际上是一个产出联合体。它的产出是一种联合不易分解出谁的贡献大小的产出，即目标的实现是大家共同合作的结果，这种合作很难区分彼此贡献的多少，因此，可量度的目标的确定也就非常困难。

（2）强调短期目标。大多数目标管理中的目标通常是一些短期目标，很少会设立期限超过一年的目标。短期目标比较具体易于分解，而长期目标比较抽象不易分解，同时，短期目标易迅速见效，长期目标则不然。所以，在目标管理的实施中，组织似乎强调短期目标的实现而缺乏对长期目标的关心。这种观念若深入到组织的各个方面、组织所有成员的脑海和行为中，对组织的发展是没有好处的。

（3）目标商定可能增加管理成本。目标商定要上下沟通、统一思想是很费时间的；每个单位、个人都关注自身目标的完成，很可能忽略了相互协作和组织目标的实现，滋长本位主义、临时观点和急功近利倾向。

（4）缺乏灵活性。目标管理执行过程中目标的改变是不可以的，因为这样做会导致组织的混乱。事实上，目标一经确定就不能轻易改变，也正是如此使得组织运作缺乏弹性，无法通过目标的调整和改变来适应多变的环境。

（5）有时奖惩不一定都能和目标成果相配合，也很难保证公正性，从而削弱了目标管理的效果。因此，在实际中推行目标管理时，除了掌握具体的方法以外，还要特别注意把握工作的性质，分析其分解和量化的可能；提高员工的职业道德水平，培养合作精神，建立健全各项规章制度，注意改进领导作风和工作方法，使目标管理的推行建立在一定的思想基础和科学管理基础上；要逐步推行，长期坚持，不断完善，从而使目标管理发挥预期的作用。

第三节　计　划

一、计划的含义和作用

计划有两种含义。作为动词，计划通常是指管理者确定必要的行动方针，以期在未来的发展中能够实现目标的过程，也就是计划制定工作。这时的计划，要回答两个问题：干什么？怎么干？作为名词，计划是指对未来活动所做的事前预测、安排和应变处理。这时的计划，实际上是计划工作中计划制定的成果。

计划工作的作用主要包括以下几个方面：

（1）为组织成员指明方向，协调组织活动。良好的计划可以通过明确组织目标和开发组织各个层次的计划体系，将组织成员的力量凝聚起来，形成朝着同一目标方向的合力，从而减少内耗，降低成本，提高效率。

（2）为组织的未来预测变化，减少冲突。计划是面向未来的，而在未来，无论组织所处的外部环境还是组织自身，都存在一定的不确定性和变化性。计划工作可以通过周密细致的预测，变"预料之外的变化"为"预料之内的变化"，用深思熟虑的决策来代替草率的判断，从容面对变化，能够变被动为主动，变不利为有利，减少变化带来的冲击。

（3）减少重叠和浪费性活动，提高管理效率，更有效地实现组织目标。组织在实现目标的过程中，各种活动会出现先后协调不一致，相互联系脱节的现象。在多项活动并行的过程中，也往往会出现不协调的现象。这时，良好的计划可以通过设计协调一致的、有条不紊的工作流程来避免这些不协调现象的发生，从而减少重复和浪费性的活动。

（4）有利于进行控制。组织在实现目标的过程中离不开控制，而计划是控制的基础。如果没有既定的目标和规划作为衡量的尺度，管理人员就无法检查目标的实现情况，也无法实施控制。

二、计划的性质

计划的性质体现在以下几个方面：

（一）首位性

计划工作要为全部的组织活动确定必要的目标。在管理过程中，确定组织框架、选择领导方式、制定激励制度、实施有效控制，都离不开计划的指导。因此，为使其他管理职能有效，就必须先做好计划工作。计划和决策是密不可分的，计划在很大程度上是决策的载体，是决策成果的体现；对于控制工作，计划的首位性则更为突出。如果没有计划，没有实现制定出的一套标准，就不可能进行衡量、发现并纠正偏差，无法保证活动的既定方向，控制工作也就无法进行。

（二）目的性

各种计划及其所支持的计划，都是旨在促使组织的总目标和一系列子目标的实现。在为集体中一起工作的每个人设计工作环境，使每个人有效地完成任务时，管理者最主要的任务，是努力使每个人理解组织的总目标和一系列子目标。如果要使集体的努力更加有效，其成员一定要明白期望他们完成的是什么。这种计划工作的职能，在所有管理职能中是最基本的。

（三）普遍性

计划涉及组织内所有管理人员，是全体管理人员的一项职能。在组织的总目标和一系列子目标确定后，各级管理人员都要根据总目标的要求和自己应达到的子目标，分别制定各自的行动计划。由于管理人员在组织的地位和权力不同，所进行的计划工作也就有所差别。高层管理人员根据总目标制定组织的战略计划，中下层管理人员则负责制定具体的实施计划。虽然各种计划在组织运行中所发挥的作用和影响是不同的，但各级管理人员都要制定计划，这一点是确定无疑的。所以计划在管理工作中具有普遍性。

（四）效率性

所谓计划的效率性，是指计划对实现组织目的或目标的贡献程度，即指计划目标所获得的收益与制定和执行计划所需费用的比率。计划的效率性表现在：第一，科学的计划能有效地保证组织目标的实现，为组织带来巨大的经济效益和社会效益。而错误的计划会给组织造成损失，甚至是巨大的损失。第二，有效率的计划使组织和行动达到最优的投入产出比。不同的计划方案会有不同的投入产出比，带来的经济效益会有很大的差异。通过不同计划方案的对比，可以选择投入少而产出多的计划方案。第三，应尽可能制定科学而精确的计划。为保证计划的效率性，计划必须建立在对以往统计资料充分认证分析和对实际情况深入调查的基础上，并要以科学的预测为前提，提高计划的科学性、准确性和有效性。同时要对各种因素给予充分考虑和综合平衡，对整个行动过程做全面、完整的描述，对关键环节给予充分的重视，使计划具有较强的可操作性。

（五）时效性

计划是组织在一定时期内的行动方案，它的制定是以一定时期内各种现实情况为前提的。随着时间和条件的变化，与目标有关的一些关键因素也会发生变化，从而使原计划失去效用。因此，计划具有很强的时效性，离开了一定的时间和环境条件，计划就会失去意义。管理者必须充分了解计划的时效性，根据各种因素的变化，及时对计划进行修改。当然，计划的时效性并不否定计划的相对稳定性，只有在一定条件下保持计划的相对稳定，才有助于计划执行者顺利完成计划任务。

（六）创造性

计划工作总是针对所要解决的新问题和可能发生的新变化、新机遇而作出决定，因而它是一个创造过程。计划工作是对管理活动的设计，成功的计划依赖于创新。

三、计划的类型

根据不同的标准，可将计划分为不同的类型。各种类型的计划不是割裂的，而是由分别适用于不同条件下的计划组成一个计划体系。

（一）短期计划、中期计划与长期计划

按照计划期的长短，可分为短期计划、中期计划和长期计划。

长期计划的时间跨度在5年以上，有的甚至可以达到数十年。长期计划多涉及战略性的内容，如组织结构的变化、产品项目与总体结构的更新、组织规模与组织方式的变化等。长期计划要明确组织的长远发展目标和发展方向，并明确达到长远目标的具体途径。长期计划由于时间跨度比较大，对未来不确定因素的估计比较困难，其精确度难以保证。因此，长期计划一般都有较大的弹性，侧重于明确今后一段时间内的发展方向和一些政策性规定。

短期计划是指1年以内的计划，其内容主要与组织的日常工作密切相关。短期计划一般包括经营计划与权变计划。经营计划是为长期计划中某一时间段的经营目标服务，权变计划是为了应付未预料的环境因素的变化而做出的计划。一般情况下，在制定经营计划时，要相应制定与之相配套的权变计划，以便在情况发生变化时能够及时进行适当的调整，顺利完成经营目标。

中期计划期限一般为 1~5 年，所涉及的计划内容一般也比较稳定。长期计划的内容一般是纲领性的，而中期计划则要稳定和具体一些，中期计划大多只涉及目标指数数量的变化，较少涉及结构性的变化。

长期计划与中期计划、短期计划是密不可分的。科学的长期计划对中短期计划具有指导作用，中短期计划则必须根据长期计划的要求来制定；中短期计划的实施有助于长期计划的实现。只有正确处理长期计划与中短期计划的关系，才有利于组织目标的实现。

课程思政小贴士

思政元素：将"十四五"规划与 2035 年远景目标统筹考虑，对动员和激励全党全国各族人民，战胜前进道路上各种风险挑战，为全面建设社会主义现代化国家开好局、起好步，具有十分重要的意义。（摘自习近平 2020 年 11 月 3 日《关于〈中共中央关于制定国民经济和社会发展第十四个五年规划和二〇三五年远景目标的建议〉的说明》）

教学意图：引发思考，为什么在中国能制定从一年到五年甚至长达几十年的目标并一以贯之？

（二）战略计划和作业计划

按照计划涉及的内容层次或广度，可分为战略计划和作业计划。

应用于整体组织，为组织设立整体目标以及寻求组织在所处环境中的地位的计划，称为战略计划。因为一个组织的总体目标和地位通常是不易改变的，所以战略计划的周期一般都比较长，通常为长期计划。战略计划涉及面广，相关因素多，且关系复杂、不明确，因此战略计划要有足够的弹性。

规定总体目标如何实现的细节计划称为作业计划。作业计划的周期一般都比较短，通常为中短期计划。作业计划与战略计划最大的区别是：战略计划的一个重要任务是为组织设立目标，而作业计划则是假设目标已经存在，而提供一种实现目标的方案。作业计划可以有不同的表现形式：在一段时间内使用的涉及各方面的综合性计划；针对某一特定目标或行动方案的计划；为了实现战略目标对行动方法规定的策略性计划等。

（三）指令性计划和指导性计划

按照计划的明确程度，可分为指令性计划和指导性计划。

指令性计划是上级管理部门下达的、目标明确、行动方法和程序确定、具有行政约束力、各级计划执行机构都必须完成的计划，其内容一般都是关系到组织发展的重大问题或必须完成的任务。指导性计划只规定一些重大方针，而不局限于明确的具体的目标，或特定的活动方案上。指导性计划可为组织指明方向，统一认识，但并不提供实际操作的指南。指导性计划下达以后，下级单位不一定遵照执行。组织通常根据面临的环境的不确定性和可预见性程度的不同，选择制定这两种不同的计划。

（四）综合计划、局部计划与项目计划

按照计划的对象和应用范围，可分为综合计划、局部计划和项目计划。

综合计划是涉及到多个目标和多方面内容的计划。如国家的年度预算、企业的生产经营计划都是综合计划。综合计划对组织的各个子系统都有很大的影响，它要对各子系统进行合理协调，产生最大的组织效应。

局部计划是指限定范围的计划。包括各管理职能制定的职能计划、各执行部门制定的部门计划等。局部计划是在综合计划的基础上制定的，是综合计划的一个组成部分。

项目计划是对特定项目所做的计划，用于解决特定问题或进行特定项目的建设。如政府投资的科技项目计划、企业的新产品开发计划、企业扩建计划等都属于项目计划。

在管理过程中，组织的综合计划要放在首要的位置，局部计划和项目计划要与综合计划的目标保持一致。

四、计划制定过程

尽管计划的类型多种多样，但各种计划制定的程序是基本相同的。计划制定过程通常包括下列步骤：

（一）环境分析

计划是对实现目标过程的详细规划，而组织目标的确定离不开对外部环境的分析与判断，因此，分析和判断环境并了解环境中蕴藏的机会是计划工作的起点。一般而言，组织环境复杂多变且无法控制，只能通过预测与判断其变化趋势并选择相应的对策去适应，通过分析外部环境的现状与发展趋势，结合组织自身的优势与劣势，发现组织发展的机会。就营利性组织而言，制定计划时需要对经济、政府政策、科学技术、市场、资源等环境因素进行预测和分析。就非营利组织而言，制定计划时也应该对公众的诉求与需求、公共资源状况、技术支撑等环境因素进行科学预测和分析。准确地说，分析环境并发现机会，并非计划的正式过程，它应该是在计划过程开始之前就已经完成，但它是整个计划工作的真正起点。

（二）确定目标

计划工作的第一个步骤就是为整个计划确立目标，即确立计划的预期成果，此外还要确定为达到这一成果需要做哪些工作，重点在哪里，如何运用战略、程序、规章、预算等计划形式去完成计划工作的任务等。

在目标的制定上，要注意几个方面的问题。首先是目标的价值。计划设立的目标应对组织总目标的实现有明确的价值并与之相一致，这是对计划目标的基本要求。其次是目标要有优先顺序。在一定的时间和条件下，若干共存的目标各自的重要性可能是不同，不同目标的优先顺序将导致不同的行动内容和资源分配的先后顺序。因此，要恰当地确定哪些成果应首先取得，这是目标选择过程中的重要工作。再次是目标的衡量指标不能含糊不清。目标要尽可能量化，以便度量和控制。最后是目标要有层次性。组织的总目标要为组织内部所有计划部门指明方向，而这些计划又要规定一些部门目标，部门目标又控制着下属的部门目标，如此等等，这样就使得整个组织的全部计划内容都控制在总目标体系之内。

（三）确定方案

组织目标确定后，要围绕组织目标设计和编制具体可行的实施方案。由于实现目标的途径和方法是多种多样的，因此，在设计和编制方案时，必须集思广益、拓展思路、大胆创新，发现多种高质量的方案，同时要对拟定的方案进行初步筛选，减少备选方案的数量，以便进行最优的选择。

（四）评价方案

在拟定出各种备选方案后，要按照目标的要求对每一个方案进行评价。评价方案主要从三个方面进行：首先，着重分析每一个方案的制约因素及其隐患。对制约因素分析得越彻底，对每一个方案的了解就越透彻。其次，将方案的预期结果与组织目标进行对比时，既要比较可以量化的因素，也要比较难以量化的因素，如组织的声誉、公共关系等。最后，着重考察每一个方案的综合效益以及每一个方案预计完成总目标的程度。在对方案进行全面分析对比后，最后择优确定实施方案。

（五）拟定派生计划

在总体计划确定后，需要拟定一个派生计划。对总体计划加以支持和补充，以便进一步完善计划方案。制定并完成派生计划是实施总计划的基础。

（六）制定政策

政策是对各项工作提出的原则要求以及各种奖惩规定，用来指导实施计划的具体行动，从而保证组织成员能够按照要求努力完成计划所确定的任务。因此，确定计划方案后，需制定相应的政策，以保证计划方案的顺利实施。

（七）编制预算

预算是用数字表示的预期结果的报告书，是数字化的计划。预算可以是财务性的，如投入、支出、成本等，也可以是非财务性的，如工作量、生产量等。编制预算主要有两个目的：第一，计划必然涉及到资源的分配，只有将其数量化后才能汇总和平衡各类计划；第二，预算可以成为衡量计划是否完成的标准。

五、计划方法

制定计划的效率高低和质量的好坏在很大程度上取决于计划方法。传统的计划方法主要有定额换算法、系数推导法、经验平衡法等。

定额换算法是指根据有关的技术经济定额来计算确定计划指标的方法。例如，根据各人、各岗位的工作定额求出部门应完成的工作量，再将各部门的工作量进行加总，得到整个组织的计划工作量。

系数推导法是指利用过去两个相关指标之间长期形成的稳定比率来推导确定计划期的有关指标的方法。例如一个企业，在一定的生产技术条件下，某些原材料的消耗量与企业产量之间有一个比较稳定的比率，根据这个比率和企业的计划产量，就可以推导出这些原材料的计划需要量。

经验平衡法是指根据计划工作人员以往的经验，把组织的总目标和各项任务分解并分配到各个部门，并经过与各部门的"讨价还价"，最终确定各部门计划指标的方法。

如果管理环境是稳定的，那么上述传统的计划方法简单易行，具有较大的优越性。问题是，在当今时代，随着社会、经济、技术的发展，任何一个组织面对的是更加复杂且多变的环境，组织的规模也在不断地扩大，依靠传统的方法往往难以适应现代计划工作的要求。本节重点介绍的滚动计划法、投入产出法、PERT 网络分析法等，是能够适应复杂多变环境且为越来越多的计划工作者采用的现代计划方法。

（一）滚动计划法

滚动计划法是一种将短期计划、中期计划和长期计划结合起来的，根据近期计划的执行情况和环境变化情况，定期修订未来计划并逐期向前推移的方法。管理者在制定计划时，由于很难准确预测未来发展中各种影响因素的变化，而且计划期越长，这种不确定性就越大，若硬性地按几年前制定的计划实施，可能导致重大的损失。为避免各种不确定性可能带来的不良后果，提高计划的有效性，可以采用滚动计划法。

在滚动计划法中，按照远粗近细的原则，即近期计划尽可能详细，远期计划则较粗略，并把近期的详细计划和远期的粗略计划结合起来，在近期计划完成后，再根据执行的结果情况和新的环境变化逐步细化并修正远期的计划。滚动计划法的具体做法如图 4-2 所示。

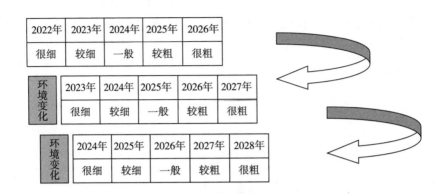

2022年	2023年	2024年	2025年	2026年
很细	较细	一般	较粗	很粗

环境变化

2023年	2024年	2025年	2026年	2027年
很细	较细	一般	较粗	很粗

环境变化

2024年	2025年	2026年	2027年	2028年
很细	较细	一般	较粗	很粗

图 4-2　滚动计划法示意图

可以看出，在近期计划执行完毕后，根据执行情况和环境因素的变动情况对原计划进行修正和细化，此后便按照同样的方法逐期滚动，每次修正都向前滚动一个时段，这就是滚动计划方法。

滚动计划法的缺点是加大了计划工作量，因为要同时编制若干期计划。但它的优点更加明显，主要表现在：第一，使计划更加切合实际。由于滚动计划相对缩短了计划时期，加大了对未来计划的准确性，从而提高了近期计划的质量。第二，使长期计划、中期计划和短期计划相互衔接，保证能够根据环境的变化及时地进行调整，同时保持各期计划的基本一致。第三，保证了计划应有的基本弹性，特别是环境剧烈变化的今天，有助于提高组织应有的应变能力。

（二）投入产出法

投入产出法是 1936 年里昂惕夫提出的运用极为广泛的现代计划方法，曾经有 100 多个国家采用该方法进行经济方面的研究，我国从 1973 年起正式引用投入产出法编制各种计划。

投入产出法是在一定经济理论的指导下，编制投入产出表，建立投入产出数学模型，研究各种经济活动的投入与产出之间的数量依存关系，特别是分析和研究国民经济各部门或各种产品的生产与消耗之间数量依存关系的经济数学方法。这种方法是进行各种经济活动分析，加强综合平衡，改正计划编制方法的有效工具。在投入产出表中，所谓投入，是指社会在组织物质生产时对各种原料、燃料、动力、辅助材料、机器设备以及活劳动等的生产性消耗。所谓产出，是指生产出来的产品数量及其分配去向。因此，投入产出法是通过编制投入产出表，建立投入产出模型来反映国民经济各部门、再生产各环节内在联系的一种方法。

投入产出分析的基础是投入产出表，如表4-1所示。

表4-1　投入产出示意

产品的消耗来源（投入） ＼ 产品分配去向（产出）	中间产品				最终产品	总产品
	部门1	部门2	… …	部门n	积累消费合计	
				合计		
物质消耗　部门1 部门2 …… 部门n 合计	I				II	
净产值	III				IV	
总产值						

投入产出法的优点有：第一，通过分析可以确定整个国民经济或部门、企业经济发展中的各种比例关系，并为制定合理的价格服务；第二，投入产出分析可以预测某项政策实施后所产生的效果；第三，可以从整个系统的角度编制长期或中期计划，且易于搞好综合平衡。

（三）PERT网络分析法

当计划中的项目个数很多，需要协调成百上千个活动，而且活动之间存在紧密的时间序列关系时，PERT（计划评审技术）就成了一种十分有效的计划方法。PERT是Program Evaluation and Review Technique的缩写。

该方法是20世纪50年代，美国海军特种计划局在研制北极星导弹时第一次采用的。该工程有200多家承包商和10万家转包商，通过PERT计划技术，有效地把它们组织了起来，使整个工程的完工期大大提前，节约了2年时间。后来，美国国防部和国家航空与航天局规定：凡承包军用项目，必须用PERT网络法制定计划后上报。以后，PERT在美国的建筑、工程设计、推销等工作中被大量采用。

PERT网络是一种类似于流程图的网络图，它标出了各项活动的先后次序和完成时间，从而使管理者可以借助于PERT网络图找出完成计划目标的活动的关键线路，以便比较各种不同行动方案在进度和成本方面的效果。

PERT 网络分析法的步骤（以某房屋施工工程为例）：

（1）确定达到目标所需进行的活动。

（2）确定这些活动的先后次序以及各自耗费的时间。

这里的关键是确定各项活动所需要的时间。活动所需的时间有两类：一类是肯定型的，比如对过去曾经做过的工作，就能肯定知道所需的时间；另一类是非肯定型的，即过去未曾做过的工作，无先例可循，无资料可查，或者是受季节、气候等不稳定因素影响的工作。为了尽可能准确地估计活动所需要的时间，可以采用三点估计法，将非肯定型活动时间变成肯定型的时间。

在采用三点分析法时，首先要对每项活动所需的时间进行估计。这种估计一般分成三种：一是可能需要的最短时间，二是可能需要的最长时间，三是最可能需要的时间。对三种时间做出估计之后，用求加权平均数的方法，找出三种时间的平均值，其计算公式为：

$$t_e = \frac{a+4m+b}{6}$$

其中：t_e 为平均值，a 为最短时间，b 为最长时间，m 为最可能的时间。

公式中假定 m 的可能性是 a 或 b 的两倍，这样

m 与 a 的平均值为 $\dfrac{a+2m}{3}$

m 与 b 的平均值为 $\dfrac{b+2m}{3}$

如果这两种时间均以 $\dfrac{1}{2}$ 可能性出现，则

$$\frac{1}{2}\left(\frac{a+2m}{3}+\frac{b+2m}{3}\right)=\frac{a+4m+b}{6}$$

最后计算出来的平均值就是每项活动所需要的时间。

我们假定通过三点估计法计算出了某房屋建造过程中各项活动所需的时间，该房屋施工过程可以通过表 4-2 表示。

表 4-2　某房屋施工时间

工作项目	工作内容	所需时间（周）	前道工序
A	审查设计和批准动工	10	—
B	挖基地	6	A

续表

工作项目	工作内容	所需时间（周）	前道工序
C	立屋架和砌墙	14	B
D	建造楼板	6	C
E	安装扇户	3	C
F	搭屋顶	3	C
G	室内布线	5	D、E、F
H	安装电梯	5	G
I	铺地板和嵌墙板	4	D
J	安装门和内部装饰	3	I、H
K	验收和交接	1	J

（3）绘制 PERT 网络图。以箭头代表一次活动的完成过程，上标的数值为该项活动所用的时间，以圆圈代表某项活动的完成，从开始到结束绘制 PERT 网络图，如图 4-3 所示。

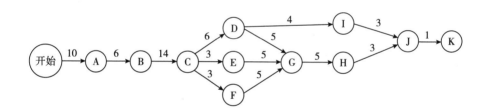

图 4-3 PERT 网络图

（4）找出关键线路。由图 4-3 可知，从"开始"到"K"有 4 条线路，即开始—A—B—C—D—G—H—J—K、开始—A—B—C—E—G—H—J—K、开始—A—B—C—F—G—H—J—K、开始—A—B—C—D—I—J—K，它们占用的时间分别为 50 周、47 周、47 周、44 周。在这 4 条线路中，有一条是关键线路，PERT 网络分析法的第四步就是要找出关键线路。

所谓关键线路，就是占用时间最多富余时间最少的那条线路，或者说是完成目标的最短路径。上述房屋施工项目中，开始—A—B—C—D—G—H—J—K 占用时间为 50 周，它就是完成该项目的关键线路。关键线路上的活动持续时间决定了项目的工期，它所有活动的持续时间总和就是项目的工期。因此，关键线路上的任何一个活动都是关键活动，其中任何一个活动的延迟都会导致整个项目完工时间的延迟。若缩短关键线路的总耗时，会缩短项目工期；反之，则会延长整个项目的总工期。但是如果缩短非关键线路上的各个活动所需要的时间，也不至于影响工程的完工时间。

找出关键线路对于管理的意义在于：第一，当管理者想缩短计划项目完成时间、节约成本时，就要把考虑的重点放在关键线路上；第二，当资源分配发生矛盾的时候，可以适当调动非关键线路上活动的资源支持关键线路上的活动，以最有效地保证项目的完成。

第四节　决策

管理者在从事各项管理工作特别是确定目标、制定计划时，会遇到各种各样的问题，这些问题的大小、复杂程度各不相同，但它们都需要解决，需要管理者作出决策，而且其决策正确与否都会在一定程度上影响组织的运行和管理绩效。

一、决策概述

（一）决策的定义

决策有两种含义：一种是指已经形成的"决定""政策"，一般作为名词来使用，如中央的经济政策、外交政策等；另一种是指作出决定的过程或活动，如我们经常所说的"进行科学决策"等。现代管理中所说的主要是指后一种意思，也就是说把决策看作一个动态的过程。因此，我们可以把决策理解为：人们针对特定的问题，为了达到特定的目的，运用科学的理论和方法，拟定多种行动方案，并最终选出满意方案的活动。它本质上是人们对将要付诸行动的主观意志的表达。

这一定义包含下列内容：

（1）决策的前提是要有明确的目的。决策或者是为了解决某一个问题，或者是为了实现某一个目标。没有问题无须决策，没有目标无从决策。因此，在决策之前，要解决什么问题必须十分明确，要达到什么目标必须具体且可衡量可检验。

（2）决策的条件是要有若干个可行方案供选择。科学决策的一个重要原则是"多方案的选择"，因为如果只有一个方案就无从比较优劣，当然也无选择的余地。同时，决策所依据的方案应该是可行的。为了确保方案的可行性、保证决策的准确性，通常要根据决策目标，拟定多种决策方案，以供决策者进行比较、选择。通过比较、选择，决策者才能从中选出满意的方案，以最少的投入获得最大的收益，达到决策的最优化目的。

（3）决策的重点是多方案的分析比较。决策过程中所列举的不同的方案，都不可能是十全十美的，它们既有其可取之处，也有不利的一面，因此必须对每个方案进行综合分析与评价，确定每个方案对目标的贡献程度和可能带来的潜在问题，以明确每一个方案的利弊。通过对每个方案的比较，可明晰各方案之间的优劣，为方案选择奠定基础。

（4）决策的结果是选择一个满意的方案。科学决策遵循"满意原则"，即追求在多方案中选择一个符合实际情况，能够使主要目标得以实现，也能够照顾其他次要目标的可行方案。

（二）决策的特征

通过决策的定义，可以看到决策有下列三个方面的重要特征：

（1）决策是主观判断过程。在决策过程中，每一个环节工作的展开，都受决策者价值观念和经验的影响，参与决策的人员的价值准则、经验等会影响决策目标的确定、备选方案的列举、方案优劣的评价以及满意方案的选择等。因此，决策从本质上说，是管理者基于客观事实的主观判断过程，是人们对将要付诸行动的主观意志的表达。

（2）决策是有目的的活动。任何决策都是有针对性的，都是决策者根据所掌握的信息资料以及对问题的了解，提出解决问题的对策。同时，决策必须以对客观规律的认识为基础，必须有明确而具体的目标，因此，任何决策都是针对某一问题作出的，都有一定的目的性。

（3）决策必须着眼于未来的活动。任何决策都是从解决现实问题入手，探讨未来要采取的对策。决策不仅要注重历史的调查和现状的研究，而且还必须面向未来。因为，历史的实践活动是人们过去主观意志的反映，我们对它无从改变和选择；现在人们正在进行的实践活动也是人们主观意志的执行，是我们以前的选择。只有对尚未进行而即将进行的实践活动，我们才有选择的余地，才有决策活动。因此决策强调对事物未来发展趋势的把握，强调着眼于未来。

（三）决策的作用

决策在管理中有着重要的地位和作用：

（1）决策贯穿于管理的全过程。管理者在管理过程中要履行计划、组织、领导、控制等基本职能。这些职能一旦展开，就具有相对稳定性。而决策是管理者经常要进行的工作，管理者的管理意图是通过决策来实现的，所以，决策贯穿于管理过程的各项管理职能之中。从目标的确定、计划的制定、资源的分配、组织机构的建立、权力关系的构建、人员的招聘安置和奖惩、纠偏措施的落实等，都需要管理者作出决策。正是基于这一点，美国著名经济学家和管理学家赫伯特·西蒙谈到管理的本质时指出："决策是管理的心脏，管理是由一系列决策组成的；管理就是决策。"

（2）决策正确与否直接关系到组织的生存与发展。决策是任何组织开展有目的活动之前必不可少的一步，组织的生存与发展常常取决于管理者特别是高层管理者的决策正确与否。长期以来，决策是以个人的知识、经验判断为基础的，这对于一些简单、易于掌握和判断的问题而言尚可应付。但在现代社会，管理者面临的许多问题十分复杂，需要管理者在决策时运用多学科知识审慎判断；同时，竞争的加剧又需要决策者灵敏反应、及时决策。一旦决策延误或决策失误对组织的影响将是灾难性的。

（3）决策能力是衡量管理者水平的主要标志。做到正确决策，仅有主观愿望是不够的。决策是一项创造性的思维活动，体现了高度的科学性和艺术性。有效的决策取决于三个方面：第一，要有相关的决策理论和方案的坚实基础；第二，具有收集、分析、评价信息和选择方案的娴熟技能；第三，具有承受风险、承担决策中可能出现失误的心理素质。管理者具备这些能力才有可能做出正确的决策，为组织的健康发展奠定基础。因此，决策能力便成为衡量管理者能力的一个重要标志。

二、决策的类型

对决策进行分类，有助于了解各类决策的特征，从而采取相应的方法进行有效的决策。根据不同的要求，从不同的角度，决策可以分为下列几种类型：

（一）战略决策、管理决策和业务决策

按决策的重要性，决策可以分为战略决策、管理决策和业务决策三种。

战略决策是指对直接关系到组织生存与发展的全局性、长远性问题的决策。如企业的经营目标、方针，产品的更新换代等的决策。战略决策对于组织的发展具有重要意义，一般涉及的时间较长、范围较大。由于所要解决的问题大多比较抽象、复杂且往往是以前没有遇到过的，所以管理者往往要借助于自己的经验、直觉、创造力进行判断。战略决策一般由高层管理者做出。

管理决策属于执行战略决策过程中的基本战术决策，所以有时也称战术决策。如企业生产计划和销售计划的确定、新产品的设计方案等均属于管理决策。管理决策是为了保证战略决策的实现所做的决策，所面临的问题大多比较具体，带有局部性且灵活性较大。这些问题大多可以定量化，可以进行系统分析。管理决策大多由中层管理者做出。

业务决策是指在日常业务活动中为了提高效率所做的决策。这类决策所要解

决的问题通常是明确的，决策者知道要达到的目标、可以利用的资源，知道有哪些途径，也知道可能的结果，一般可以采用分析工具进行抉择。业务决策通常由基层管理者做出。

（二）程序化决策和非程序化决策

按决策所面临问题的性质及重复性，决策可以分为程序化决策和非程序化决策，也叫常规决策和非常规决策两种。

程序化决策是指常规的反复发生的决策，是对管理活动中重复出现的例行问题的决策。由于这类活动是例行的，反复出现的，就可以按照固定的程序，按照一定方法和原则去解决。比如一个学校对旷课、迟到学生的处理，交警对违章驾驶员的处罚等都属于程序化决策，并不需要交由校长办公会议讨论、公安局局长决定。程序化决策多属于数量化的定量决策。

非程序化决策是指非常规的、复杂而又重要的决策，是对管理活动中偶然发生或首次出现的问题的决策。这类决策一般无一定的规章可循，发生的问题很少有重复性。这就需要决策者根据自己掌握的各种情况，个别研究，单独处理。因此，进行非程序化的决策，主要依靠决策者的判断能力、创造能力和解决问题的能力。

由于管理者的层次不同，他们所遇到的决策类型也不同。一般来讲，基层管理者要做出的决策是程序化决策，他们要处理的问题从性质上讲比较简单，从发生频率来看是经常性的。中层管理者面对的基本上是程序化决策，而高层管理者则是处理性质复杂、不经常发生、极端重要的问题，因而他们进行的主要是非程序化决策。

（三）确定型决策、风险型决策和不确定型决策

按决策的明确程度，决策可分为确定型决策、风险型决策和不确定型决策三种。

确定型决策是指选中的方案在执行后有一个确定的结果。这类决策通常比较简单，决策问题只受一种自然状态的影响，各种方案的结果都比较明确。

比如某企业打算生产一种新产品，方案有三个：A方案（小批量生产）、B方案（中批量生产）、C方案（大批量生产）。未来对这种新产品的需求可能有三种情况：少量需求、中量需求、大量需求。如果能知道三个方案在每种需求下的收益，就可以编制一个支付矩阵，来比较这三个方案并从中选择一个最优方案。如表4-3所示。

这是一个支付矩阵图，表明A、B、C三个方案在不同需求条件下带来的收益，这些收益叫条件值。如果能确切地知道未来的需求状况，那么就能轻而易举地评价三个方案。如果未来的需求状况是高需求，A方案的条件值是100万元、B方案的条件值是180万元、C方案的条件值是260万元，C方案的收益最大。

表 4-3　条件值支付矩阵表　　　　　　　单位：万元

可行方案	需求水平		
	低	中	高
A	80	100	100
B	40	120	180
C	−20	80	260

风险型决策是指一种方案执行后会出现几种可能的结果的决策。风险型决策中存在各种可能发生的情况，而决策者并不知道或不确定将会发生哪种情况，不论采取何种方案都将承担一定的风险。

如果该企业能预计未来对新产品的需求有三种情况，也能估算出每个方案在每种需求下的收益，但不知道未来的需求条件是什么，即不能肯定未来是低需求、中需求还是高需求。这时不得不对每种需求状况进行估计。如果估计的结果是：低需求出现的概率是 0.2，即 20%的可能性；中需求出现的概率是 0.5，即 50%的可能性；高需求出现的概率是 0.3，即 30%的可能性。那么就可以编制一个预期值的支付矩阵来比较三个方案。如表 4-4 所示：

表 4-4　预期值支付矩阵表　　　　　　　单位：万元

可行方案	需求水平			总预期值
	低（0.2）	中（0.5）	高（0.3）	
A	80×0.2=16	100×0.5=50	100×0.3=30	96
B	40×0.2=8	120×0.5=60	180×0.3=54	122
C	−20×0.2=−4	80×0.5=40	260×0.3=78	114

可见，B 方案的预期值最大，因此它可能带来的收益最大。当然，概率变化了，预期值也会变化。

由于决策总是面向未来的，而未来又总是程度不同地存在不确定因素，很难有绝对把握。因此，风险型决策在决策中占有相当大的比重。

不确定型决策是指选择的方案在执行中会有多种结果且这些结果出现的概率是不明确的决策。不确定型决策也是一种风险型决策。与风险型决策不同的是，在不确定型决策中，由于信息资料缺乏，决策者对各种结果可能出现的概率无法预测和把握。

在这种决策中，决策者的直觉、主观判断和个性特点起着非常重要的作用。

如果决策者是一个乐观主义者，那么，他很可能倾向于不断地追求最大利润，于是他很可能认为大量生产新产品（C方案）是最好的方案。如果决策者是一个保守主义者，他就会想，虽然每种需求情况都可能发生，可一旦判断失误，就会引起巨大损失，所以他选择最保险的道路，以便在最坏的情况下，选择最好的结果。经过比较，他会认为少量生产新产品（A方案）是最好的方案。如果决策者是一个理智型的管理者，那么，他会认为对未来的盲目乐观或过度谨慎都是危险的，这时他会用概率来解决问题。他的推理是：既然没有理由认为一种需求情况的发生概率要比另外两种大，那么每种需求情况发生的可能性就是相等的。于是他将采用等概率支付矩阵来比较三个方案。如表4-5所示：

表4-5 等概率支付矩阵表 单位：万元

可行方案	需求水平			总预期值
	低（0.33）	中（0.33）	高（0.33）	
A	80×0.33＝26.4	100×0.33＝33	100×0.33＝33	92.4
B	40×0.33＝13.2	120×0.33＝39.6	180×0.33＝59.4	112.2
C	−20×0.33＝−6.6	80×0.33＝26.4	260×0.33＝85.8	105.6

经过比较，发现B方案的总预期值最大，于是尽管不知道未来的需求水平，但仍可决定采用B方案进行生产。

三、决策的过程

决策过程是指从搜集信息以明确问题到方案提出并实施所经历的过程。决策是一项复杂的活动，有其自身的规律性，需要遵循一定的科学程序。在现实管理中，导致决策失误的原因之一就是没有严格按照科学的程序进行决策。因此，明确并掌握科学决策程序是管理者提高决策质量的重要方面。

决策过程一般包括如图4-4所示的几个步骤：

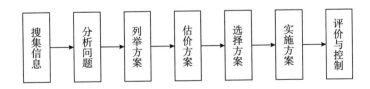

图4-4 决策过程

（一）搜集信息

搜集信息是决策的准备阶段，也是发现决策问题的起始阶段。任何决策都是从搜集信息开始的，在搜集、加工、处理信息的过程中，人们会发现事物的实际状况与社会期望之间的差距，从而确定决策对象。为了保证决策的科学性，要求信息全面准确。决策科学性与信息的数量、质量成正比。信息越全面、越准确、越及时，决策过程思维的广度和深度也就越大。《三国演义》中，司马懿之所以中了诸葛亮的"空城计"，率领几十万大军面对空城不敢进，就是因为信息不灵，不知城中虚实所致，从而造成了司马懿决策失误。

（二）分析问题

问题是决策对象存在的矛盾，它是指应该或可能达到的状况与实际状况之间的差距。决策的正确与否首先取决于判断问题的准确程度，因此，发现并认识和分析问题是决策过程最为重要的也是最为困难的环节。怎样才能正确地判断问题呢？

（1）确定是否存在需要解决的问题。发现现有的或潜在的问题是敏锐的洞察力、预见性和高度敏感性的综合体现。确定是否存在问题的有效方法是将现状与理想的状况或预期目标进行比较，若两者之间存在差距，管理者就可以断定，他已经面临着问题。

（2）确定问题是否需要解决。在现实管理过程中，并非碰到任何问题都要采取相应的措施加以解决。由于资源的有限性，对于大多数问题都可以采取听之任之的态度，而将精力和资源集中于处理那些对于组织而言重要的问题。因此决策的前提是：存在某个需要解决的问题。判断问题是否需要解决的方法是看差异的大小是否在管理者的容忍范围之内，若在可容忍范围之内，则继续观察，不用采取措施；若已超出容忍范围，就说明问题严重，需要解决。

（3）确定问题出在何处，明确真正的问题及其可能的原因。除非问题产生的原因已经很清楚，否则管理者就要利用与问题有关的信息，透过问题的表面现象，找出妨碍目标实现的阻力，才能提出有效的解决办法，为正确决策奠定基础。

（4）确定问题是否能够解决。决策是为了解决问题，在所要解决的问题明确以后，还要确定这个问题能不能解决。有时由于客观条件的限制，管理者尽管知道存在某些需要解决的问题，也无能为力，只能将问题暂时"挂起来"，待条件具备之后再采取措施加以解决。如果问题产生的原因是在管理者有效控制范围之内的，则问题是可以加以解决的。

（5）确定由谁来决策。组织中出现任何问题，管理者都负有不可推卸的责任。管理者有责任解决需要解决的问题，但这并不意味着所有需要解决的问题都必须由管理者亲自来解决，应该根据对真正的问题及其原因的分析来确定合适的人选，使问题能被合适的人在恰当的时间予以解决。但不管是由管理者自己解决还是由其下属解决，管理者都必须推动并监督问题的解决，并为此承担责任。

（三）列举方案

发现了组织管理中存在的问题之后，就要设计一些方案去解决。任何问题的解决都存在多种可能的途径和方法。现代决策就是要在多种方案中进行选择，从中选出比较理想的方案来。没有比较就没有选择，只拟定一个方案谈不上是科学决策。因此，列举可行方案有一些基本要求：

（1）全面性，即根据方案设计者的认识水平、知识能力、工作经验和掌握资料的多少，尽可能多设计一些方案，以防止漏掉最优的方案。

（2）排斥性，即各方案必须有自己独特的地方，不能完全互相包含，以有利于方案之间的比较、分析、评估。

（3）详尽性，即方案的设计必须立足于全方位地思考，尽可能把诸多因素都考虑进去。由于决策内容十分复杂，一个问题的解决往往牵涉到许多方面、许多领域，因此方案的设计一定要详尽，防止挂一漏万。

（四）估价方案

方案列举出来后，要从理论上对各种方案进行综合分析和估价。分析和估价方案主要做这样几件工作：第一，对方案进行可行性分析，即分析实施方案的条件是否具备。如果一项方案各方面都比较理想，但缺乏实施的条件，这样的方案也是不可取的。第二，对方案进行效益分析，即分析投入产出的比例。方案的效益既包括经济效益，又包括社会效益。第三，对方案进行潜在性分析，即分析预测方案实施后可能产生的各种间接或隐性的后果，以及实施方案所要承担的各项风险。

（五）选择方案

选择方案是根据一定的客观标准，在对各备选方案进行分析估价的基础上，从中选出一个较优的方案。选择方案要注意三个方面的问题：

（1）要有选优的价值标准。标准无非经济价值、社会价值、学术价值。经济价值要求有利可图，社会价值要求对社会有利，学术价值要求有一定的学术水平。

（2）方案的选优只能是一个相对的概念。由于决策是一个非常复杂的系统工程，受到多种因素的影响，决策的环境又在不断地发生变化，因而，任何方案都不可能十全十美，万无一失。选择时，要利用利害原则：利大于害是最重要的决策依据；有时为了图大利，甚至要取小害；此外，害中取小即为利也是很重要的决策依据。

（3）方案的选优需要决策者具有良好的心理素质和果断的决策才能。因为方案的选择是人的主观行为，在方案选择中，决策者要努力克服自己心理因素所产生的偏差，客观全面地分析方案，权衡利弊，及时拍板定案，避免延误决策时机。

（六）实施方案

实施方案比选择方案更重要。一个好的方案可能会被无效的贯彻执行所诋毁，一个不好的方案也会因为有效的贯彻执行而得到改善。因此，实施方案是决策过程的重要环节。为此，决策者要建立一套规章制度，约束执行者行为，检查监督方案的执行。有的方案在实施的最初阶段，有必要先进行试点，在试点的基础上，总结经验教训，然后推广。

（七）评价与控制

一旦决策得到贯彻执行，评价与控制工作就开始了。评价与控制阶段有两个任务：首先，保证实际运行结果与预期目标相一致。如果发现偏差，就要分析产生偏差的原因并采取相应的方法纠正。如果是主观原因导致的，纠正偏差的方法是加强和改善领导；如果是客观原因导致的，就要根据变化了的客观实际情况修正预期目标。其次，对决策本身做出评价。这不仅是为了当前的工作，而且是为了未来的决策。

课程思政小贴士

思政元素： 面对突如其来的严重疫情，党中央统揽全局、果断决策，以非常之举应对非常之事；广大医务人员白衣为甲、逆行出征，舍生忘死挽救生命；我们统筹兼顾、协调推进，经济发展稳定转好，生产生活秩序稳步恢复；中国同世界各国携手合作、共克时艰，为全球抗疫贡献了智慧和力量。（摘自习近平2020年9月8日在全国抗击新冠肺炎疫情表彰大会上的讲话）

教学意图： 引导综合思考，重大突发性公共卫生事件中，中国政府决策过程及其效果。

四、决策的方法

决策的科学性，主要体现在决策过程的理性化和决策方法的科学性上。管理者要做到正确决策，除了要遵循决策的一般规律，精心做好决策过程每一个环节的工作外，还必须了解和掌握一整套决策方法。决策方法可以分为两大类别：定性决策法或称定性决策技术、定量决策法或称定量决策技术。

（一）定性决策法

定性决策法是一种直接利用决策者本人或有关专家的智慧来进行决策的方法。管理决策者运用社会科学的原理并依据个人的经验和判断能力，采取一些有效的组织形式，充分发挥各自丰富的经验、知识和能力，从对决策对象的本质特征的研究入手，掌握事物的内在联系及其运行规律，对组织的决策目标、决策方案的拟定以及方案的选择和实施作出判断。这种方法适用于受社会、经济、政治等非计量因素影响较大、所含因素错综复杂、涉及社会心理因素较多以及难以用准确数量表示的综合性问题。

定性决策法有很多种，具有代表性的有：

1. 头脑风暴法

头脑风暴法是由美国创造学家 A. F. 奥斯本于 1939 年首次提出，1953 年正式发表的一种激发创造性思维的方法。通过学习并掌握这种方法，可以大大激发人的灵感，发明许多具有创造性的事物。头脑风暴法又叫 BS 法、智力激励法。BS 是英文 Brain Storming 的缩写。这是一种将头脑风暴法应用于个人领域，鼓励群体成员尽可能多地提出解决问题的新颖创见，提高个人创造性的方法。头脑风暴法的具体规则有：

（1）不批评别人的意见，且在别人没有讲完之前不以任何方式进行评论；

（2）思路越新越好，越宽越好；

（3）对建议数量的重视高于对质量的重视；

（4）欢迎对别人的意见加以改进，提出新奇的建议。

这种方法旨在建立一个宽松的思考环境，组织成员相互启发，激发发散思维，使人们的思维像风暴一样来得迅速而猛烈。

2. 德尔菲法

德尔菲法由美国兰德公司提出，是专家会议法的一种发展，是一种向专家进行调查研究的专家集体判断。它是以匿名方式通过几轮函询征求专家们的意见，组织决策小组对每一轮的意见都进行汇总整理，作为参照资料再发给每一个专家，供他们分析判断，提出新的意见。如此反复，专家的意见渐趋一致，最后做出最终结论。

德尔菲法的实施过程大致如下：

（1）拟定决策提纲。先把决策的项目写成几个提问的问题，问题的含义必须提得十分明确，不论谁回答，对问题的理解都不应该是两样，而且最好只能以具体明确的形式回答。

（2）选定决策专家。所选择的专家一般是指有名望的或从事该项工作多年的专家，最好包括多方面的有关专家，选定人数一般以 20~50 人为宜，一些重大问题的决策可选择 100 人以上。

（3）征询专家意见。向专家邮寄第一次征询表，要求每位专家提出自己决策的意见和依据，并说明是否需要补充资料。

（4）修改决策意见。决策的组织者将第一次决策的结果及资料进行综合整理、归纳，使其条理化，发出第二次征询表，同时把汇总的情况一同寄去，让每一位专家看到全体专家的意见倾向，据此对所征询的问题提出修改意见或重新做一次评价。

（5）确定决策结果。征询、修改以及汇总反复进行三四轮，专家的意见就逐步集中和收敛，从而确定出专家们趋于一致的决策结果。

德尔菲法也可理解为组织集体思想交流的过程。这个方法有如下几个特点：

（1）匿名性。征询和回答是用书信的形式"背靠背"进行的，应答者彼此不知道具体是谁，这就可以避免相互的消极影响。

（2）反馈性。征得的意见经过统计整理，重新反馈给参加应答者。每个人可以知道全体的意见倾向以及持与众不同意见者的理由。每一个应答者有机会修改自己的见解，而且无损自己的威信。

（3）收敛性。征询意见过程经过几轮重复，参加应答者就能够达到大致的共识，甚至比较协调一致。也就是说，统计归纳的结果是收敛的，而不是发散的。

3. 电子会议法

电子会议法是将尖端的计算机技术运用于决策之中的最新的定性决策法。该方法的实施过程是：多达50人围坐在一张马蹄形的桌子旁，这张桌子上除了一系列的计算机终端外别无他物。将问题显示给决策参与者，决策参与者将自己的回答打在计算机屏幕上。个人评论和票数统计都投影在会议室内的屏幕上。

电子会议的主要优点是匿名、诚实和快速。决策参与者可以不透露姓名地打出自己所要表达的任何信息，一敲键盘即显示在会议室内的屏幕上，使所有的人都能看到。它使人们充分地表达他们的想法而不会受到惩罚，它消除了闲聊和讨论偏题，且不必担心打断别人的"发言"。专家们声称电子会议比传统的面对面会议的效率高出一半以上。

但是，电子会议也有缺陷。那些打字快的人使得那些口才好但打字慢的人相形见绌。同时，这一过程缺乏面对面交流所传递的丰富信息。

（二）定量决策法

定量决策法就是运用数学的决策方法。其核心是将与决策有关的变量与变量、变量与目标之间的关系用数学关系表示，即建立数学模型，然后通过计算求得答案，供决策者参考。在当代，计算机技术的发展为定量决策法的运用开辟了更广阔的前景，现代决策中越来越重视定量决策技术的运用。前面在决策类型中介绍的确定型决策、风险型决策和不确定型决策，如果从决策方法角度看，就属于定量决策法。下面介绍几种常用的定量决策法。

1. 线性规划法

线性规划是一种为寻求单位资源最佳效用的数学方法，常用于组织内部有限资源的调配问题。

例如，某公司生产 A、B 两种产品，它们都要经过甲、乙两道工序。甲工序中，生产单位 A 产品的工时耗费为 2 小时，生产单位 B 产品的工时耗费为 4 小时，可利用的工序时间为 180 小时；乙工序中，生产单位 A 产品的工时耗费为 3 小时，生产单位 B 产品的工时耗费为 2 小时，可利用的工序时间为 150 小时。生产单位 A 产品的利润为 40 元，生产单位 B 产品的利润为 60 元。如表 4-6 所示：

表 4-6　某公司生产的单位产品工时耗费及利润统计

工序	生产单位 A 产品工时耗费（小时）	生产单位 B 产品工时耗费（小时）	可利用工序时间（小时）
甲	2	4	180
乙	3	2	150
单位产品利润	40 元	60 元	

假定市场状况良好，企业生产的全部产品都能售出，则产品组合决策是确定型决策，即只要确定为资源条件和市场所决定的产品组合，以获取最大利润。

首先建立线性规划模型，设 X_1、X_2 分别为 A、B 两种产品的生产条件，则此问题的目标函数为：

$\max Z = 40X_1 + 60X_2$

制造两种产品所花的时间不能超过各道工序可利用的时间，则约束函数为：

甲工序：$2X_1 + 4X_2 \leqslant 180$

乙工序：$3X_1 + 2X_2 \leqslant 150$

同时，$X_1 \geqslant 0$，$X_2 \geqslant 0$

用图解法求解模型，得出最优方案是生产 A 产品 30 件，B 产品 30 件，可获得最大利润为 3000 元。

2. 盈亏平衡分析法

盈亏平衡分析法是企业经营决策中常用的方法，其基本思想是根据产品的销售量、成本和利润三者的关系，分析各种方案对盈亏的影响，从中选出最佳方案。其关键在于找出盈亏平衡点，是销售收入总额与成本总额相等的点，即坐标系中企业盈利为零的点。如图 4-5 所示：

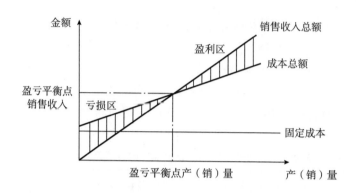

图 4-5　盈亏平衡分析示意图

于是有：

$$盈亏平衡点产（销）量 = \frac{固定成本}{单位售价-单位变动成本}$$

例如，某企业生产一种产品，根据预算其成本为：固定资产折旧费和管理费等固定费用每天 800 元，原材料和工人工资等变动费用平均每件产品 22 元，该产品单价为 30 元。决策的问题是每天生产多少件产品才能实现盈亏平衡？

根据公式：

$$盈亏平衡点产量 = \frac{800}{30-22} = 100（件）$$

盈亏平衡法被广泛使用，说明有长处，但该法也有自身的缺点，即只注意盈亏平衡点的分析，而没有考虑时间代价问题。也就是说，用于支付固定成本和变动成本的资金是可以用来进行其他投资的，如果一个组织只注意达到盈亏平衡点的话，就有可能失去在其他方面获得更大利润的机会。因此，在很多情况下，采用盈亏平衡分析之后，应采用诸如资金回收率、现值折算的分析等，以帮助决策者考虑是继续生产原来的产品，还是投资其他更有利可图的领域。

3. 决策树法

在决策过程中，风险型决策问题大多比较复杂，为了避免遗漏与错误，可以采用简明的图示形式进行辅助决策，这种决策方法就是决策树法。该法因其图形似树状而得名。

决策树由节点和分枝组成。节点有两种，一种叫决策点，用□表示，从决策点引出的分枝叫方案分枝；另一种叫状态点，用〇表示，从状态点引出的分枝叫概率分枝。每一概率分枝表示一种自然发生的状态，是非决策者主观上能加以控制的。在概率分枝的末端表明相应方案在该状态下的损益值，在概率分枝上注明不同状态可能发生的概率的大小，在状态点上方注明该方案计算所得的期望损益值。

运用决策树法进行决策，一般有以下三个步骤：

（1）画决策树。画决策树实际上是拟定各种备选方案的过程，也是对未来可能发生的各种状况进行周密思考和预测的过程。

（2）计算期望损益值。根据图中相关数据，计算不同备选方案在不同自然状态下的损益值及其综合值，将综合值填写在状态点上方，表明该方案的经济效果。

（3）剪枝决策。在比较各方案预期损益值的基础上，从中选择受益值最大的方案作为最佳方案，其他方案枝一律剪掉，最终剩下贯穿始终的方案枝及决策方案。

我们可以通过一个例子来说明运用决策树法进行决策的过程。

某工程公司要对下个月是否开工做出决策。已掌握的资料是：如果开工的天气好，可以按期获利 4 万元，如果开工后天气不好，则造成损失 2 万元；如果不开工，无论天气好坏都要支出费用 0.2 万元。下个月天气好的概率是 0.4，天气不好的概率是 0.6。如图 4-6 所示：

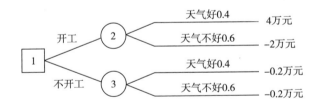

图 4-6　决策树

第一步，画决策树。

第二步，计算期望损益值。

开工方案的期望损益值为：

$0.4×4+(-2)×0.6=0.4$（万元）

不开工方案的期望损益值为：

$(-0.2)×0.4+(-0.2)×0.6=-0.2$（万元）

第三步，剪枝决策。比较两个方案的计算结果，开工方案的期望损益值为0.4万元，大于不开工方案的-0.2万元，是最佳决策方案。将没有被选择的方案即不开工方案枝剪掉，这样决策点就只留下一条决策枝，这就是所选择的最佳方案。

案　例

阿波罗登月计划

千百年来，每当人们站在皓月当空的夜下，都会不禁生出无尽的遐想：有朝一日，要是能够踏上悬在头顶上方的那颗银色星球去一窥究竟，那该是多么令人激动的一件事件。长期以来，登临月球便一直是人们梦寐以求的最大愿望。当时光流逝到20世纪60年代末时，这一人类的千年夙愿一夜之间美梦成真。促成这项伟大的壮举顺利实现的便是举世闻名的"阿波罗计划"。

前　奏

二战以后，美国的航天技术迅速发展。美国在战争中劫掠了150名包括"火箭之父"布劳恩在内的德国火箭专家，将100枚V-2火箭零部件运到国内，奠定了其雄厚的技术基础。20世纪50年代，美苏两个超级大国步入了相互争霸的时代，空间技术领域内的激烈竞争是其竞争焦点之一，1957年8月、10月，苏联相继成功发射了第一枚洲际导弹和世界上第一颗人造卫星。苏联人造地球卫星发射成功在全球引起的轰动不亚于12年前美国的原子弹爆炸，在美国引起的震动和反响尤为强烈。为了挽回影响，笼络人心，扭转被动局面，美国政府采取了一系列紧急措施，诸如设立总统科学顾问、成立火箭和卫星研究小组、通过国家航空和宇宙航行法、成立国家宇航局等。1958年，在布劳恩的主持下，美国终于成功地发射了第一颗人造卫星"探险者1号"。然而，就在美国人还在为其第一颗卫星上天而欣喜不已时，又一则来自苏联的消息使他们由喜转忧，目瞪口呆。1961年4月，苏联成功地发射了世界上第一艘载人飞船"东方1号"，再次在世界各地引起轩然大波。两度航空竞赛中落败的无情事实极大地刺激了美国，令他们觉得颜面扫地。为了在空间技术上超过苏联，挽回一再造成的被动局面，同时也迫于日益强大的国内压力，1961年5月，肯尼迪总统毅然决定，制定登临月球的飞行计划，要求先于苏联将人送上月球。这就是著名的阿波罗登月计划。于是，一场空前绝后的庞大计划和准备工作拉开了帷幕。

预测前景 反复实验

为了保证登月的成功，美国科学家进行了细致的预测论证，从各个方面判断登月项目的技术可行性和合理性，为登月工程奠定坚实的技术基础。1961 年，美国成功发射了"土星 1 号"2 级液体火箭，推动力达到 725.6 吨，事实上这是阿波罗计划的真正起点。1967 年又发射了"土星 5 号"三级火箭，推动力达 3469.3 吨，时速高达 6100 英里，是音速的 10 倍。作为登月计划的前期准备，美国在 1956—1966 年连续进行 12 次"双子星座"飞行实验。在这些实验中，宇航员实践了阿波罗计划中的各种技术，学会随意更改飞船轨道，在太空中行走漫步，进入太空舱和应付紧急事故等，掌握了飞船进入轨道会合与其他太空船对接的操纵方法，经过实践证明了在失重状态下并不会对人的行动造成严重影响，因而人完全可以在登上月球后从事一些工作。这一切为阿波罗计划的实施准备了充分的条件。

整体规划 精心选择

1961 年，肯尼迪任命副总统约翰逊为国家太空委员会主席，从 7 月开始全面制定阿波罗计划。9 月，改组国家宇航总局。这是阿波罗登月计划的执行主体。由于人类登月是一项涉及技术、经济、社会等众多因素的庞大系统工程，任何一项小小的失误都会使整个计划破产，为此，美国宇航总局领导下的一大批科学家们提出了阿波罗计划的三种方案："直接登月计划""地球轨道会合计划"和"月球轨道会合计划"。然后，专家们又从技术性能、实现的难易程度、费用和进度等方面对三种方案进行了认真细致的评审论证，最后确定采用第三种方案。

在明确了方案的基础上，科学家们建立了阿波罗系统工程的三维结构：逻辑维（解决问题的逻辑过程）、时间维（工作阶段）和知识维（所需的专业学科知识）。从纵向上看，阿波罗计划制定了登上月球的具体步骤，采用计划评审技术对工作进度进行协调，发射"游骑兵""测量员""月球轨道飞行员"三种遥控飞船和水星计划及双子星计划两次有人驾驶飞行，从事收集信息、绘制地图、选择降月地点等准备工作。从横向上看，阿波罗计划采用"工作细分结构"，把整个计划分为自上而下六个层次，用成本相关法确定各个工作阶段的费用，用方针展开法确定对登月飞船各个部分、各个零件的技术和质量要求。凡此种种，整项登月计划被分解成相互关联的各个子项目，并且对每个子项目都建立了完善的措施保障，从而确保了整项工程的顺利进行。

排除意外　锲而不舍

尽管阿波罗计划对各方面的情况都考虑细致，准备周详，但在它的实施过程中却也并非一帆风顺。就在各项工作准备就绪，美国政府决定于1967年2月发射第一艘载人阿波罗号飞船时，在预定发射前夕，1967年1月27日，一件不幸的意外事件发生了。在给飞船进行纯氧增压时，舱内突然起火，3名宇航员被烧死。全美举国震惊，于是，登月计划的实施被迫推迟。然而，美国推进人类登月行动的初衷却并未改变，他们一如既往地沿着阿波罗计划规定的目标奋勇前进。此番意外之后，科学家们将重点放在实验飞行上，仔细寻找各种隐患，竭力排除意外事件的影响。1968年10月，3名宇航员驾驶"阿波罗7号"飞船绕地球飞行163圈，11天后安全返回地面；3个月后，又进行了环绕月球飞行10周的实验，宇航员们进行了登月尝试，将登月舱降至离月球仅15公里的地方返回，成功地实行了衔接。至此，登月的最后准备工作大功告成。

结　果

在历时将近10年之后，阿波罗计划的最后关键步骤正式开始实施，人类登上月球的梦想即将实现，举世都在瞩目着这一辉煌的时刻。将要载人登月的飞船是"阿波罗11号"，它由"土星5号"三级火箭发射。1969年7月16日，由阿姆斯特朗等三人驾驶的"阿波罗11号"射向太空，经过将近50万公里的飞行，7月20日飞临月球；阿姆斯特朗和奥尔德林钻进登月舱，下午4时17分43秒，登月舱安全降落在月球上，着陆约6小时15分后，舱门打开，阿姆斯特朗沿着扶梯，微笑着踏上月球。他们在月球上立了一块纪念板，上面写道"公元1969年7月，人从行星地球来到这里，第一次踏上了月球"。至此，人类梦寐以求的登月梦想终告实现。阿波罗计划的成功实施，前后总共动员了42万余人，2万多家公司和研究机构，120余所大学的专家学者，前后共花费300亿美元的资金。历时近10年，最终以成功而告终。

资料来源：http：//ww. 360doc. com/content/22/0402/17/1367418_ 1024544566. shtml.

案例讨论

1. 为什么说"阿波罗计划"不愧为一件庞大的计划项目杰作？
2. 要做好计划工作必须遵循哪些步骤？

复习思考题

1. 目标管理的过程有哪些步骤？
2. 确立组织宗旨的要求有哪些？
3. 简述 PERT 网络分析法的步骤及其意义。
4. 简述决策过程中应如何正确判断问题。
5. 试述计划制定过程。
6. 决策过程每一步骤应注意哪些问题？
7. 试述决策在管理中有着重要的地位和作用。

第五章　组织

分粥制度[1]

对权力制约的制度问题一直是人类头疼的难题。请看下面的这个小故事。

有7个人组成了一个小团体共同生活，其中每个人都是平凡而平等的，没有什么凶险祸害之心，但不免自私自利。他们想用非暴力的方式，通过制定制度来解决每天的吃饭问题：要分食一锅粥，但并没有称量用具和有刻度的容器。

大家试验了不同的方法，发挥了聪明才智、多次博弈形成了日益完善的制度。大体说来主要有以下几种：

方法一：拟定一个人负责分粥事宜。很快大家就发现，这个人为自己分的粥最多，于是又换了一个人，总是主持分粥的人碗里的粥最多最好。由此我们可以看到：权力导致腐败，绝对权力导致绝对腐败。

方法二：大家轮流主持分粥，每人一天。这样等于承认了个人有为自己多分粥的权力，同时给予了每个人为自己多分的机会。虽然看起来平等了，但是每个人在一周中只有一天吃得饱而且有剩余，其余6天都饥饿难挨。于是我们又可得到结论：绝对权力导致了资源浪费。

方法三：大家选举一个信得过的人主持分粥。这位品德尚属上乘的人开始还能基本公平，但不久他就开始为自己和溜须拍马的人多分。大家一致认为：不能放任其堕落和风气败坏，还得寻找新思路。

方法四：选举一个分粥委员会和一个监督委员会，形成监督和制约。公平基本上做到了，可是由于监督委员会常提出多种议案，分粥委员会又据理力争，等分粥完毕时，粥早就凉了。

方法五：每个人轮流值日分粥，但是分粥的那个人要最后一个领粥。令人惊奇的是，在这个制度下，7只碗里的粥每次都是一样多，就像用科学仪器量过一样。每个主持分粥的人都认识到，如果7只碗里的粥不相同，他确定无疑将享有

---

[1]　参考资料：https://www.docin.com/p-1917552844.html.

那份最少的。

同样是七个人，不同的分配制度，就会有不同的风气。所以一个单位如果有不好的工作习气，一定是机制问题，一定是没有完全公平公正公开，没有严格的奖勤罚懒。如何制定这样一个制度，是每个领导需要考虑的问题。

以上这个逐步形成的制度可以说是组织制度设计的一个缩影——经过了不断改革，逐步趋于完善。

第一节　组织概述

一、组织

（一）组织的含义

组织是人们为了实现某种目标而形成的群体或集合。它能够帮助人们实现在孤立状态下无法实现的个人目标。

马克思主义认为，人是社会关系的总和。人是一种社会动物，他只有依靠集体的力量和努力才能生存与发展，才能实现自己的目标，满足自己的愿望。因此，在与自然界的斗争中，在社会发展和不断进步中，建立了各种各样的组织，比如为实现生存目标而建立的生产组织、为实现政治目标而建立的政治组织、为实现社会目标而建立的社会组织，等等。因此，帮助人们实现自己的目标是组织存在和发展的基本原因。由于我们每一个人都有许多不同的目标要实现，但是，很难找到一个能同时实现我们所有目标的组织，这就是我们为什么要在不同时期不同阶段或同一时期同一阶段加入多个组织的原因。

对于组织一词的理解，在不同的国家和民族是不同的。在我国古代，组织一词的含义是编织，即将麻织成布帛。《辞海》把组织定义为"按照一定的目的、任务和形式加以编制"。在西方，英语中"组织"一词源于医学中的器官，因为器官是自成系统的、具有特定功能的细胞结构。牛津大学辞典给组织的定义是："为特定目的所作的、有系统的安排"，而现在这个词逐渐演变成专指人群。

众多现代西方管理学家都给组织下过定义，具有代表性的有：

古典组织理论学家韦伯提出了层级制组织类型，并对其进行了系统而全面的分析。认为组织是为达成一定目标经由分工与合作、形成不同层次的权力和责任制度，从而构成的人的集合。

美国管理学家路易斯·A. 艾伦将组织定义为：为了使人们能够更有效地工

作，实现目标而明确责任、授予权力和建立关系的过程。

社会系统学派代表人物切斯特·巴纳德将正式的组织定义为：组织是一个有意识地协调两人以上的活动或力量的系统。

系统管理学派把组织作为相互联系、相互作用的子系统构成的有机整体。认为组织是一个开放的社会系统，具有许多相互影响、共同工作的子系统，当一个子系统发生变化时，必然影响其他子系统和整个系统的工作。

著名管理大师哈罗德·孔茨和海因茨·韦里克强调组织角色的性质、内容及职务结构的刻意设计，认为组织意味着一个正式的有意识形成的职务结构或职位结构。

通过上述对组织一词的分析，可以看出，组织是动态的活动过程和相对静态的实体单位的统一，主要包括以下几个方面的含义：

（1）是指各种各样的社会组织，如企业、政府、学校、医院、社团等一切社会组织机构。这里的组织是一种组织体，既有一定的组织结构，同时又有一定的规模、历史、空间位置、发展战略、业务类别、物资设备、人员构成等。

（2）是指一种部署、一种安排、一种活动、一种功能，如管理职能中的组织就是这种含义。将这层含义展开，组织就是经过一定的安排和部署所形成的一种时间和空间状态，如企业中的生产组织、劳动组织、管理组织等。

（3）是指在管理过程中所形成的权责结构。这种权责结构相应地表现为一定的决策结构、领导结构、控制结构。它既是动态的也是静态的。从动态看，是把组织要素在一定时间和空间内进行合理有效配置的过程，即把实现组织目标所必须进行的业务活动加以分类，并据此拟定职务，建立机构，配备资源，明确职权的全部过程。从静态看，是把动态组织活动中有效的合理的配合关系相对地固定下来所形成的组织结构模式，是指人们通过某种结构形态，通过分工合作以及不同层次的权力与责任制度，为实现组织目标而协调努力的集合体。

（4）是指有机的系统整体，组织既是一组工作关系的技术系统，又是一组人与人关系的社会系统，是两个系统的统一。

（二）组织的类型

人们的个人需求是多种多样的，在孤立状态下人们无法满足自身的需求，所以人们必须加入不同的组织。这同时蕴含着的含义是，社会要建立不同类型的组织来满足人们的多种需求。因此，在现实社会中，组织的类型也是多种多样的。

1. 营利性组织和非营利性组织

营利性组织主要是指企业组织。企业经营运作的目的就是追求利润。虽然现代企业要求承担相应的社会责任，但如果没有利润目标，企业也就失去了行动的方向，当然无法承担社会责任。所以，企业追求利润的动机不应单纯视为自私的动机。营利性组织又包括生产型组织和服务型组织。生产型组织通过组织产品的生产和销售来获取利润，服务型组织主要是通过销售产品或提供服务来获取利润，如商业企业、修理企业、咨询服务企业等。与营利性组织相对应的是非营利性组织。非营利性组织的宗旨主要是向社会提供服务，如教育、医疗服务等。在提供服务的同时非营利性组织往往收取一定的费用，这些费用主要用于维持组织的生存和运转，不必向政府纳税。有时一些非营利性组织也从事一些营利活动，这些活动往往迫使政府加强对其控制，这可能会降低它的效率。所以，非营利性组织必须遵守国家有关法律法规。

2. 正式组织和非正式组织

我们在各式各样的组织中，总能发现这样的现象：一方面存在着等级严明的组织结构，人员按照一定的程序被安排到各个部门，这部分人除非经主管部门或主管人员按照一定程序批准同意，否则不能随意调换部门；另一方面也存在着并非根据一定程序而由一定人数组成的或紧密或松散的群体。前者为正式组织，后者就是非正式组织。

正式组织是经过刻意设计的，为了达成组织共同目标而按一定程序建立的、具有严密的组织结构和明确职责关系及协调关系的群体。非正式组织是人们以一定的感情为基础，在一定的相互关系中自发形成的个体或社会关系网络。非正式组织在霍桑试验中发现后，在管理学界和管理实践领域受到重视。

非正式组织形成的原因是非正式组织成员具有相同或相似的经历、相同或相似的地位（政治地位、经济地位等）、相同或相似的社会背景、相同或相似的爱好、相同或相似的性格等。

正式组织与非正式组织的区别突出表现在是否程序化上：是否程序化设立、是否程序化解散、是否程序化运作等。显然，正式组织更多地体现为程序化特征，非正式组织更多地体现为非程序化特征。正式组织与非正式组织的区别还体现在：正式组织以效率为标准，遵循效率原则。非正式组织以感情为标准，遵循感情逻辑；非正式组织一般也有领导者，但可能明确，也可能不明确；非正式组织规模一般不大，超过 10 多个人，就会失去其特性，事实上分成更多的非正式组织；非正式组织一般具有比正式组织更强的内聚力；非正式组织有自己的通常是不成文的规范，其作用甚至大于正式组织的规范。

非正式组织的存在与正式组织一样，都是客观事实。非正式组织对组织管理的影响，既有有利的作用也有不利的影响。其不利影响主要表现在：抵制管理层的政策和目标；限制个人自由，强求一致；反对革新，限制产量等。其积极影响主要表现在：积极支持正式组织的政策和目标；提高个人努力程度；增加相互交流的机会；满足个人在社会心理方面的需要；减少在工作中的厌烦感；增强个人或集体的竞争力；有利于组织内部的沟通；等等。

可见，总体上说，利大于弊。引导得好，对组织发展是有利的。因此，管理者应该学会和非正式组织特别是非正式组织的领导者打交道：首先，应该承认它们的存在，并采取与它们合作的态度，以取得它们的谅解。其次，应该与非正式组织的领导建立良好的关系，以利用他们的影响力来为正式组织的目标服务。再次，应该使非正式组织的成员认识到，正式组织目标的实现，是他们群体或个人目标实现的前提，把他们的活动引入正确的轨道。又次，应该为非正式组织的活动创造必要的条件，使他们有机会组织多种有益的活动。最后，还应该注意协调各类非正式组织之间的关系，使他们从相互对立转变成团结、合作和竞争。只有这样，才能最大限度地发挥非正式组织的积极作用。总之，具备与非正式组织打交道的技巧，是成功的管理者的基本条件之一。

课程思政小贴士

思政元素： 党内绝不允许搞团团伙伙、结党营私、拉帮结派，搞了就是违反政治纪律。如何防微杜渐？要从规矩抓起，要有这个意识。（摘自习近平2015年1月13日在第十八届中央纪律检查委员会第五次全体会议上的讲话）

教学意图： 引导思考，团团伙伙，拉帮结派是非正式组织吗？

二、组织工作

（一）组织工作含义及作用

组织工作是为了实现组织目标而将分散的组织资源按照一定目的和要求，以一定的秩序和相互关系联结起来，即设计一种组织结构并使之运转起来的过程。具体来说，就是要围绕计划目标，建立所需要的组织系统，努力使系统中各组成部分具有最为有效的关系结构，明确各部分在组织中的职能，并配置相应的资源，使组织系统成为完成组织目标的有效工具的动态活动过程。

组织工作在管理过程中具有十分重要的作用。第一，组织工作是落实计划任务的必要前提。因为贯彻落实计划提出的各项任务，必须建立相应的管理机构，授予相应权力，配备人员，并进行职责分工，各负其责地完成任务。否则计划编制得再周密，也无法贯彻执行。第二，组织工作是各种组织要素形成工作能力的关键。任何一个组织都拥有人力、物力、财力等各种要素，但这些要素本身不会形成完成任务的能力，只有按一定的方式把它们组织起来，相互配合发挥整体功能，才能形成完成计划任务的工作能力。第三，组织工作是统一组织成员行动的重要手段。每个组织成员都有与其他组织成员不同的个人目标和追求，如果不按统一的方式组织起来，明确其职责分工，就难以形成统一的意志和行动。只有通过管理，把个人目标和组织的整体目标有机地结合起来，用组织制度和行为准则加以引导和约束，才能使每个职工都按组织的要求来行动。

（二）组织工作内容及要解决的基本问题

组织工作是管理的一项重要职能，其核心就是设计、建立并保持一种良好的组织结构并使之有效运转。因此，组织工作的主要内容有：第一，依据组织目标设计和建立一套组织机构和职位系统。第二，确定职权关系，从而把组织上下联系起来。第三，以组织关系为架构，通过与其他管理职能相结合，使组织成为高效运转的有机整体。第四，根据组织内外部环境的变化，适时地调整组织结构，实施组织变革。

从组织工作的含义和内容中，我们可以看到组织工作是一个动态的过程。这个动态过程需要解决的基本问题主要有：第一，确定管理宽度，划分管理层次。第二，确定各部门划分的基本框架及各类部门划分方法及特点。第三，确定组织内部各种职权关系。第四，确定授权的程度及原则。

课程思政小贴士

思政元素： 改革开放以来，我国进行了 8 次国务院政府机构改革，力图降低行政成本，提高行政效率，国务院组成部门已由 1982 年的 100 个削减为 2018 年的 26 个。

教学意图： 从管理学视角了解我国撤销、合并、新建国务院机构的背景和意义。

三、组织理论

在组织工作中，有许多需要考虑的问题，如组织活动的分类问题、协调处理组织内部各种关系的问题等。对这些问题的不同认识和回答，形成了各种不同的组织理论。

（一）古典组织理论

古典组织理论是德国组织理论学家韦伯在 20 世纪初提出来的。对古典组织理论有贡献的还有法约尔、泰罗等人。古典组织理论着重于组织结构的设计，强调以工作为中心，依靠权力来维系组织内部相互之间的关系。直到 20 世纪中叶，以古典组织理论为基础的"官僚组织"模式仍是组织设计的主要参考模式，它被认为是可以适用于任何组织的理论。

韦伯对组织理论的主要贡献在于他的权力结构理论。这一理论使得他得以根据组织内部的权力关系，解释不同组织所具有的特征。

权力结构理论对组织问题的研究，是从个人为什么会服从命令、组织成员为什么会按照他们被告知的那样去行事等一些基本问题开始的。为了阐述这一问题，韦伯对权力与权威作了区分，并根据二者的基础不同，描述了"神秘化的组织""传统的组织""合理化—法律化组织"这三种完全不同的组织形态。不同的组织形态，意味着具有不同的管理体制。

"神秘化的组织"行使权力的方式是基于领导者个人的人格，比如领导者具有超凡的魅力。典型的例子是宗教组织。"传统的组织"的权力基础是先例和惯例。典型的例子是世袭制和封建制组织，组织根据从前是怎么做的来判断现在这样做是否正确。第三种组织是以官僚组织的形式出现，韦伯认为它是现代社会中占主导地位的权力制度。把这种组织称为"合理化—法律化组织"，是因为它被专门作为用来实现某些既定目标的手段，同时在这类组织中有着一系列的规则和程序，每一个成员都必须依据相应的规则和程序行使他们的权力。韦伯认为，从纯技术的角度看，官僚制是效率最高的组织形式。韦伯在他的《社会组织和经济组织理论》一书中指出，精确性、工作的速度、任务的明确性、对文件的熟悉程度、活动的连续性、权限的划分、指挥的统一、严格的上下级关系、人员摩擦的控制以及在物质和人员方面的成本最少，这一切在严格的官僚机构中将达到最佳状态。韦伯勾画出理想的官僚组织模式具有下列特征：

（1）组织中的成员应有固定和正式的职责并依法行使职权。组织是根据合法程序确定的，应有其明确目标，并靠着这一套完整的法规制度，组织与规范成员的行为，以期有效地追求与达到组织的目标。

（2）组织的结构是由上而下逐层控制的体系。在组织内，按照地位的高低规定成员间命令与服从的关系。

（3）强调人与工作的关系。成员间只有对事的关系而无对人的关系。

（4）成员的选用与保障。每一职位均根据其资格限制（资历或学历），按自由契约原则，经公开考试合格予以使用，务求人尽其才。

（5）专业分工与技术训练。对成员进行合理分工并明确每人的工作范围及权责，并不断通过技术培训来提高工作效率。

（6）成员的工资及升迁。按职位支付薪金，并建立奖惩与升迁制度，使成员安心工作，培养其事业心。

韦伯认为，具有上述六项特征的组织可使组织表现出高度的理性化，其成员的工作行为也能达到预期的效果，组织目标也能顺利达成。韦伯对理想的官僚组织模式的描绘，为官僚组织指明了一条制度化的组织准则，这是他在管理思想上的最大贡献。

（二）现代组织理论

进入 20 世纪 30 年代，特别是第二次世界大战后，管理理论出现了蓬勃发展的趋势，形成了当代各种管理流派。这些流派在组织理论方面也有很多发展，出现了许多新的理论观点。影响较大的现代组织理论有以巴纳德为主要代表的社会系统学派组织理论、以孔茨为主要代表的过程管理学派的组织理论、以德鲁克和戴尔等为主要代表的经验学派组织理论、以卡斯特和罗森茨韦克为主要代表的系统管理学派组织理论、以汤姆·伯恩斯和保罗·劳伦斯等为主要代表的权变学派组织理论等。限于篇幅，我们主要介绍系统组织理论和权变组织理论的主要观点。

1. 系统管理学派组织理论

系统管理学派组织理论的主要观点有：

（1）研究组织必须采用系统论的方法。传统的组织理论主要运用静态的、以结构分析为主的方法，而系统学派则认为，研究组织必须用动态的、开放的、整体的系统观点。

（2）组织是一个开放的社会技术系统。对任何组织来说，都要从外部输入人力、物力、财力、信息等资源，通过组织内部的转换，形成产品、服务和社会效益等产生。组织本身只是一个转换系统，在与其环境的交互作用过程中达到一种动态平衡的状态。任何组织都具有这种开放性。

（3）组织是由诸多子系统结合而成的有机系统。组织内部可以看作是由下列几个子系统构成的：

一是目标和价值子系统。组织的很多价值观源于广泛的社会文化环境，有的则是组织发展过程中自然形成或刻意塑造的，组织目标则充分体现出其价值取向。

二是技术子系统。这个子系统是指为完成组织目标所需的知识、技术、设备、程序和方法。它不仅影响到组织内转换系统的运作效率和效果，同样也影响组织结构。

美国管理学家伍德沃德曾将企业技术分成三种类型，并据此对组织结构进行了分析和比较，结果如表 5-1 所示。

表 5-1　不同技术类型的企业组织结构比较

组织结构 技术类型	管理层次	基层管理幅度	行政管理幅度	工人与参谋比例
单一和小批量生产	3	23	4	8 : 1
大批量和大量生产	4	48	7	5 : 1
持续性流水作业	6	15	10	2 : 1

从表中可以看到，随着工艺技术复杂程度的提高，组织内管理层次和参谋人员数也会增加，中级以上管理人员的管理幅度也就增加。伍德沃德认为，在技术

简单和技术最复杂即第一类型和第三类型的企业组织中，参与型组织结构占主导，在中等技术及第二类型的企业组织中，组织结构以官僚型组织形式居多。

三是社会心理系统。主要包括人力资源、个人的行为及动机、群体动力、领导关系、信息交流等。这个子系统既受组织目标和价值观的引导，又受社会环境因素的影响。

四是结构子系统。主要包括职能结构、部门结构、职权结构、工作规范等。

五是管理子系统。这个子系统是整个组织的中枢，负责指导和协调其他子系统的活动。

2. 权变学派组织理论

权变学派组织理论的主要观点和贡献有：

（1）认为不存在一成不变的、最佳的结构模式，不同的组织在不同的情景下，都应当根据当时的具体情况灵活地设计组织结构。

（2）强调外部环境对组织结构设计的影响。美国管理学家劳伦斯认为，企业的组织设计应该是开放式的，因为企业的外部环境条件对企业目标和战略有极大影响。企业的组织结构不仅有稳定性，而且要有对环境的适应性，才能保证企业的生存和发展。

（3）从组织结构设计的角度，研究企业的分类和主要因素，并试图在此基础上找出不同类型企业所适用的一般性组织结构模式。他们研究中涉及的主要因素有：企业的工艺技术复杂程度（前述美国管理学家伍德沃德曾将企业技术分成三种类型，并对组织结构进行的分析和比较）、企业规模、外部环境等。

美国的劳伦斯和洛希主要研究外部环境对组织结构的影响。他们认为外部环境主要包括企业的市场、技术—经济情况、科学技术的发展三大因素。外部环境相对稳定和确定、目标明确且技术稳定的企业，宜采用稳定的组织形式，组织应以集权为主；而环境相对不稳定和不确定、目标多样化且技术复杂的企业，需要更多的创新力，应采用更多的手段来实现组织内部的协作和配合，这时应以分权为主，采用柔性比较大的组织模式。

美国的赫里格尔和斯洛坎姆根据外部环境和工艺技术条件两大因素将企业分为四类，并指出其相适应的组织结构模式。一是市场条件变化快、内部各产品之间工艺技术差别大的企业，组织结构设计宜采用事业部制；二是外部环境因素变化较快，内部产品品种较多但工艺技术差别较小的企业，组织结构宜采用矩阵制；三是外部环境较稳定、产品种类不多、工艺技术较稳定的企业，组织结构宜采用直线参谋制；四是外部环境十分稳定而产品非常单一的企业，组织结构宜采用高度集权制。

第二节 组织结构设计

一、组织结构和组织结构设计

（一）组织结构

组织结构是组织内部各种要素发生相互作用的联系方式或形式，或者说是组织内部各种要素相互连接的框架，一般可以用组织系统图来简单表示。组织结构有三个特性：组织结构的复杂性、规范性和集权与分权性。

组织结构的复杂性是指组织内部各种要素之间的差异性，包括组织内部专业化分工程度，横向与纵向的管理幅度与管理层次数以及组织内人员及部门地区分布情况等。

组织结构的规范性是指组织内部行为的规范化的程度，包括组织内部的员工行为准则、规章制度、工作程序及标准化程度等。

组织结构的集权与分权性是指组织内的决策权分布状态，主要是指集权与分权的问题。集权意味着决策权主要集中在组织的高层，分权意味着决策权分散在组织内各管理层次。

组织结构的这三个特性决定着组织结构的外在表现形式，决定着组织结构的设计、调整和变革。

（二）组织结构设计

组织结构设计是指对组织结构的组成要素和它们之间的联结方式的设计过程，它是根据组织目标和组织活动的特点，划分管理层次，确定组织系统，选择合理的组织结构形式的过程。组织结构设计的要点有：

（1）组织结构设计是管理者根据组织目标一致、效率优先的原则在组织中把任务、权责进行有效组合和协调的有意识的活动过程。

（2）组织结构设计是管理者在既考虑组织内部要素又充分考虑组织外部要素之后进行的。

（3）组织结构设计的最终结果是组织结构图和职位说明书。组织结构图是用图形方式表示组织内的职权关系和主要职能。其垂直形态显示权力和责任的关联体系，水平形态显示分工与部门化的结果。职位说明书是说明职位的名称、主要的职能、职责、履行职责的相应职权以及与组织其他职位的关系。

二、组织结构设计原则

组织结构设计过程中必须遵循一定的原则。事实上，管理过程中出现的大多数问题都是由于组织结构不合理造成的，而组织结构不合理往往源于其在设计过程中没有遵循相应的原则。组织结构设计过程中应遵循的原则有：

（一）目标明确原则

任何组织的存在都以其有相应的战略及其目标为前提。组织结构的设计只是保障组织战略顺利实施和组织目标实现的一种手段，其本身并不是目的。因此在设计组织结构时，首先要明确组织的战略及其目标是什么，并以此为依据，分析确定组织内应该设立什么部门、哪些职位、选用什么人等问题。

（二）有效性原则

该原则要求所设计的组织结构必须有良好的工作效率。具体表现为组织机构内部各部门、各单位和每一个组织成员，均有明确的职责范围，能够节约人力和时间，有利于发挥组织成员的潜能和积极性，使整个组织以最少的费用支出实现其目标。而要使建立的组织更有效率，关键是组织系统内每个部门和每个员工的活动，都能与计划确定总目标相一致，否则就会产生内耗，影响总目标的实现。

（三）分工与协作关系原则

现代组织分工细密，协作关系复杂，要实现组织目标，在组织结构设计方面，应该贯彻分工与协作的原则。也就是要从各项管理职能的业务出发，在组织内部进行合理的分工，划清职责范围，提高管理的专业化程度与水平，以达到提高效率的目的。同时，应注意各项专业管理工作之间存在的内在联系，在分工的基础上加强合作，妥善处理好专业管理和综合管理的关系。

（四）统一指挥原则

该原则是指按照管理层次建立统一指挥、统一命令系统。要求任何下级只接受直接上级的命令和指挥并对其直接负责，下级不能越级向上级请示报告，任何上级也不得向下越级指挥。各级职能及参谋部门由各级领导直接指挥，没有向下级的指挥权，但有对下级的业务指导关系。这样就形成了一条自上而下逐级指挥和自下而上逐级负责的等级链，以避免由于"多头领导"和"政出多门"所造成的下级无所适从和相互推卸责任的局面。

（五）管理幅度合理原则

设计组织结构，既要合理确定管理幅度，又要尽量减少管理层次。在组织规模既定时，管理幅度增大可以使管理层次减少，加快信息传递速度，从而使高层管理者尽快发现问题，及时采取措施加以解决，同时管理层次减少，还能降低管理费用。所以，在保证管理有效性的前提下应尽量扩大管理幅度。但并不意味着管理幅度越大越好。合理的管理幅度必须与管理者的能力相匹配。

（六）职权对等原则

该原则要求职责与职权保持一致。职权要限制在职责范围内，职权过大不行，过小也不行。职责与职权不对等，就会影响管理人员的责任心，降低工作效率。

（七）集权与分权相结合的原则

在组织管理过程中，集权与分权是相对的，既没有绝对的集权，也没有绝对的分权，只有程度的不同。在一个组织内是集权好还是分权好受到各种因素的影响，而且组织内集权与分权的程度也不是固定不变的，应根据内外部环境的变化适时地加以调整。

（八）稳定性与适应性相结合的原则

为保证组织的各项工作正常进行及秩序的连贯性，组织结构应保持相对的稳定性。因为组织结构的变动，涉及到组织内人员、职位、职责、权力、协调等各方面的调整，随之而来的必然是分工、程序、方法及人员情绪、习惯的变化，需要有一个适应的过程。所以组织结构不应频繁调整，要保持一定的稳定性。但组织的内外部环境每时每刻程度不同地在发生着变化，组织本身应该是在发展着的，组织战略、目标、任务等也会随之做相应的调整。所以，保持组织结构的稳定性，并不意味着组织结构一成不变，因为组织结构是为实施组织战略和实现组织目标服务的，组织结构应有一定的弹性，随组织环境及战略目标的变化而做相应的调整。

三、组织结构设计过程

不同的组织的目标是不一样的，即使同类型的组织，组织目标也不尽相同，即便如此，组织结构设计过程是相同的。一般而言，组织结构设计包括以下几个步骤：

（一）工作划分

工作划分也称工作的专门化，它是指将完成组织目标的总任务划分成具体任务的过程。组织的总任务是计划拟定的目标，而这个任务是组织中任何孤立的个人所无法完成的，因此作为管理者必须把这个总任务划分成许许多多具体的任务，使每一个组织成员都承担一部分。工作划分的作用主要体现在：一方面，人员的培训费用将会减少；另一方面，有利于工作人员技巧的提高，有利于提高产品或劳动的质量。在划分工作过程中，首先要将完成目标所需的工作都列举出来，而在列举这些工作时，必须遵循工作与目标一致的原则，即所列举的工作必须与目标有关，凡是与目标无关的要坚决放弃，与完成目标关系不大的工作也要尽可能避免。平时我们所讲的要"因事设人"而不能"因人设事"就是这个道理。

工作划分并不是越细越好，它必须要有一个度。不同的组织，所拥有的资源和人员的素质等都不相同，所以不同的组织工作划分也就没有一个统一的标准。一般来讲，影响组织工作划分程度的因素主要有：工作速度、工作重复性、工作技巧、工作方法、注意力。表5-2描述了这五个因素与工作划分程度的关系。

表5-2 影响工作划分程度的因素

因素	工作划分程度高	工作划分程度低
工作速度	工作速度不能控制	工作速度能控制
工作重复性	工作重复性较大	工作多样化（重复性不大）
工作技巧	工作需要较熟练技巧	工作不需要熟练技巧
工作方法	工作方法复杂	工作方法简单
注意力	工作中不需要注意力高度集中	工作中需要注意力高度集中

可见，在工作速度不能控制、工作重复性较大、工作需要较熟练技巧和工作方法复杂时，工作划分的程度就比较高；在工作中需要注意力高度集中时，工作划分的程度就比较低。

（二）工作归类

在把总任务分成许多具体任务后，下一步工作就是要把各有关的或类似的工作进行归类合并，也就是在组织中组建工作部门。我们以营利性组织为例，了解组建工作部门的主要方法：

1. 按职能组建部门

以组织的职能为基础进行工作归类，组建工作部门，是一种广泛采用的方法，如图5-1所示。按职能组建工作部门的优点是：能适应社会分工较细的特点，可以充分发挥分工的优势。但是也有缺点，由于每个人都按照专业和兴趣分配到某一部门工作，他们往往容易强调本部门的目标和利益，而忽视组织的目标和利益。同时，在多变的环境中这种结构的适应性较差。

2. 按地区组建部门

按地区组建部门，如图5-2所示。这种方法的特点是：把同一区域内发生的业务活动并入同一部门，在这个部门中再按所需要的职能活动，进一步建立职能部门。这样，一个地区的业务活动就被集中起来，交给一个管理者负责。典型的按地区组建部门的组织有政府部门、全国性或跨国公司、银行、邮局、部队等。

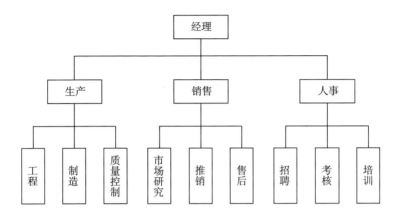

图 5-1　按职能组建部门

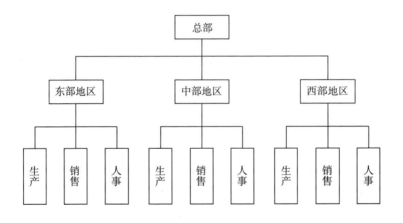

图 5-2　按地区组建部门

按地区组建部门的主要优点有：首先，有利于取得地区经营效率。由于每一个地区有特殊的环境条件，地区分部的管理人员更善于利用当地的环境条件，充分发挥当地的优势。其次，有利于发挥地区管理人员的积极性。因为每一个地区分部都是自负盈亏的组织，分部的管理人员拥有充分的自主权。最后，有利于培养通才式管理者。这种方法的主要缺点是：不利于总部对各地区分部的控制；会增加管理人员和管理费用。

3. 按产品组建部门

有些组织随着规模的扩大，协调和控制多个职能部门的工作会变得越来越困难。这时，那些大的组织就将某一产品或产品系列的有关活动归并到各部门，然后，在这个部门内按照职能进一步组建具体部门，这些产品部门可以实行自负盈亏。这就是按产品组建部门，如图5-3所示。

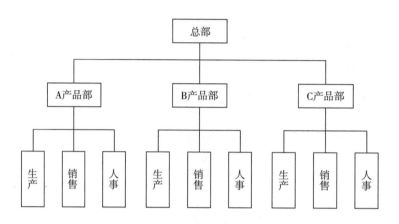

图5-3 按产品组建部门

按产品组建部门的优点有：首先，应变能力强。因为各个分部门的管理人员可以把精力集中在自己所熟悉的产品上，按照市场的需要随时对产品进行改进。其次，有利于激发管理者的积极性，减轻总部管理人员的负担。因为每个分部门都是自负盈亏的独立核算部门。最后，可以把分部门的管理者培养成通才性的管理者。主要缺点有：首先，容易造成机构重叠。因为每个分部是相对独立的单位，类似大组织中的小组织。这样大组织中有的部门和人员，小组织之中也有。其次，由于每个产品分部门具有相当的权力，给工作控制带来了困难。

另外，在商业企业中，还可以按照顾客来组建部门，比如学生学习用品部、儿童玩具部、妇女美容用品部、老年保健用品部等。还有按简单数量组建工作部门的工作归类法，比如在传统的军队中。

当然，上述分析的工作分类方法中，没有一种是十全十美的。因此在为组织选择工作归类方法时，必须考虑到组织的具体情况。最好的工作归类方法来自对组织外部环境条件和内部条件的具体分析。即使是同一个组织，随着组织内部和外部条件的变化，在不同的时期和不同的地点，就可能采取不同的工作归类方法。

（三）确定组织层次和管理幅度

工作归类即组建工作部门后，接下来需要解决的是组织层次问题，即确定组织中每一个部门的职位数。组织层次的多少与某一特定的管理人员有效地监督、管理直接下属的人数即管理幅度有直接关系。在一个部门中的操作人员数一定的情况下，一个管理人员能够直接管理的下属人数越多，该部门内的组织层次就越少，所需要的行政管理人员也越少；反之，一个管理人员能够直接管理的下属人数越少，所需要的管理人员就越多，相应的组织层次也就越多。可见，管理幅度的大小，在很大程度上制约了组织层次的多少。因此，在组织结构设计的第三个环节，一项重要的工作就是确定管理幅度。

人的能力总是有限的，因而一个管理者能够管理的直接下属也是有限的，在一定限度内，管理是高效的，超过一定的限度，管理的效率就会随之下降。

一个管理者能够管理的直接下属应该是多少呢？这并没有定论，有的说4人，有的说8人，有的说24人。在确立管理幅度时，必须考虑到一个问题，就是管理人员的工作量，而管理人员的工作量主要取决于上下级之间可能存在的工作关系的数量。工作关系包括：直接关系，即上级直接与下级发生的工作关系；群体关系，即上级与下级各种可能组合之间发生的联系；交叉关系，即下属之间彼此发生的联系。工作关系的数量可以用下面的公式来计算：

$$R = N\left(\frac{2^N}{2} + N - 1\right)$$

R代表可能的工作量数量，N代表下级人数。根据这个公式，当一个管理者有两个下级时，R＝6；三个下级时，R＝18；四个下级时，R＝44；五个下级时，R＝100；八个下级时，R＝1080，以此类推。因此，如果给管理者增加哪怕一个下级，那么，他的工作量就会成倍增长，即下级的人数按算术级数增长，而工作关系的数量则按几何数级增长。如：

管理者（M）有两个下级（A、B）时，R＝6

其中：

直接关系   M→A   M→B

群体关系   M→A→B   M→B→A

交叉关系   A→B   B→A

管理者（M）有三个下级（A、B、C）时，R＝18

其中：

直接关系   M→A   M→B   M→C

群体关系   M→A→B   M→A→C   M→B→A   M→B→C   M→C→A   M→
C→B   M→A→B 和 C   M→B→A 和 C   M→C→A 和 B

交叉关系　　A→B　A→C　B→A　B→C　C→A　C→B

决定和影响上下级关系数量，从而影响管理宽度的具体因素有：

（1）管理层次。管理层次越高，管理幅度越小；管理层次越低，管理幅度越大。

（2）上下级的素质。凡是下级接受过良好的训练，不但所需要的监督比较少，而且不必时时事事都向上级请示汇报，这样就可以减少与其上级主管接触的次数，从而增大管理幅度。同样，如果主管人员的能力和素质都较高的话，就可以在不降低效率的前提下管辖更多的人，从而增大管理幅度。

（3）所面对问题的种类（复杂程度、下属工作任务的相似性、地理位置等）。主管人员如果经常面对的是较复杂、较困难的问题，或涉及的是组织发展方向和战略问题，则直接管辖的人数不宜太多；相反，如果主管人员经常面对的是日常事务，是有明确规定和可以用程序性方法解决的问题，则管辖的人数可以多一些。如果主管人员管辖的下属的工作任务相似性较大，则协调工作量减少，这时可以增大管理幅度。如果下属的工作地点较近，则管理幅度比起工作地点较远的情况要大。

（4）授权程度。比较充分的授权可以减少主管人员与下属之间接触的次数和密度、节约管理人员的时间和精力，还可以锻炼下属的能力和提高下属的积极性，所以管理幅度可以适当增大。不授权、授权不足、授权不当或授权不明确，都需要主管人员进行大量的指导和监督，管理幅度也就不大。

（5）使用标准程序的程度。如果组织有着完整严密的行为规范，那么组织成员的行为就会被纳入规范化的轨道，管理幅度就会相应地增大。因为标准化意味着组织中的大量工作都是程序化的，降低了组织的复杂性，减少了决策的工作量，主管人员就能有效地管理更多的人员。

（6）管理信息系统的先进程度。组织的沟通是通过管理信息系统进行的，主管人员是通过管理信息系统来了解组织的运行状况的，主管人员的命令、指示也是通过管理信息系统传达的。先进的管理信息系统使信息传递迅速、准确，从而增强了管理人员的控制能力，因而他的管理幅度也就可以大大增加。

（7）组织文化的凝聚力。组织文化可以形成强大的向心力，把组织成员凝聚在一起，共同为组织而努力工作。这样就可以充分调动组织成员的积极性、主动性和创造性，使他们以高度的热情投入工作。这时组织成员的工作在很大程度上是发自内心的自觉。这样，管理者的管理幅度自然就会增大。

管理幅度的弹性是较大的，在不同的组织之间，管理幅度可能会有相当大的差距，即使在同一组织的不同层级上，管理幅度也是不同的。所以，这就要求管理者能够根据具体情况，随机制宜地考虑各种因素，来确定自己的管理幅度。

第三节 常见的组织结构形式

由于每一个组织的目标、所处的环境、所拥有的资源是不同的，因此它们的组织结构必然有所区别，同时，各种组织结构之间也会有很大的相似性，它们的基本构成形式是差不多的。我们以营利性组织为例，了解常见的组织结构形式。

一、直线职能制

直线职能制是建立在直线制和职能制基础上的、各类组织中最常用的一种组织结构形式，其结构如图5-4所示。

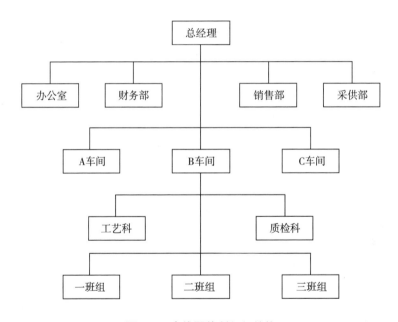

图5-4 直线职能制组织结构

这种组织形式的特点有：第一，以直线为基础，直线部门担负实现组织目标的直接责任。第二，在各级行政领导之下设置相应的职能部门从事专业管理。职能部门只是上级直线管理的参谋与助手。主要职能是提供建议、信息，除非有上级的授权，否则不能对下级发号施令。

直线职能制的优点在于既保持了直线制集中统一指挥的优点，又吸取了职能制发挥专业管理职能作用的长处。具体来说有：第一，指挥权力集中，决策迅速，易贯彻；第二，分工较细，职责分明；第三，职能部门的存在，既减少了直线部门的负担，又发挥了专业管理者的特长；第四，在环境稳定的情况下，有利于发挥组织的集团效率。

直线职能制的缺点主要表现在：第一，不同直线部门与职能部门之间容易产生摩擦，增大了上层管理者协调的工作量；第二，对职能部门而言，不利于培养通才式人才；第三，当环境多变时，不能迅速适应新环境。

二、事业部制

事业部制是对内部具有独立的产品和市场、独立的责任和利益的部门实行分权管理的组织结构形式，其结构如图 5-5 所示。

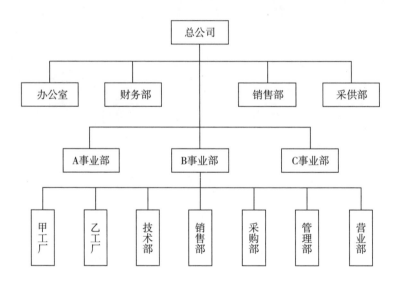

图 5-5　事业部制组织结构

事业部制的主要特点是"集中政策，分散经营"，即在集权领导下实行分权管理。这种组织结构形式，就是在总公司的领导下，按产品或地区设立若干事业部，每个事业部都是独立核算单位，在经营管理上拥有很大的自主权。总公司只保留预算、人事任免和重大问题的决策等权力，并利用利润等指标对事业部进行控制。事业部型组织一般适用在具有较复杂的产品类别和较广泛的地区分布的企业中。

事业部制组织结构的主要优点有：第一，提高了管理的灵活性和适应性。由于各事业部单独核算、自成体系，在生产经营上具有较大的自主权，这样既有利于调动各事业部的积极性和主动性，又有利于培养和训练高级管理人才，还便于各事业部展开竞争，从而有利于增强企业对环境条件变化的适应能力。第二，有利于高层管理者摆脱日常行政事务，集中精力做好有关企业大政方针的决策。第三，有利于培养高层管理人才。

事业部制组织结构的主要缺点有：第一，增加了管理层次，造成机构重叠以及管理人员和管理费用增加等现象。第二，由于各事业部独立经营，各事业部之间人员交流困难，相互支援较差。第三，各事业部经常从本部门出发，容易滋长不顾公司整体利益的本位主义和分散主义倾向。

三、矩阵制

矩阵制组织结构，是由纵横两套管理系统组成的组织结构，一套是纵向的职能领导系统，另有一套是为完成某一任务而组成的横向项目系统，即既有按职能划分的垂直领导系统，又有按项目划分的横向领导系统的结构。

有的企业同时有几个项目需要完成，每个项目需要配备不同专长的技术人员和资源。为了加强对项目的管理，每个项目在总经理的领导下由专人负责。因此，在直线职能制结构的纵向领导系统的基础上，又出现了横向项目系统，形成纵横交叉的矩阵结构。其中，工作小组或项目小组一般由不同背景、不同技能、不同知识、分别选自不同部门的人员所组成。工作小组组成后，小组成员为某个特定的项目共同工作。矩阵制组织结构如图5-6所示。

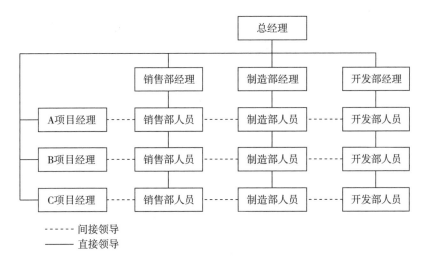

图 5-6　矩阵制组织结构

矩阵型组织适合在需要对环境变化做出迅速而一致反应的企业中使用，如咨询公司和广告代理商就经常采用这种组织结构，以确保每个项目按计划要求准时完成。在复杂而动荡的环境中，由于采用了人员组成灵活的项目管理小组形式，大大增强了企业对外部环境变化的适应能力。

矩阵制组织结构的积极作用有：第一，将组织的纵向联系和横向联系很好地结合起来，有利于加强各职能部门之间的协作和配合，及时沟通信息，解决问题。第二，具有较强的机动性，能够根据特定情况和环境的变化，保持高度民主的适应性。第三，将不同部门、具有不同背景的人员组织在一起，相互启发，集思广益，有利于攻克各种复杂的技术难题，更加圆满地完成工作任务。因此，它在发挥人的才能方面具有很大的灵活性。

矩阵制组织结构存在的问题有：第一，在资源管理方面存在复杂性。第二，稳定性差。由于小组成员是由各职能部门临时抽调的，项目完成后还要回到原职能部门工作，他们容易产生临时感，不安心工作，进而对工作产生一定影响。第三，多头领导容易引起混乱。项目小组成员要接受两个或两个以上的上级领导，潜伏着职权关系的混乱和冲突，造成管理秩序混乱，也会使小组成员无所适从，降低工作效率。第四，职能部门不配合项目组工作的情形有时也难以避免。

课程思政小贴士

思政元素： 2003 年成立中央巡视组，早称"中央纪委、中央组织部"巡视组，2009 年更名为中央巡视组，属于中央纪委、中央组织部联合办公，主要巡视稽查省部级领导干部违反党纪国法的问题。现行中央巡视组实施组长负责制，巡视组组长改为"一次一授权"，意味着中央每次确定巡视的任务后，再来选定巡视组组长，巡视结束，巡视组组长的任务随之结束。

教学意图： 了解中央巡视组架构、特点和功能。

四、委员会制

委员会由一群人组成，各个委员的权力是平等的，并依据少数服从多数的原则处理问题。委员会制组织结构的特点是集体决策、集体行动、集体负责。

委员会作为组织管理的一种手段，其设立的主要目的有：第一，集思广益，产生解决问题的好方案。第二，利用集体决策，防止个别领导或个别部门权力过大，滥用权力。第三，加强沟通，听取和了解不同方面的利益诉求，协调计划和执行的矛盾。第四，通过鼓励参与，激发决策执行者的积极性。

委员会制的优点有：第一，可以充分发挥集体的智慧，避免个别领导的判断失误。第二，少数服从多数，可以防止个人滥用权力。第三，地位平等，有利于从多层次、多角度考虑问题，并反映各方面的利益，有助于沟通和协调。第四，可以在一定程度上满足下属的参与要求，有利于激发组织成员的积极性和主动性。

委员会制的缺点有：第一，作出决定往往需要较长的时间，有可能失去组织发展的良好机会。第二，集体负责，有可能造成个人责任不清。第三，存在委曲求全、折中调和的危险。第四，有可能被某一特殊成员所把持，形同虚设。

第四节　组织权力

组织设计的目的是在组织协调高效运行的基础上，充分调动组织内所有成员的积极性和主动性，为实现组织目标和谐一致地工作。而保证组织高效运行的关键，是要处理好组织内部不同部门、不同成员之间的权力关系。

一、权力与职权

（一）权力

管理学中的权力是指组织成员为了实现组织目标而拥有的开展活动或指挥他人行动的权利，是一个人影响决策的能力。权力的大小既受在组织中所处层次或职位高低的影响，还受离权力核心远近的影响。离权力核心越近，影响决策的能力就越大，所拥有的权力就越大。

权力的基本特征有：第一，权力是一种权利，即权力总是和利益相关，拥有某种权力或行使某种权力总会给人们带来某种利益或维护某种权益。第二，权力是一种影响力，人们由于拥有了某种权力，就可以在一定范围内或某种程度上影响他人，即直接或间接地通过他人的行动开展活动。

权力的来源是什么？或者说一个人是怎样获得权力的呢？美国的约翰·弗伦奇和伯特伦·雷文认为权力有五种来源或基础：

1. 强制权力

它是一种依赖于惧怕的力量。当一个人对不服从上级指令所产生的负面结果感到惧怕时，这种权力就被遵从了。强制权力由一些手段的使用或威胁来支撑。比如，肉体的制裁，使人遭受痛苦；通过某些限制使人感到失意；以生理上及安全上的基本需要的压力来进行控制等。

2. 奖赏权力

它是与强制权相反的权力。一个人如果能够给他人施以他们认为有价值的奖赏，他就对这些人拥有了奖赏的权力。奖赏的内容可以是他人看重的任何东西，如金钱、良好的工作评价、职务晋升、有趣的任务、满意的工作条件等。

强制权和奖赏权是相辅相成的。如果你能使他人失去某种有益的东西，或者强加给他人不想要的东西，你就对他拥有强制权；同样地，如果你能够施以某个人一种有益的东西，或者移走他不想要的东西，那你就拥有了奖赏的权力。

无论是强制权还是奖赏权都适用于组织的每一个人。

3. 合法权力

也称为制度权力，是管理系统赋予某一职位的权力，即职权。职权包含有强制权和奖赏权。但合法权力远比强制权和奖赏权广泛。它尤其包含组织成员对某一职位权力的接受这层意思。

4. 专家权力

这是来自专长、特殊技能或知识的一种影响力。随着技术知识突飞猛进，专家权力越来越成为组织中一种有效的权力。当组织工作变得越来越专门化的时候，管理部门就越来越需要依靠专家的职能来实现组织目标，这样就形成了相应的"专家权力"。

5. 感召权力

这是对一个人所拥有的独特智谋或特质的确认，产生于对这个人的倾慕和希望与他同等的心理。这样，这个人对你就有了感召权力。在组织中具有这种感召权力的人，同样能对上司、同僚与下属施加某种影响。

（二）职权及其类型

职权属于前述的合法权力，是基于管理者在组织中所居职位的合法的权力。职权是与职位相伴随的，是由一个人在组织层级中的纵向职位决定的。因此，职权与特定的个人没有必然联系，而只与职位有关。一个人离开某个职位，就立即丧失该职位所赋予的职权。

在组织中存在三种性质不同的职权：

1. 直线职权

直线职权是直线主管人员所拥有的包括发号施令及执行决策的权力，即通常所说的指挥权。直线职权是一种等级式权力。在组织结构图上，这种职权用一条由上级部门或人员直通下级部门或人员的直线来表示，所以形象地称为直线职权。直线职权的特点有：第一，上级有指挥命令权，下级必须贯彻执行。第二，下级对自己的直线上级负责并报告工作。

显然，在组织中每一个管理层次的主管人员都拥有这种职权，只不过不同管理层次的职责不同、其主管人员的职权大小及范围不同而已。例如，厂长对副厂长拥有直线权力，生产副行长对车间主任拥有直线权力，车间主任对班组长拥有直线权力。这样，从组织的最高层开始，一直到基层的管理人员，自上而下逐级指挥，形成一个连续的、有层次的权力线。这条权力线被称为指挥链或指挥系统。在这条权力线中，职权的指向由上而下，每一个管理层次的主管人员都拥有发号施令、指挥下级工作的权力，同时也接受上级领导的指挥。

2. 参谋职权

参谋职权是一种提供建议或服务，协助其他部门或人员做好工作的权力。参谋职权是一种顾问式权力。与直线权力相比，参谋职权的特点有：第一，它不能向其他部门或人员发号施令，只能出主意、提建议、做指导，起咨询作用，不能决定而只能影响集体或他人的行为。第二，它只能在职能范围内执行参谋职权，不是去指挥其他部门或成员如何进行工作，而是帮助工作，积极合作，为整个组织或某一个部门提供咨询服务。

参谋职权的产生是由于组织规模不断扩大，使得高层管理者所面临的管理问题日益复杂，此时仅凭直线管理人员个人的知识和经验已经满足不了有效管理的要求，于是需要借助参谋专家的作用来帮助他们行使直线指挥权。

是不是只有参谋部门才有参谋职权呢？不是的，组织中任何人都有参谋权。因为一个组织随着规模的扩大和经营活动的复杂化，管理者的精力、时间越来越不适应需要，因此，要有人协助，以减轻其负担。是不是参谋权力和直线权力绝对泾渭分明呢？也不是的。因为组织的参谋部门内部也有直线关系，直线部门也有向上级提建议、咨询的义务。通常意义上的直线职权和参谋职权的划分只有相对的意义。

3. 职能职权

职能职权是某一人员或部门根据高层管理者的授权而拥有的对其他部门或成员直接指挥的权力。可见，职能职权行使的前提是上级的授权，未获授权即无权。所以，职能职权是一种有限的权力。例如，总部的人事部门要求单位的管理者执行总部统一的人事政策，但只限于人事管理领域；计划部门可以向生产部门下达生产计划，要求生产部门据此生产，但只限于生产领域；大学的教务部门要求各教学单位按培养方案组织教学，但只限于教学领域；等等。

职能职权产生的原因是多方面的。例如，当一个学校的校长认为教务活动、实验建设、学科建设等专门事务不需要他本人处理或本人难以处理时，他就会设立教务部门、实验部门、学科部门等，把有关方面的直线职权授予相应的职能部门，由这些部门代为行使。

一般而言，直线职权、参谋职权、职能职权都不限于特定类型部门的管理人员。不过，在通常情况下，参谋职权和职能职权大多由参谋部门和职能部门的人员行使，因为这两种部门通常由专业人员组成，他们的专业知识正是行使参谋职权和职能职权的基础。

（三） 直线职权与参谋职权的关系

直线职权是命令指挥的权力，参谋职权是协助的建议的权力，参谋职权是建议而不是指挥，所以只有当他们的建议被直线管理者采纳并通过等级链向下发布指示时才有效。可见，直线职权和参谋职权的关系可以通俗地表述为："参谋建议，直线指挥。"

"参谋建议，直线指挥"包含两层含义：第一层含义是指直线人员在进行重大决策之前要先征询组织成员或参谋人员的意见。管理者和操作者只是为了实现组织目标而进行一种分工，操作者有权了解管理者的经营策略并对此发表自己的意见；而参谋人员的设立就是为了减轻管理者的负担，或弥补管理者的不足，以避免重大失误。因此，管理者在行使重大决策权时要充分发挥参谋人员的智囊作用或尽可能地广泛征询组织成员的意见。第二层含义是指这两种职权的性质的不同。参谋职权是咨询性的，行使参谋职权的人员可以向直线人员提出自己的意见和建议，但不能把自己的认识和想法强加给直线人员，或直接发号施令；指挥权应由直线人员来行使，由直线人员发布指令，并承担最后的责任。可以看出，参谋人员行使参谋职权是不承担责任的。

在组织管理过程中，直线职权与参谋职权的关系往往处理不好，经常会发生冲突。主要表现在直线人员和参谋人员相互不满。

就直线人员而言，对参谋人员的不满表现在：第一，往往用怀疑的眼光看待参谋人员，认为他们有潜在的削弱直线人员职权的危险。在没有参谋人员的情况下，直线人员可以自行决定实现目标的措施和手段，而参谋人员的存在，对直线人员就有了约束，要求直线人员遇事要和参谋人员商量，征求参谋人员的意见。直线人员常认为这是对他们权力的侵犯，是不必要的。第二，认为参谋人员不了解实际情况，提出的建议不是不切合实际就是片面偏激。参谋人员只知道从自己专业的角度观察和思考问题，缺乏整体的全局的眼光，因而他们的建议常缺乏实际价值和全局观念。第三，认为参谋人员只负责提供建议，工作顺利并有成果时就沾沾自喜，想获取所有的荣誉；工作失败时，又不承担相应的责任。

就参谋人员而言，对直线人员的不满主要表现在：第一，认为直线人员不了解参谋人员的作用，把参谋人员看得无足轻重，以致他们有怀才不遇的感觉。第二，认为直线人员墨守成规、过于保守，排斥参谋人员的新观念。第三，直线人员没有为参谋人员提供足够的工作条件，而要求又十分苛刻。当工作发生失误的时候，又往往指责是参谋人员的建议不妥所致，以推卸责任。

直线职权和参谋职权的关系如果处理得不好，会给组织管理带来灾难性的影响。处理二者关系时要注意以下几个方面：第一，双方要明确直线职权和参谋职权之间的关系。通过规范化的文件，对两种职权的关系作出明确规定，以便直线人员和参谋人员各司其职，形成规范有序的协作关系。第二，直线人员要注意倾听参谋人员的意见，并随时向参谋人员通报有关情况。第三，参谋人员要努力提高自己的工作水平和工作质量，这样才能向直线人员提供有效的帮助，从而体现其价值。第四，创造相互合作的良好气氛。直线职权和参谋职权都是为了实现组织目标而设立的，因此，组织目标是双方合作的基础，应反复强调双方在实现组织目标中的相互依赖性，形成彼此谅解、诚信合作的气氛。

（四）直线职权与职能职权的关系

由于职能职权是由直线职权派生的、由高层管理者直接授予的、限于特定范围的权力，因此，他们之间的关系可以通俗地表述为"直线有大权，职能有特权"。

"直线有大权，职能有特权"是指在一个组织中，直线人员拥有除了其上级直线人员赋予职能部门的职能职权外的大部分直线权力；职能部门的管理人员除了拥有对本部门下属的直线职权外，还拥有上层管理者所赋予的特定权力，可以在其范围之内对其他部门及其下属部门发号施令。直线人员在组织规定的各项职能范围内的事项要接受职能职权的指挥。

严格限制职能职权对于维护管理职位的完整性是十分重要的。由于各种原因，高层管理者将一些直线权力委托给某些职能部门或人员，使这些部门或人员拥有了对同级或下级直线部门或人员的指挥权，当这种职能职权扩展到相当大的程度时，同级或下级管理者就可能失去对本部门各事项的控制，从而无法展开工作。为了维护一定程度的统一指挥，职能职权在组织结构中应限定其职能范围和作用层次范围。

课程思政小贴士

思政元素：要完善党内权力运行和监督机制，实行权责对应，坚决反对特权，防止滥用职权。执政党对资源的支配权力很大，应该有一个权力清单，什么权能用，什么权不能用，什么是公权，什么是私权，要分开，不能公权私用。（摘自习近平2014年5月9日在参加河南省兰考县委常委班子专题民主生活会时的讲话）

教学意图：引导思考怎样树立正确的权力观？

二、集权与分权

在组织管理中，处理集权与分权的关系是一项重要的内容。

集权是指决策权在组织系统的较高层次中一定程度的集中，分权是指决策权在组织系统的较低层次中一定程度的分散。组织管理中的集权与分权是相对的，绝对的集权和绝对的分权都是不存在的。如果最高层管理者把权力全部集中在自己手中，就意味着他实际上没有任何下属，这时，真正意义上的组织就不存在；同样地，如果最高层管理者把权力全部委派给下属，那他作为管理者的身份就不复存在，组织也就不存在。因此，某种程度的集权和分权都是必要的，问题是在于把握好集权和分权各自的"度"。总之，集权与分权是组织管理的客观存在。

（一）衡量集权与分权程度的标志

在组织管理过程中，既存在集权又存在分权，通常情况下，集权与分权是相结合的。但是，由于受组织内部多种因素的影响和条件的不同，不同组织的集权和分权的程度是有区别的。根据组织决策情形，衡量集权与分权程度的标志主要有：

1. 决策的数量

在决策过程中，中下层管理者所做的决策数量越多，决策频率越大，表明组织分权程度越高。相反，如果决策尤其类似程序化决策、业务决策、确定型决策等基本上都是由最高管理层作出的，表明集权程度高。

2. 决策的范围

在决策过程中，中下层管理者的决策所涉及的范围越广，涉及的职能越多，表明分权的程度越高。

3. 决策的重要性

在决策过程中，中下层管理者的决策所涉及的费用越多，能配置的资源越丰富，表明他们能够做重要性比较大的决策，这时，分权的程度就比较高。

4. 决策的审批

如果中下层管理者作出的所有决策，只要在职责范围之内，都不需要上级审批即可生效执行，则表明分权程度高；如果中下层管理者作出决策后，还必须呈报上级审批才能生效实施，表明分权程度低一些，而如果下级在决策之前就必须请示上级，表明分权程度更低。

（二）影响集权与分权程度的因素

1. 决策的代价

决策付出代价的大小，是决定分权程度的主要因素。一般而言，决策失误的代价越大，对经济指标和信誉、士气等影响较大的决策，越不适宜交给下属处理。高层管理人员常常亲自负责重要的决策，这不仅仅是因为高层管理者的经验丰富，还因为这类决策责任重大，不宜授权。

2. 保持政策一致性的愿望

如果最高层管理者希望保持政策的一致性，即在整个组织中采用一个统一的政策，权力模式势必趋向于集权化，因为集权是达到政策一致的最方便的途径。如果最高层管理者希望政策不完全一致，而是鼓励多样性，除了重大事务外，希望由这种不一致带来管理上的创新和进步，带动组织内部各部门之间的相互竞争，提高士气和效率，培养更多的高素质的管理专家。受这种管理理念的影响，最高层管理者势必会放宽对职权的控制，权力模式趋向于分权化。

3. 组织的规模

组织规模扩大后，分权管理比集权管理更有效更经济。因为组织规模越大，组织的层次和部门会因为管理幅度的限制而不断增加。层次增多会使上下信息沟通速度放慢，造成信息延误或失真，决策失误的可能性也随之增加。因此，为了加快决策的速度，提高决策的质量，使最高层管理者有精力处理重大决策问题，需要向下分权。

4. 组织的成长

从组织成长的阶段看，组织通常在成立初期采取和维护集权化的管理模式。随着组织的逐渐成长，规模日益扩大，则会出现由集权管理模式向分权管理模式转变的趋势。从组织成长的方式看，如果组织是从内部发展起来的，由一个规模较小的组织逐渐发展成为一个规模较大的组织，则分权的压力会比较小；如果是由合并的方式发展起来的，则分权的压力会比较大。

5. 管理哲学

最高层管理者的个人性格以及他们信奉的管理哲学的不同，对职权的集中或分散有着重大影响。专制、独裁的管理者不能容忍他人触犯他们小心戒备的权力，往往会采取集权化管理模式；反之，则倾向于分权。

6. 管理人员的数量和素质

在一个组织中，如果管理人员的数量不足、素质不高，就会限制职权的分散，不得不采取集权化管理模式。如果管理人员的数量充足、经验丰富、训练有素且管理能力较强，则有可能采取分权化管理模式。

7. 控制的可能性

为保证组织管理的有效性，分权不能失去有效的控制。最高层管理人员在决策权授予中下层管理人员时，必须同时保持对他们的工作和绩效的控制。许多高层管理人员之所以不愿意向下分权，就是因为他们对中下层管理人员的工作和绩效没有把握，担心分权之后下属无法胜任工作，而自己又要承担连带责任，认为与其花更多的时间去纠正错误，还不如多花一些时间自己去完成这项工作。因此，要有效地实施分权，就必须同时解决控制的问题。

8. 职能领域

集权与分权的程度，在不同的职能领域是不同的，有些职能领域需要更大的分权程度，有些职能领域需要更大的集权程度。在组织经营职能中，生产和销售业务的分权程度往往很高，原因在于主管生产和销售的管理人员比其他人更熟悉生产和销售业务。但在财务职能中的某些业务活动需要较高的集权，因为只有集权，最高层管理人员才能保持对整个组织财务的控制。

可见，集权程度高好还是分权程度高好，是不能一概而论的。在组织管理中，应考虑各种因素的影响，科学合理地把握集权与分权的程度。

三、授权

在组织管理中，分权与授权都属于权力下授，但两者是有区别的。分权一般是最高管理层的职责，而授权则是组织各个管理层的管理者都会面临的问题。分权与授权的关系是：分权是授权的基础，授权以分权为前提。如果没有分权，所有职权都掌握在最高层管理人员手中，中下层管理人员没有任何职权，也就不存在他们向下属或直接管理的人员授权的问题。

（一）授权的步骤

授权不能随意进行，必须遵守一定的程序。一般认为，授权的程序包括以下几个步骤：

1. 确定预期成果

目标代表预期的工作成果。为了正确授权，上级主管人员应该为下级主管人员确立正确的工作目标。

2. 委派具体任务

为了实现预定目标，上级主管人员要和下级主管人员一起协商具体的工作任务，这些任务既要先进，又要可行。先进，意味着任务具有挑战性，不经过努力是无法完成的；可行，意味着任务没有超出下级主管人员的能力和资源的限制范围，经过努力是能够完成的。

3. 授予必要的权力

为了完成任务，上级主管人员必须授予下级主管人员相应的权力，其中主要是调配和使用资源的权力、制定具体政策的权力和选择方式方法的权力等。

4. 督促完成任务

在委派了任务、授予相应权力之后，应该定期检查下级主管人员的工作，及时帮助他们解决工作中的困难，督促他们按时按质按量完成任务。

（二）授权的原则

要做到正确授权和合理授权，除了遵守一定程序，还应坚持授权的基本原则。授权过程应坚持的原则有：

1. 按组织目标授权的原则

上级主管人员必须按照组织目标的要求去规定职务，授予职权。也就是说，各种职权的设立必须与组织目标联系起来。凡是与组织目标无关的职位坚决不能设立，不能因人设职，否则会造成机构重叠的局面。

2. 职能界限清楚原则

在授予下级主管人员的各种职权之间要有明确的界限，每个下级主管人员的任务不能重叠，职权不能交叉。否则就会出现政出多门，多头领导，多人负责，最后谁也负不了责，实际上是无人负责的局面。

3. 职权管理层次原则

上级主管人员授权后，接受授权的主管人员应该切实行使职权，各施其责，属于自己职责范围内的事务，要大胆决策。只有自己无权解决的问题才能上交上级处理。同时上级主管人员不能越俎代庖，替下级主管人员决策。在实际管理中，有两种不良的现象：一是下级主管人员习惯于事事请示汇报，认为这样才是尊重上级；二是上级主管人员喜欢摆架子，喜欢下级事事请示汇报，否则，就会训斥下级。

4. 职责绝对性原则

职责是完成任务的义务，这种义务是每个人都应该承担的。上级主管人员虽然将完成某一任务所必需的职权授予了下级主管人员，但不能因此而放弃对这一任务所承担的责任。因此，职责是不能授予的。同样，下级主管人员一旦接受了任务和职权，就有义务去完成自己的工作。有些上级主管人员，在下级没有完成任务时就责怪他们，就是没有遵守职责绝对性原则的表现。

5. 职权与职责相等原则

授予下级主管人员的职权必须与他的职责相等。首先，职权不能小于职责，否则下级就无法履行职责，完成上级布置的任务。其次，职权也不能大于职责，否则就容易造成下级"瞎指挥"。

（三）授权的心理障碍

只要遵守授权程序，坚持授权原则，就能做到正确、合理和充分的授权。正确、合理而充分的授权，能够使上级主管人员得到下属的尊敬；有利于发挥下属的聪明才智；还可以大大减轻上级主管人员的负担，使他们从大量的日常事务中摆脱出来而专注于组织管理中的重大问题。然而，在组织管理过程中，有些主管人员却不能做到正确授权、合理授权、充分授权，究其原因，除没有遵守授权程序、坚持授权原则外，一个重要方面就是在授权过程中存在一定的心理障碍。包括下列几方面：

1. 担心失去控制

上级主管人员将权力授予下属时，无疑要承担风险。因为下属可能不会尽心尽力地按期按质按量完成工作任务；同时害怕因授权而失去对下属的控制，而自己最终要承担责任。这是他所不愿意看到的。

2. 担心竞争者超过自己

如果对下属充分地授权，那么下属承担的责任就加大，所做的工作增多，取得的成就可能超过自己，下属在组织中的影响力就会扩大，因而可能构成对自己地位的威胁。这样，授权就等于为自己培养了一个竞争对手。

3. 害怕失去权威性

有的人有着强烈的权力欲望，希望下属对他有一种强烈的依附感，一切听从他的指挥。他希望在组织中自己是最具影响力，最有权威性的。而一旦授权，就意味着有人将不再直接围绕着他的指挥棒转，他就会感到这是对他权力和威信的损害。因此，一个上级主管人员如果有深切的欲望企图保持下属对他的依附，他就很难听任下属自行完成任务，因而也就不愿授权或不充分授权。

4. 被奖赏的欲望

很多上级主管人员沉醉于从工作中获得奖赏，如果能亲自动手做出成绩，就能得到高度的自我满足，因此，有些人不愿授权，不愿把工作交给下属去做，因为这样就意味着下属将获得奖赏。

5. 需要工作的感觉

有些上级主管人员有这么一种观念，如果每天经过努力工作而获得一种疲劳感，那就是他工作取得绩效的良好表现，好像没有疲劳感就没有做出成绩似的。

只有克服这些心理障碍，才能做到合理、充分的授权。

第五节　人员配备

在组织管理中，良好的组织结构固然是十分重要的，但为组织配备合适的人员却更为重要。道理很简单，如果不能根据各岗位的要求配备合适的人员，则再好的组织结构也无法有效地发挥作用。因此，在设计合理的组织结构的同时，需要为所设计的各岗位选配合适的人员。

人员配备是指组织通过对工作要求和人员素质的分析，为每一个岗位配备合适的人员以实现组织目标所需开展的各项工作的过程。人员配备的范围很广，上至组织的最高层管理人员，下至第一线的工作人员，都是人员配备工作的对象。

一、人员配备的基本要求

人员配备的目的是实现事与人的最佳组合。因此，人员配备要满足两个基本要求。

（一）人员配备要满足组织的需要

1. 使组织系统得以有效运转

要使组织系统有效运转起来，必须使组织的每一个岗位都配有符合相应素质要求的人员，这样，实现组织目标所必须开展的各项工作都有人去完成。这是人员配备的基本要求。

2. 为留住组织需要的人员创造条件

人们总是力图获得最能发挥自己才干并为自己带来最大利益的工作机会，因此，在现实社会中，人员在社会不同组织之间的流动是非常正常的。但是，人员的频繁流动，尤其是不可或缺的人才的流动，对组织发展并非是件好事。故而，在人员配备过程中，要注意通过轮岗、转岗或岗位的重新设计，为员工发挥自己的才能和实现个人发展目标创造良好的条件，以维持员工对组织的忠诚，留住人才。

3. 适应组织发展的需要

由于组织所处的内外部环境是不断变化着的，组织的目标、发展战略也不是一成不变的，相应地，组织结构也要做调整，即部门及其岗位的设置都会发生变化。因此，在人员配备时，应该考虑到组织结构和岗位设置在未来可能发生的变化，通过建立客观的考核体系和制度化的培训体系，适应组织未来变化的需要。

（二）人员配备要满足组织成员的个人需要

在配备人员时，要考虑到组织成员个人的能力、兴趣爱好和需要，以使他们能够自觉地履行自己的岗位职责，为实现组织目标努力工作。为此，应该从两个方面来满足组织成员的个人需要。

1. 保证每一个成员个人的知识和才能得到公正的评价和运用

如果员工的能力得不到公正的评价和认可，他们就会有"怀才不遇"或"大材小用"的想法。同时，工作要求是否与员工能力相符、工作目标是否具有挑战性、工作内容是否符合员工的兴趣爱好，这些都会在很大程度上影响员工工作的积极性、主动性和创造性，进而影响工作效率。

2. 使每个成员有丰富自己知识和提高自己能力的机会

知识的丰富与能力的提高，不仅可以满足人们较高层次的心理需求，也是组织成员职业生涯不断发展的基础。因此，在人员配备过程中，应该使每一个组织成员看到这种机会和希望，以稳定人心，提高工作效率。

二、人员的合理配置问题

要做到人员的合理配置必须注意两个问题，即能级问题和互补问题。

（一）能级问题

能级问题是人员的纵向配置问题，也就是不同能级人员的合理组合问题。在一个组织中，人员的综合素质、业务素质等方面都有等级差别。所以，为了使组织具有效率和可靠性，要合理划分组织人员的能级，而且要使不同能级的人员具有一个合理的组合。

合理的能级组合应该是正立的三角形组合。在这种人员的组合中，处在三角形底部的是数量最多的低级人员，处在三角形中部的是数量比较多的中级人员，而在三角形顶部的是数量最少的高级人员。一个组织中人员能级的分布，如果不是呈正立三角形，就会显得不稳定。

不合理的能级组合有三种形态。

（1）倒立三角形组合。在这种能级组合中，呈现"官多兵少"的特征，可能出现政出多门、上层决策混乱、下层执行不力的现象。

（2）菱形组合，即两头小中间大。其缺陷在于，低级人员过少，会迫使中级人员做低级人员的工作，使其能力得不到正常发挥，造成人员资源的浪费；高级人员过少，使众多的中级人员深感晋升无望，前途渺茫，最终导致大量的中级人员流失。

（3）梯形组合或"一"字形组合，即同一能级的人员过多。其缺陷是工作不易安排，组织内部容易形成派系，造成内部不团结，产生内耗的现象。

（二）互补问题

互补问题是人员的横向配置问题，即同一层次的人员的合理组合问题。同一层次的人员的组合要形成互补，是有条件的。第一，同一层次人员之间各有所长，若他们的知识、技能、经验等没有处于同一层次且没有长短之分，就谈不上互补，而且还可能相互争斗，形成内耗。第二，同一层次人员之间有共同语言。若各成员虽然各有所长，但没有共同语言，就难以合作，实现互补。

三、人员选聘

在人员配备过程中，首先确定了组织的职位并明确每个职位对人员的要求，其次就是要按照职位对人员的要求选聘人员，并对所选聘的人员进行考评和培训，最后安置到组织的各个职位上。

（一）人员选聘的原则

人员选聘就是通过招聘等手段去选择职位需要的组织成员的过程。选聘是遴选和聘用的总称，也就是通过各种途径寻找和确定组织成员候选人、从候选人中挑选最有可能有效胜任工作的组织成员的过程。人员选聘对组织存在和发展具有极其重要的意义：它能满足组织发展对人员的需求；它是确保组织成员具备较高素质的基础；它在一定程度上能保证组织的稳定。正因为人员选聘在组织管理中有着重要的意义，所以，人员选聘工作必须符合一定的原则要求，以保证人员选聘工作的正确开展。

人员选聘应遵循下列几条原则：

1. 效率原则

效率原则是市场经济条件下的一条内在准则。要在激烈的市场竞争中争取主动，就应该重视效率。体现在人员选聘工作中，就是要根据不同的要求灵活运用适当的选聘形式和方法，在保证选聘质量的基础上，尽可能降低成本。也就是说，以尽可能少的成本选聘到最合适的人员。

2. 双向选择原则

组织根据自身发展的需要自主选择人员，同时应聘者也可以根据自身的能力和意愿参与竞争，并决定是否受聘于组织。双向选择能使组织不断提高效益，改善自身的形象，增强自身的吸引力。另外，应聘者为了在竞争中获胜，往往会努力提高自身的能力和素质，同时也促进了积极向上的社会风尚。

3. 全面原则

人员的素质，不仅取决于文化程度的高低；智力、体力、能力的差异都会造成素质的差异；而且，往往是人格、思想等非智力因素，体现了素质上的极大差异。正是这些差异，决定了人员在组织中所起的作用。所以，在人员选聘过程中要兼顾德、智、体等诸方面，对人员的知识、技能、品德等进行全面测评来确定人选。

4. 公正公开、竞争择优原则

对待所有的应聘者应当一视同仁，不得人为制造各种不公平限制。为此，需要把选聘的有关要求向社会公开，杜绝一切不正当行为，在社会的公开监督下给应聘者提供公平竞争的机会。制定严格统一的考试、考评程序，吸引更多的应聘者，在激烈的竞争中进行选择。

5. 前瞻性原则

组织人员选聘中，不仅要进行目前所需的各种人员的选聘，而且要着眼于组织未来发展的需要，为将来应付多变的环境，对组织所需的各类人员做好准备。因此，人员选聘工作包含着对组织未来发展所需人员供求情况的详尽可靠的预测，尽早从组织外部引进具有潜力的人员，加以储备和培训，以避免组织人员断层现象，保持组织发展的连续性。

（二）人员选聘的途径

人员选聘的途径主要有组织内部选聘和外部招聘。

1. 内部选聘

内部选聘是从组织内部挑选合适的人员并加以聘用的过程。内部选聘包括内部提升、内部调动、内部招聘三种形式。内部选聘是组织人员选聘的根本立足点，几乎所有的组织都乐于从组织内部选拔合适的人员。因为，第一，内部选聘费用较低，手续简便，人员熟悉。第二，组织对候选人员可以进行长期的细致的考察，掌握其能力和素质、优点和缺点，从而决定其最合适的工作。第三，从内部选聘的人员，由于对组织的基本情况有所了解，能够比较快地进入角色。第四，内部提升给组织成员提供更具挑战性的发展机会，也在组织内部提供了公平的竞争机会，有利于调动组织成员的积极性。但是，内部选聘也有缺陷，例如，容易造成自我封闭，近亲繁殖，不易吸收组织外优秀人才，以至于使组织缺乏活力，影响组织成员的积极性等。

2. 外部招聘

外部招聘是组织人员选聘的常规性途径，具体方式多种多样，比如广告招聘、校园招聘、劳动力市场招聘、组织员工的推荐、应聘者直接申请等。外部招聘扩大了选择范围，有利于获得组织所需的人员。同时，外部招聘的实质是吸收异质因素来化解组织停滞、僵化的危险，因为这些来自组织外部的人员常常能带来新的理念、新的观点、新的方法，能够为组织发展注入新的活力。但是，从外部招聘人员从事某一工作，对组织内部那些希望从事这一工作的成员来说，则是一个较为沉重的打击，这样就会影响士气。所以，现代组织往往把内部选聘和外部招聘结合起来，也就是为了进行内部选聘而把外部招聘提前，这是人力资源管理中的前瞻性行为。因为，这种人员选聘方式具有良好的连续性，由于选聘者把从外部招聘人员的工作提前若干年进行，将可以培养的人员招聘进来进行培训，而使组织在需要的时候能够通过内部调动、内部提升等方式，把他们安置到相应的职位上。这样，就使外部招聘成为内部选聘的准备，保证管理活动有条不紊地进行。

四、人员考评

考评是考核和评价的总称，人员考评是指组织按照一定的方法和程序，定期对各部门、各岗位表现出来的工作绩效或能力素质所进行的考核和评价。

（一）人员考评的意义

人员考评对组织具有重要意义。

（1）人员考评是组织对人员选聘结果加以检查的基本依据。人员选聘将最适合组织需求的人员选拔到相应的职位上，但组织还需要在工作过程中掌握这些人员是否真正胜任相应职位的工作，而人员考评为组织提供了了解人员进入组织后各方面表现的依据。

（2）人员考评是合理安排、使用和调配人员的基本依据。考评本身可以发现组织在用人上存在的问题，找出在用人上的长处和短处，便于进行人力资源配置的调整和优化。人员考评能发现、选拔、任用不同职位所需要的人员，有利于鼓励先进和鞭策后进，从而有利于调动人员的积极性。

（3）人员考评是对组织人员进行培训的基本依据。培训是针对组织成员的短处进行的补充学习和训练。在进行培训之前，应该了解各类人员的能力和素质，了解其知识和技能结构、优势和劣势等方面的情况。而人员考评可以发现人员管理中存在的问题，了解组织成员的能力和素质是否能满足所在职位的要求，从而为培训提供客观依据。当然，考评也是判断已进行的培训效果的重要手段。

（4）人员考评是确定人员晋升与报酬的基本依据。通过全面、客观、严格的考评，可以发现人员在能力和素质方面是否超出所在职位的要求，从而为晋升提供充分的依据。以考评为依据的报酬，能真正体现公平、公正和平等。

（二）人员考评的原则

要做好人员考评工作，必须遵循以下几个原则：

1. 实事求是原则

人员考评既要能够反映考评对象的实际情况，又要最大限度地调动其积极性和创造性。这就要求人员考评必须坚持实事求是的原则。无论是考评指标的制定，还是考评方法的选择和运用，都必须做到实事求是。

2. 全面考评原则

即要求全面系统地综合考察考评对象各方面的情况，不能就事论事，也不能只见其一而不见其二，而要多方面、多渠道、多角度、全方位进行考评。考评越全面，结论就越科学越客观。

3. 公正公开原则

人员考评应客观公正，依据标准进行，不能以感情好恶代替政策和标准。应该将考评的标准、程序、原则、方法、结果等在组织内部公开，考评过程置于组织成员的监督之下，以提高考评的质量。

4. 激励原则

考评不能为了考评而考评，要体现责、权、利的统一，将考评结果与人员的晋升、报酬相联系，充分发挥考评的作用，激励组织成员努力做好自己的工作。

（三）人员考评的内容

人员考评要着眼于组织存在和发展的现实要求和长远利益两个方面，相应地，人员考评包含对组织成员已经取得的业绩的考评，也包含着对组织成员的能力和素质的考评。因此，人员考评的内容包括绩效考评和素质考评两个方面。绩效考评是对组织成员对组织已经做出的贡献的考核与评价；素质考评是对组织成员可能对组织作出的贡献的考核与评价。组织在对组织成员进行奖惩时，一般以绩效考评为依据，但从组织长远发展角度看，素质考评显得更为重要。

绩效考评的要求有：第一，考评标准具有针对性和可操作性。考评标准应反映具体职位的基本特点，便于衡量和测量。第二，考评原则具有一致性和可靠性。考评的原则要适应各类各层次人员，具有明确的效度和信度。第三，考评工作具有民主性和透明度。应让组织成员了解考评的目的和意义，使考评工作成为组织成员的自觉行为，让整个考评工作公开透明地进行。

素质考评的要求有：第一，指标要客观。素质考评的指标含义要准确、具体，不能含糊不清，也不能使用一些抽象的标准。既要有定性的指标，也要有定量的指标。第二，方法要可行。如果考评的方法不具有可行性，则考评的效果就会受影响，严重的话，甚至会"弄巧成拙"。第三，结果应反馈。考评结果应该向被考评者及组织的有关方面反馈，让被考评者了解自己，同时也让组织清楚人力资源现状，便于调整和优化。

课程思政小贴士

思政元素： 2019 年 4 月实施的《党政领导干部考核工作条例》，明确通过平时考核、年度考核、专项考核、任期考核 4 种方式，对领导干部的德、能、勤、绩、廉五个方面进行考核。该条例对考核工作的组织实施、考核结果及其运用等作出明确规定。

教学意图： 引导思考，党政领导干部考核工作对建设一支信念坚定、为民服务、勤政务实、敢于担当、清正廉洁的高素质党政领导干部队伍的重要意义。

五、人员培训

人员培训是组织为了实现组织目标和员工个人发展目标而有计划地对全体员工进行训练和辅导，使之提高与工作相关的知识、技能、态度等素质，以适应并胜任岗位工作的要求。可见，人员培训的目的是为了实现组织目标和员工成长与发展。

（一）人员培训的意义

人员培训在组织发展和人力资源管理中具有重要意义：第一，人员培训可以促进员工知识与技能的提高，以适应岗位工作要求。人并非天生就具有某种工作能力，要使员工胜任岗位工作，就必须对其进行培训。况且在科学技术不断进步、社会需求千变万化、组织对员工要求越来越高的情况下，只有不断地对员工进行持续的培训，更新其知识和技能，才能使他们不断地适应新的岗位工作要求。第二，人员培训有助于组织文化建设，强化组织成员对组织价值观的认同。

人员培训通过讲授、宣传组织的价值观念、行为准则等，使受训者了解并接受本组织的文化，强化对组织价值观念的认同，这不仅能有效地促进组织文化的建设，还能使受训者更积极、更有效地开展工作。第三，人员培训有助于开发员工的潜能，使组织现有的人力资源的作用得到充分发挥。培训是开发组织现有人力资源的有效途径，通过对员工进行培训，有助于开发员工的潜在智能，提高员工的素质，并结合职位晋升和岗位调整，使每一个员工在适合自己特长的岗位上人尽其才，从而使组织现有人力资源的作用得到最大程度的发挥。

（二）人员培训的原则

要做好人员培训工作，必须遵循下列几个原则：第一，学以致用原则。人员培训要理论联系实际，不应为培训而培训，而要根据组织的需要和人员的实际情况制定相应的培训计划，有针对性地确定培训内容。在培训方法上要学用结合。第二，全面培训原则。人员培训要兼顾专业技能培训和组织文化培训，当然，针对不同的培训对象，侧重点应有所不同。第三，全员培训和重点提高相结合原则。有计划、有步骤地对组织现有的各级各类人员进行培训，是提高组织整体素质的必然要求。但全员培训并不意味着平均培训，而是应体现重点，在培训内容上重点培训技术、管理水平，在培训对象上重点培训中上层主管人员。第四，严格考评和择优奖励原则。严格考评是保证培训质量的要求，也是检验培训质量的手段。培训考评合格，才能择优选聘或晋升。有些培训只是为了提高人员的素质，不涉及当前的考评或晋升，这时，对受训者择优奖励就成为调动其积极性的有力杠杆。奖励方式可以是根据受训成绩给予物质奖励，也可以是将受训成绩与将来的晋升或报酬挂钩。一般而言，后一种奖励方式更有效。

（三）人员培训的类型

一般而言，根据受训对象的不同，人员培训有岗前培训、在岗培训、转岗培训和晋升培训等类型。

1. 岗前培训

岗前培训是指对新录用人员在正式上岗之前所进行的培训，其内容主要有：组织的历史、现状和发展目标，组织文化，职业操守和规章制度教育，岗位知识和技能。培训的目的是使新录用人员对组织有一个感性认识，了解组织文化，初步掌握岗位知识和技能，以便能较快地融入组织并胜任岗位工作。岗前培训通常在组织内部进行。

2. 在岗培训

在岗培训是指为使在职人员适应工作要求而进行的培训，其主要内容有：按照岗位职责和任职要求进行知识和技能培训，使工作行为和自身素质不符合工作要求的受训者能够胜任工作；为员工补充新知识、新技能、新方法和新观念，以适应岗位工作的新要求；进行相关岗位知识和技能培训，为员工今后的发展奠定基础。

3. 转岗培训

转岗培训是指对需要转换岗位、工种、职业的人员所进行的培训。转岗培训是组织人力资源调配过程中产生的必然现象。在组织发展过程中，组织所需的一部分新的人力资源要由组织内部的现有人员来补充，这就需要对这部分人员进行培训以适应新的工作岗位的要求。转岗培训的内容以新的工作岗位所需的知识和技能为主，目的是使员工尽可能快地适应新岗位的要求。

4. 晋升培训

晋升培训是指对计划晋升职务的人员所进行的专项培训。晋升培训的目的是使晋升者提高工作能力，开阔视野，转换角色，以适应新职务的要求。晋升培训的内容可根据受训者职务的高低及其所需的素质，分层次设计。

此外，为了提高人员培训的效果，一方面，要选择适当的培训方式，比如是在职培训还是离职培训；另一方面，要通过相应的途径和手段，运用一定的标准对培训效果进行评价。

案 例
斯隆的管理

早在杜兰特引退以前，斯隆就对经营管理问题颇有研究。斯隆在 1918 年时担任通用汽车公司一个配件制造事业部的副总经理，并在不久后成为公司董事和经营委员会委员。他于 1920 年 5 月完成了一份关于通用汽车公司组织机构改革的详尽报告，但并未受到杜兰特的重视。1920 年 12 月通用汽车公司被皮埃尔·杜邦接管后，由杜邦将此计划提交董事会讨论，并大致按其原来的形式被接受。不久以后斯隆担任了经营副总经理，1922 年 4 月 25 日他被任命为通用汽车公司的财务委员会委员，1923 年 5 月 10 日他成为通用汽车公司的总经理。

斯隆所提出的"具有协调控制的分权"，其基本思想是，经营管理过程应该分权化，而考核或控制则应集权化。这一基本思想可进一步表述为：分权化理论所依据的是一种类似于原子竞争理论的思想。公司中每一项自身足以独立的活动都允许在自由企业体制规则的总框架内自主经营。经营自由能够使每项活动及其领导者作出最大的贡献，因为他们对自身情况有充分的了解。经营自由受到否决权的制约，而协调的控制制度规定了行使否决权的范围并明确责任。

这种分权经营、协调控制模式的基本框架是：

(1) 最高层管理部门在考虑到长期发展、周期的和季节的波动、生产能力、竞争状态等因素的基础上，决定整个公司的短期计划和长期计划，并决定每个事业部的经营范围。在这个计划过程中虽然也考虑到各个事业部的意见和建议，但只有这些意见和建议适合于整体计划时才被接受。

（2）事业部经理负责处理本事业部工厂和销售机构中的生产和销售事务，任命除了高层经理人员以外的各种人员，决定生产方法和设备，处理绝大多数采购、代理商合同与特许权，以及广告和公共关系等方面问题，但他们的决定可能会受到最高管理部门的核查和考问。

对斯隆本人来说，他在通用汽车公司的大部分时间用于中枢管理部门内的这些管理机构的发展、组织和定期改组。他强调指出："为决策提供合理的结构是至关重要的。"

资料来源：https：//www.docin.com/p-1593773522.html.

案例讨论

1. 斯隆所提出的"具有协调控制的分权"是一种什么样的领导方式和组织结构？其基本特点是什么？

2. 斯隆是如何处理通用公司的集权与分权关系的？

复习思考题

1. 组织工作的作用有哪些？

2. 简述按地区组建工作部门的优点。

3. 组织权力的特征有哪些？

4. 简述参谋职权与直线职权的关系。

5. 简述正确授权的步骤。

6. 试述设计组织结构应遵循的原则。

7. 试述人员配备的基本要求。

第六章　领导

县令买饭[①]

南宋嘉熙年间，江西一带山民叛乱，身为吉州万安县令的黄炳，调集了大批人马，严加守备。一天黎明前，探报来说，叛军即将杀到。

黄炳立即派巡尉率兵迎敌。巡尉问道："士兵还没吃饭怎么打仗？"黄炳却胸有成竹地说："你们尽管出发，早饭随后送到。"黄炳并没有开"空头支票"，他立刻带上一些差役，抬着竹箩木桶，沿着街市挨家挨户叫道："知县老爷买饭来啦！"当时城内居民都在做早饭，听说知县亲自带人来买饭，便赶紧将刚烧好的饭端出来。黄炳命手下付足饭钱，将热气腾腾的米饭装进木桶就走。这样，士兵们既吃饱了肚子，又不耽误进军，打了一个大胜仗。这个县令黄炳，没有亲自捋袖做饭，也没有兴师动众劳民伤财，他只是借别人的人，烧自己的饭。县令买饭之举，算不上高明，看来平淡无奇，甚至有些荒唐，但却取得了很好的效果。

一个优秀的管理人员，不在于你多么会做具体的事务，因为一个人的力量毕竟是有限的，只有发动集体的力量才能战无不胜，攻无不克。管理人士尤其要注重加强培养自己驾驭人才的能力，知人善任，了解什么时候什么力量是自己可以利用以助自己取得成功的。

四两拨千斤，聪明的人总会利用别人的力量获得成功，优秀的领导者最大的本事就是善于发动别人做事。

领导是管理职能中的一项非常重要的职能，是连接管理职能计划、组织、控制的纽带。在现实生活中，领导的职能贯穿于管理工作的各个方面，如何有效地实施领导，是现代管理者必须要掌握的一项基本技能。本章主要讨论领导、激励和沟通三大管理课题。

---

① 参考资料：https://www.docin.com/p-3116872805.html.

第一节 领导概述

一、领导的概念

（一）领导的含义

《现代汉语词典》中的领导有两层含义：一层含义是指率领并引导，是动词；另一层含义是指担任领导工作的人，是名词。因此，对于领导的概念可以从两个方面来理解：一方面，作为名词，领导是指组织的领导者，是拥有正式领导职位的个人；另一方面，作为动词，领导是指挥、带领、引导和鼓励组织成员为实现目标而努力的过程。从现代管理学的角度来看，领导是指在社会管理活动中具有影响力的个人或集体，在特定的组织结构中，通过示范、说服、命令等途径，动员组织成员以实现组织目标的过程。在这个定义中，包含了三层含义：

（1）领导的本质是影响力。从这个角度来看，领导是领导者对被领导者施加影响的过程，领导者不仅要指导下属做什么，而且要影响下属如何做，使员工表现出符合组织期望的行为。领导者靠其影响力让组织中的人自愿并努力为实现群体目标而工作。

（2）领导是一个过程。领导者把组织中的人吸引到他的周围来，获取组织成员的信任，让他们心甘情愿地追随，对一位领导者来说，这不是瞬间能够完成的，而是一个需要领导者充分运用智慧、经验和能力的过程。

（3）领导的目的是通过影响员工达到组织的目标。任何领导活动都有目标，没有目标，就会迷失方向，领导是一个目的性很强的行为过程，领导者不仅要鼓励组织成员提高工作的自愿程度，而且情愿以满腔热忱来工作，鼓励他们为实现组织目标而努力。

马克思主义者自觉地认定领导者是被领导者——人民群众，在特定历史时期为完成其特定历史任务的一种工具，这是领导者与统治者的根本区别。领导者当然握有权力，但权力是被领导者授予的，是履行领导者的职责，是为被领导者服务的工具。领导就是服务，大体包括以下几层含义：

（1）领导的根本目的，是为人民谋利益。领导者是群众利益的代表者和群众意志的执行者。领导在实际生活中能否真正成为人民利益的代表，集中地表现在能否全心全意地为人民服务这个根本问题上，领导者只有全心全意地为人民服务，才能真正代表人民的利益。

（2）领导的宗旨是为人民的自身解放与发展服务。毛泽东指出："人民，只有人民，才是创造世界历史的动力。"领导者不是救世主，人民的解放与幸福，不是靠领导者恩赐，而是人民自己奋斗与创造的结果。领导的宗旨，是为人民的这种奋斗与创造服务。

（3）领导者的服务方式首先是或主要是制定和实施正确的决策。领导者与服务行业同是为人民服务的，但在服务方式上是不同的：前者是决策层的服务，后者是操作层的服务；前者是概括型的、是进行集中的服务，后者是非概括型的、是直观的服务；前者是通过一定的体制实现的，是一种集体效益，后者则可以直接实现；前者服务的对象首先是群体，是众多的人，后者服务的对象则首先是或往往是个人。

课程思政小贴士

思政元素：马克思主义领导观的实质：领导就是服务。中国改革开放的总设计师邓小平说过，"什么叫领导？领导就是服务。"这是对马克思主义关于领导本质的精辟概括。

教学意图：从马克思主义的人民史观出发，了解领导的本质就是服务的深刻含义。

（二）领导与管理的联系与区别

领导工作是管理的一项重要职能，但是领导工作并不等于管理。在本书第一章中，已经讨论了管理的定义。管理就是为了实现组织的目标，而对组织的各种资源进行有效的计划、领导、组织、协调和控制的过程。可见，管理工作的范围比领导工作的范围要广泛得多，它不仅仅限于领导工作，还包括计划、组织、协调和控制等其他职能。领导工作只是管理的基本职能之一，其根本任务是协调人与人之间的关系，激励组织成员为实现组织目标卓有成效地进行工作。

当然，尽管领导工作是管理的一项独立的职能，但并不能把它理解为管理过程中的一个独立阶段。领导工作贯穿于管理的全过程，存在于管理过程中的各个阶段。计划工作、组织工作、协调工作和控制工作都离不开领导工作。没有领导工作，管理的其他职能将难以实现。因此，领导职能是一个有效管理工作的必备条件之一。国外有研究表明：管理工作职能的运用只能发挥员工60%的工作能力，而领导工作职能的有效运用，则可以引发员工其余40%的才智。

（三）领导的作用

领导活动直接影响着管理的水平和效益，对管理活动具有决定性的影响作用。在带领、引导和鼓舞组织成员为实现组织目标而努力的过程中，领导者起到以下几方面的作用：

1. 指挥引导作用

一个组织的正常运转，离不开领导者的正确指导，领导者应该帮助组织成员认清所处的环境和形势，指明活动的目标和达到目标的途径。一方面，领导者需要头脑清晰、胸怀全局，能高瞻远瞩、运筹帷幄，有能力为组织指引战略方向和远大目标；另一方面，领导者必须身先士卒，亲身实践，用自己的行动带领员工为实现组织目标而努力，只有这样，领导者才能真正起到指挥引导的作用。

2. 沟通协调作用

在组织活动中，即使大家有共同的目标，但由于每一位组织成员的能力、态度、性格、地位等各不相同，各部门往往也有自己的部门利益，加上各种外部因素的干扰，组织成员在思想上会发生各种分歧，行动上也会偏离目标，这对组织的发展非常不利，因此，需要领导者来沟通协调组织成员之间的关系。通过沟通协调，使组织成员对共同问题能彼此了解，达成共识，这样才能朝着共同的目标继续前进。

3. 激励鼓舞作用

在竞争越来越激烈的现代商业社会中，一个人的生活、学习和工作总会遇到困难、挫折甚至不幸，个人所工作的组织也会遭遇各种困境，加上组织激发组织成员的个人目标与组织目标不可能完全一致，这些都会影响到其工作的积极性，这时作为组织的领导，必须调动组织中每个成员的积极性，激发组织成员的工作热情，使其以高昂的士气自觉地为组织工作。

二、领导理论

领导者要对下属进行有效的领导，首先必须正确地认识和对待下属，所有领导者必须清楚一个问题：人性的本质是什么？因为每个领导者都有一套他对人的本性的假设，这些假设引导他决定应采用的领导行为。这就是所谓的"人性的假设"。人性问题是人的本质问题。早在中国古代，就有人性的善恶之辨，长期的封建社会管理就是建立在"人之初、性本善"的人性假设基础上的。西方对人性的系统研究，最初来源于1776年出版的《国富论》，亚当·斯密（Adam Smith）在书中认为个人的一切活动都受"利己心"支配，每个人追求个人利益促进整个社会的共同利益，这种个人利益的追逐者就是"理性经济人"。在现实社会中，人们并不是完全理性的，而是由本性支配的，因而可以通过理解这些本性，揭开迄今未经探索过的心灵的秘密。回顾管理科学的发展历史，可以看到人性假设是任何系统的管理学理论都无法回避的，而且各种管理理论也都选择了不同的人性假设作为理论基础。

（一）马克思主义领导理论

马克思主义认为，人类社会存在两种关系，自然关系和社会关系，人的本质离不开同自然的关系，但更重要的是由社会关系决定的，一切现实的人都是"一切社会关系的总和"。在一切社会关系中，生产关系是主要的社会关系，是"决定其余一切关系的基本的原始的关系"。在生产关系的基础上，人们进一步形成了政治的、法律的、道德的、宗教的以及行业间的等复杂的社会交往，并从不同侧面、不同层次反映人的本质。马克思主义对人的本质的科学揭示，为马克思主义领导理论奠定了坚实的基础。

19世纪初期，无产阶级作为独立的政治力量登上历史舞台。实践要求无产阶级必须有自己的领导者对自身运动进行思想领导、政治领导和组织领导。革命导师马克思和恩格斯，以辩证唯物主义和历史唯物主义为武器，适应社会主义运动发展的需要，汲取人类文明历史的领导思想成果，总结工人运动的实践经验，创立了马克思主义领导理论，鲜明地提出了无产阶级的领导观，确立了无产阶级崭新的领导原则，阐明了无产阶级一系列领导思想，为无产阶级及其政党的领导提供了强大的武器。

马克思主义领导理论，主要思想和观点如下：

（1）关于领导产生和领导权威建立的历史必然性。在马克思恩格斯看来，领导和权威在任何社会都是必需的，只是形式和性质不同而已。

（2）关于共产党的领导地位和作用。马克思恩格斯没有停留在领导的一般属性的论证上，他们的着力点是论述无产阶级及其政党的领导问题。建立无产阶级政党，保持其独立性并发挥领导作用，是无产阶级取得胜利的根本保证。这一思想是马克思主义领导思想的主要观点和鲜明特点。

（3）关于无产阶级领导的本质。马克思恩格斯重视无产阶级政党——共产党的领导地位，并致力于揭示无产阶级领导行为的本质。他们认为，作为无产阶级革命斗争的领导者，作为无产阶级根本利益的代表者，共产党人没有任何同整个无产阶级的利益不同的利益，无产阶级领导者应当是"社会的负责的公仆"。这一本质决定了无产阶级政党要实现领导，必须取得无产阶级和广大群众的信任和支持，这是无产阶级区别于其他阶级领导思想的分水岭。

（4）关于无产阶级领导权实现的形式和条件。马克思和恩格斯认为，无产阶级领导权的实现，必须具备以下条件：第一，要有一个无产阶级政党的组织，即要有一个革命的政党来实现对本阶级的领导；第二，无产阶级要实现对同盟军的领导，取得农民和城市小资产阶级的同情和支持；第三，无产阶级政党必须拥有自己的领导集团和干部队伍，在领导集团内部要实行又有民主又有集中的领导制度；第四，为了有效地实现领导，共产党必须制定出一整套科学的战略策略，并根据变化了的客观形势及时恰当地调整自己的战略和策略。

在当今世界的管理实践中，除了马克思主义领导理论，还有其他领导理论，这些非马克思主义的领导理论，对我们正确理解和实施管理，仍然具有一定的借鉴和参考意义，下面简要介绍这些非马克思主义的领导理论。

课程思政小贴士

思政元素： 马克思主义从社会实践出发，科学地揭示了人的本质。马克思在《关于费尔巴哈的提纲》中指出："人的本质不是单个人所固有的抽象物，在其现实性上，它是一切社会关系的总和。"①

教学意图： 从马克思主义的关于人的本质的重要论断出发，深刻理解管理作为一种社会活动，反映了人的本质。

（二）人性假设理论

对人性的基本看法，从根本上影响着领导方式。所以，对人性问题的研究，几乎是伴随着领导科学的产生和发展进行的。19世纪末以来，随着管理科学的长足发展，先后出现了人性假设理论：19世纪末到20世纪初，出现了以泰罗为代表人物的"经济人"的人性假设理论；20世纪30年代出现了以梅奥为代表人物的"社会人"的人性假设理论。下面我们对管理学的人性假设理论逐一作介绍。

1. "经济人"假设理论

"经济人"假设又称"唯利人"假说，该理论认为人的行为就是为了追求最大利益，工作的目的就是为了物质上的报酬。"经济人"假设认为：人生来就是懒惰的，不愿意负任何责任，宁愿让别人领导与指挥；参加工作都是为了自己的生理和安全需要，只有金钱和物质利益才能刺激他们工作。其代表人物是泰罗。

对"经济人"假设理论的评价：

（1）优点在于提出了一切管理都不能单凭个人的经验、个人意见来决定，而应依据科学实验和科学分析。

（2）这种理论也存在一些致命的弱点：它忽视了人在生产过程中行为活动的心理动机，把工人当成机器的一部分；它忽视管理组织的作用，低估了统一指挥在整个管理过程中的作用。

与"经济人"假设这种人性相适应，管理者采用的是"胡萝卜加大棒"的管理方式，注重物质刺激，并实行严格的监督和控制。

2. "社会人"假设理论

"社会人"又称"社交人"。该假设认为：人是社会人，调动人的工作积极

---

① 马克思恩格斯文集（第1卷）［M］．北京：人民出版社，2009：501.

性最重要的因素不是物质利益，而是人的社会心理需要的满足程度；组织成员的"士气"是提高生产率最重要的因素；重视人际关系的协调；重视非正式组织的影响，鼓励组织成员参与管理。

对"社会人"假设理论的评价：

"社会人"假设注意到了员工的心理方面的需要，这和"经济人"假设相比是一个重大的进步，使人性受到较大的尊重。这种假设要求管理者在管理过程中要营造一种和谐的人际关系氛围，使组织成员在良好的社会关系中积极地工作。

（三）领导行为理论

许多西方管理学家和心理学家针对管理中的领导行为，进行了长期的调查和研究，提出了各种领导理论，这些领导理论主要包括：

1. 领导行为二元四分理论

该理论是在 1945 年由美国俄亥俄州立大学的工商企业研究所斯托格迪尔（Stogdill）和沙特尔（Shartle）两位教授提出来的。他们对大型组织的领导行为做了大量的一系列深入研究，通过逐步概括和归类，对 1000 多种描述领导行为的因素进行筛选，最后将领导行为的内容归纳为两个方面：关心人和关心组织。由于每方面都有高低之分，因而两方面联系起来便构成四种情况，即领导行为二元四分论，如图 6-1 所示。

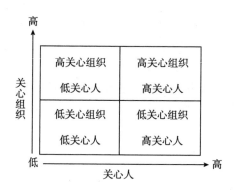

图 6-1　领导行为二元四分理论

根据这样的分类，领导者可以分为四种基本类型：

（1）高关心组织—低关心人。这种类型的领导者注意严格执行规章制度，建立良好的工作秩序和责任制，但不注意关心爱护下属，这是一个严厉的领导者，是以工作任务为中心的领导方式。

（2）高关心组织—高关心人。这种类型的领导者注意严格执行规章制度，同时也很关心下属，与下属关系融洽，想办法调动组织成员的积极性，在下属的心中既可敬又可亲，这是一位高效成功的领导者，是一种理想的领导方式。

（3）低关心组织—低关心人。这种类型的领导者不注意关心爱护下属，基本不与下属交换意见和信息沟通，与下属的关系也不融洽，也不注意执行规章制度，工作无序，效率低下，这是一种效果最差的领导方式。

（4）低关心组织—高关心人。这种类型的领导者注意爱护下属，经常与下属交换思想，与下属感情融洽。但组织规章制度不严，工作秩序不佳，这是一个仁慈的领导者，是以人为中心的领导方式。

二元四分理论尝试从两个角度考察领导者的领导行为，为研究领导行为指出了一个新途径。从图6-1中可以看出，关心组织和关心人这两种领导方式不应该是相互矛盾和相互排斥的，而应该是相互联系的，一个领导者只有把这两者相互结合起来，才能进行有效的领导。

2. 领导行为方格理论

领导行为方格理论是由美国得克萨斯大学心理学教授布莱克（Blake）和莫顿（S. S. Monton）二人首先提出和阐释的。他们在领导行为二元四分理论的基础上，依据管理中领导者对工作组织和对人的关心程度不同，提出了领导行为方格理论。如图6-2所示：

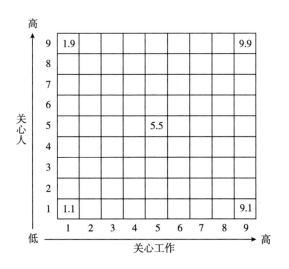

图6-2　领导行为方格理论

在领导行为方格理论图中，横坐标表示领导者对工作组织的关心程度，纵坐标表示领导者对人的关心程度，每个坐标轴都分为九等分，由此形成81个方格，这样就把领导者的领导行为划分为不同的类型。

布莱克和莫顿在管理方格图中列出了 5 种典型的领导行为，并对其进行了分析：

（1）9.1 型：任务型领导。这种类型的领导者高度关心生产和效率，而不重视人的因素。这种领导集中精力抓生产，关注生产任务的完成，但不关心人的因素，下属只能奉命行事。这样，易使员工失去进取精神，不愿用创造性的方法去观察问题、解决问题，不能施展所有的才能。

（2）1.9 型：俱乐部型领导。这种类型的领导者只关心人而不关心生产。这种领导方式的领导者认为，只要职工心情舒畅，生产自然会好，不管生产情况如何，都要重视职工的情绪，对指挥、监督、规章制度等重视不够，这种管理的结果可能很脆弱，一旦和谐的人际关系受到影响，生产状况就会随之下降。

（3）5.5 型：中间型领导。这种类型的领导者既不过于重视人的因素，也不过于重视生产因素，努力保持和谐和平衡。使二者保持正常状态，这种方式虽然比 1.9 型和 9.1 型有进步，但是由于固守传统习惯，缺乏创新精神，安于现状，不能充分发挥下属的创造性，因而从长远发展角度来看，会使企业在激烈的市场竞争中失去优势。

（4）1.1 型：贫乏型领导。这种类型的领导者对人和生产的关心程度都很差，领导对员工漠不关心，领导本人也极少投入精力去完成所必须做的工作，最终将会导致企业破产。在实际管理中，一般很少会出现这种领导方式。

（5）9.9 型：战斗集体型领导。这种类型的领导者对生产和人的关心都达到最高点。在这种领导方式下，职工在工作上能得到支持和关怀，相互协作，共同努力实现企业的目标；领导者处处关心职工，努力使职工在完成组织目标的同时，满足个人需要。应用这种方式的结果，可以使职工充分发挥自己的智慧，创造性地完成工作。干群关系密切和谐，有利于组织目标的实现。

在上述五种典型的领导行为中，最有效的是 9.9 型，以下顺序排列为 9.1 型、5.5 型、1.9 型、1.1 型。管理方格理论对于培养有效的领导者是有效的工具，它提供了一个衡量领导者所处领导状态的模式，使领导者比较清楚地认识到自己的领导方式，并指出了改进的方向。那就是作为一名领导者，应该客观地分析组织内外的各种情况，把自己的领导方式改造成 9.9 型的战斗集体型领导，以求得到最高的效率。

3. 领导作风理论

领导作风理论主要研究领导者工作作风的类型以及不同工作作风对组织成员的影响，以期寻求最佳的领导作风。这一理论的创始者是心理学家勒温（Lewin）。他以权力定位为基本变量，通过试验来研究不同的工作作风对下属群体行为的影响，认为存在着三种极端的领导工作作风，即专制式的领导作风、民主式的领导作风和放任自流式的领导作风。

（1）专制式的领导作风。专制式的领导作风是指权力完全定位于领导者个人手中，以权力服人，靠权力和强制命令让人服从的领导作风。专制领导作风的领导者通常表现为：独断专行，从不考虑他人的意见，由领导者自己做出所有的决策；领导者亲自设计工作计划，制定工作内容并进行人事安排，下属没有机会参与决策，只能奉命行事；领导者与下属保持一定的心理距离，很少参加群体活动，与下属缺乏感情交流；领导者主要靠行政命令、规章制度来管理，很少奖励。

（2）民主式的领导作风。民主式的领导作风是指权力定位于群体，以理服人、以身作则的领导作风。民主式领导作风的领导者主要表现为：领导者鼓励、协助由群体讨论决定组织的政策；领导者分配工作时会尽量照顾个人的能力、兴趣，工作安排并不非常具体，下属有较大的工作自由、较多的选择性和灵活性；领导者主要以非正式权力使人服从，多使用商量、建议的口气；领导者与下属无任何心理上的距离，积极参与团体活动。

（3）放任自流式的领导作风。放任自流式的领导作风是指权力定位于每个组织成员手中，工作事先无任何布置，事后也无检查，一切悉听尊便，毫无规章制度的领导作风。放任自流领导作风的领导者在组织内实行的是无政府管理，是一种俱乐部式的领导行为。

为了分析不同领导者作风对群体成员所产生的影响，勒温于1939年进行了不同领导作风对群体影响的实验。他把一群10岁的儿童分为三个小组，由三个经过专门训练、代表三种典型的领导作风的成人轮流在各小组担任领导，组织儿童从事制作面具的活动。使每个小组都经过专制作风、民主作风和放任自流作风的领导。实验结果表明，三种不同的领导作风对群体产生的影响差别很大。放任自流作风的领导效率最低，他所领导的群体在功能工作中只达到了社交目标，而没有达到工作目标，产品的数量和质量都很差。专制作风的领导，虽然通过严格的管理，使群体达到了工作目标，但群体成员的消极态度和对抗情绪也不断增长。民主领导的作风工作效率最高，他所领导的群体不但达到了工作目标，而且达到了社交目标，儿童们表现得很主动、很成熟，并显示出较高水平的积极性。

比较三种领导方式的优劣，大多数人都认同民主型领导，但从实际情况来看，无论哪种领导方式在不同的环境条件下都有成功的事例。例如，遇到危急情况，处事原则、方法和程序不能有违；或发生内部矛盾，用民主方法不能解决时，采用专制型领导方式也许会更有成效。因此，不可简单地说哪种方式更有效。问题在于如何根据具体情况，选择合适的领导方式。

4. 领导行为连续统一体理论

美国管理学家坦南鲍姆（Tannenbaum）和施米特（Schmidt）在 1958 年的《哈佛商业评论》杂志上发表了《怎样选择领导模式》一文，提出了领导连续统一体理论。他们指出，领导行为是包含了各种领导方式的连续统一体，从专制型到放任型，存在着多种过渡形式，并不只是专制型、民主型、放任型三种。如图 6-3 所示：

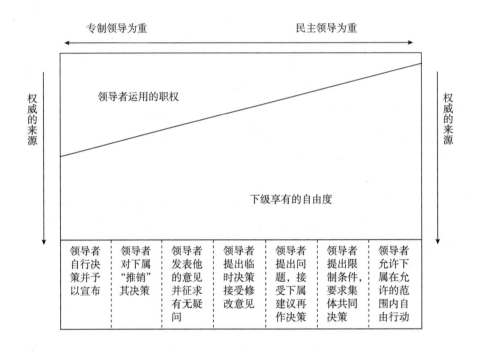

专制领导为重　　　　　　　　　　　民主领导为重

权威的来源

领导者运用的职权

下级享有的自由度

权威的来源

| 领导者自行决策并予以宣布 | 领导者对下属"推销"其决策 | 领导者发表他的意见并征求有无疑问 | 领导者提出临时决策接受修改意见 | 领导者提出问题，接受下属建议再作决策 | 领导者提出限制条件，要求集体共同决策 | 领导者允许下属在允许的范围内自由行动 |

图 6-3　领导行为连续统一体理论

图的两端分别是专制和民主两种极端的领导行为。从左到右，领导者运用的职权逐渐减少，下属享有的自由度逐渐加大，从以工作为主逐渐转变为以关系为主。随着领导者授权度以及决策方式的不同，就形成了一系列的领导方式，构成了一个连续模型。

（1）领导者作出并宣布决策。在这种方式中，领导者确认一个问题，考虑解决问题的方法，从中选择一个，然后向下属宣布，以便执行。下属没有参与决策的机会，只能是服从他的决定。

（2）领导者"推销"决策。领导者承担确认问题和做出决定的责任，他可能意识到下属有不同意见，所以不是简单地宣布决定，而是说服下属接受他的决策。

（3）领导者提出计划并允许提出问题。在这种方式中，领导者作出决策，并期望下属接受这个决策，但他向下属提供一个有关他的想法的详细说明，并允许提出问题，这样他的下属能更好地了解他的计划。

（4）领导者提出可以修改的暂定计划。在这种方式中，允许下属对决策发挥某些影响，确认问题和决策的主动权仍然在领导者手中，他先提出一个暂定计划，然后征求有关人员的意见。

（5）领导者提出问题，征求意见，作出决策。在这种方式中，虽然确认问题和决策权仍然归领导者，但下属有决策权。下属可以提出各种解决方案，以便领导者从自己和下属的方案中做出选择。

（6）领导者规定界限，让团体作出决策。在这种方式中，领导者将决策权交给团体，他只需要在此之前，解释需要解决的问题并作出相应规定。

（7）领导者允许下属在规定的范围内行使职权。在这种方式中，团体有很大的自由，如果领导者参与决策过程，也只能以普通成员的身份参加。

领导行为连续统一体理论认为，领导者选择哪种领导方式，主要取决于三个因素，即领导者、下属和环境。依据这三个因素各自所处的优势地位和相互影响程度来作判断和抉择。因此，不能硬性确定哪一种领导方式总是正确的，哪一种领导方式总是错误的。正确的领导方式，正是从以上三个因素的综合考虑来选择适宜的领导方式，在一系列的领导方式中任选其一。

5. 权变理论

权变理论又称情景理论。是在特性理论与行为理论的基础上发展起来的，反映了现代管理理论发展的重要趋势。权变理论认为，世界上不存在一种普遍适用、唯一正确的领导方式，只有结合具体环境，采取因时、因地、因事、因人制宜的领导方式，才是有效的领导方式。有影响力的权变领导理论主要有：菲德勒（Fiedler）的随机制宜领导理论，罗伯特·豪斯（Robert House）的途径—目标理论，阿吉里斯（Argyris）的不成熟—成熟理论，科曼（Korman）的领导生命周期理论，赫塞（Hersey）和布兰查德（Blanchard）的情景领导理论。下面主要介绍菲德勒的随机制宜领导理论。

随机制宜领导理论认为各种领导方式都可能在一定环境内有效，这种环境是多种外部与内部因素的综合作用的结果。

随机制宜领导理论将权变理论具体化为三个方面，即职位权力、任务结构和上下级关系。所谓职位权力是指领导者所处的职位具有的权力的大小，或者说领导的法定权、强制权、奖励权的大小。如果权力越大，而且群体成员遵从指导的程度越高，则领导环境也就越好；反之，则越差。任务结构是指任务的明确程度和部下对这些任务的负责程度。如果这些任务越明确，而且部下责任心越强，则领导环境越好；反之，则越差。上下级关系是指下属乐于追随的程度。如果下级对上级越尊重，并且乐于追随，则上下级越好，领导环境也越好；反之，则越差。

随机制宜领导理论认为环境的好坏对领导的目标有重大影响。对低 LPC (Least-Preferred Co-worker，最难共事者) 型领导来说，比较重视工作任务的完成。如果环境很差时，他将首先保证完成任务；如果环境较好时，任务能够较好地完成，这时他的目标将是搞好人际关系。对高 LPC 型领导来说，比较重视人际关系。如果环境较差时，他将首先将人际关系放在首位；如果环境较好时，人际关系也比较融洽，这时他将追求完成工作任务。

随机制宜领导理论认为，领导者的风格是不能改变的，一旦领导风格与情景发生冲突，可以采取的措施是：更换领导者或改变情景以适应领导者。因此，某一领导风格，不能简单地区分优劣，因为在不同条件下都可能取得好的领导绩效。换言之，在不同情况下，应采取不同的领导方式。

三、领导艺术

为了有效地实现领导的作用，实现组织目标，领导者必须掌握高超的领导艺术，一般主要表现为：决策艺术、用人艺术、人际交往艺术、时间管理艺术、创新艺术和处理紧急事件的艺术等。

（一）决策艺术

决策是人们对未来实践的方向、目标以及使之实现的程序和手段做出的抉择，也就是对未来的方向、目标及手段、方法经过选择和判断做出的决定。决策艺术是领导者综合能力的表现，体现领导者的政治成熟度及业务知识能力多样性的统一。领导者要遵循决策的程序化，决策的过程也要力求科学化，不能简单地拍脑袋、凭经验和直觉。决策艺术一般包含以下几个方面：

1. 处理信息的艺术

要进行决策，首先要掌握决策所需要的各种信息。各种决策方案的可行性，在很大程度上取决于信息的及时、准确和完整。因此，能不能有效地获取、利用和加工信息，需要具有高超的艺术。

2. 决策方法的选择艺术

不同的决策应采用相应的决策方法，对于程序性、短期性的决策，管理者凭自己长期积累的知识和经验，以及相关能力，并根据已知情况和现有资料，通常是可以提出比较正确的决策目标、方案和作出最后的抉择。对于战略性的长期决策，一般宜采用集体决策或定量的方法。因为这种决策关系到全局长远的发展，应当发挥集体智慧，广泛听取各方意见，采用科学的决策技术，以防决策失误。

为了使未来的行动能够成功，要求决策者有广博的知识，同时还要有敏锐的观察力、判断力，还要有严格的科学态度，重真理、不浮躁，勇于打破陈旧观念，开创新局面。因此，决策者要不断地努力提高自身的素质。

（二）用人艺术

马克思主义历来认为，人是世界上最可贵的。而在人中，人才更为重要，尤其是领导人才。当今世界各国综合国力的竞争归根到底是人才的竞争。用人是领导者的重要职责和基本职能，也是领导活动自身的要求，在用人上，领导者要掌握有效激励的艺术，选人的艺术，科学用人的艺术，表扬和批评的艺术。

1. 有效激励的艺术

激励方法主要是：物质激励法、精神激励法、工作激励法等。有效激励要遵循一定的原则，有的放矢地进行。

2. 选人的艺术

选用什么样的人才，作为领导者应掌握以下几个方面的原则：

（1）坚持德才兼备，切勿求全责备。"德才兼备"和"四化"（即革命化、年轻化、知识化、专业化）方针是选才总的原则精神。一般来说以德为主，但有德无才也不行。一个成功的领导者在选拔人才时应做到兼容宽人，不以己律人，不强人所难，应能正确地自我认识和认知他人。要合理地确立人才标准，使组织内部人人都能各得其所，各得其用，各尽职守。

（2）大胆选拔新人，切忌论资排辈。领导者在选才时，要正确处理德才与资历的关系，以德才为准，在同等的条件下，以选拔新生力量为准。

（3）举荐有胆有识之才，戒唯顺唯亲之风。我们要选拔大批胆识过人、人格健全、个性鲜明的开拓型人才。这些人往往有独立见解，不以领导者的眼色为准，而以是否有利于组织目标的实现为行为准则。

3. 科学用人的艺术

科学用人的艺术主要表现在：一是知人善用的艺术。也就是用人用其德才，要用人所长，避人所短。二是量才适用的艺术。要帮助职工找到自己最佳工作的位置。三是用人不疑的艺术。对安排在与自己才能品德相适应岗位上的员工，就应当放手使用，合理授权，使他们能够对所承担的任务全权负责。四是用养并重的艺术。有眼光的领导，不仅善于选拔和使用人才，而且重视培养和造就人才，能坚持用养并重。

课程思政小贴士

思政元素： 在1938年10月召开的中国共产党第六届中央委员会第六次全体会议上，毛泽东就指出，我们党已经涌出并正在继续涌出很多的积极分子，我们的责任就在于组织他们、培养他们、爱护他们，并善于使用他们。

教学意图：使学生了解，选拔和使用干部，对于社会主义事业兴旺发达的极端重要性；坚持严管与厚爱相结合选拔培养教育干部，是我们党的重要经验。

4. 表扬和批评的艺术

表扬奖励人和批评或指责人，也需要有良好的技巧。一是要弄清需要表扬、批评的原因。即掌握事情的真实情况，确保批评的准确性。二是要选择表扬、批评合适的时机。三是要注意表扬、批评的场合。四是要讲求表扬、批评的态度。五是要正确运用表扬、批评的方式。

（三）创新艺术

创新是指人们发现了新方法、新技术或提供了新观点、新思想。创新是按照自然和社会发展的规律，提出改造自然、改造社会的新设想、新方案。创新应贯穿于整个领导活动之中，作为一个合格的领导者应具备开拓创新能力。所以，合格的领导者观察事物时具有独特的细致的敏锐性。能根据形势的发展变化，结合新的实践经验和时代条件，在思路的选择上、思考的技能和技巧上、思维的结论上有独到之处。与众不同，又合乎情理，比别人想得更深入、更透彻，提出人们想象不到、表达不出的新见解。同时也善于从生活的细微之处，从常人司空见惯、习以为常或熟视无睹的事情上发现问题，开动脑筋，引发思考，获得思维成果，这也是创新领导者应具备的一种思维特征。

课程思政小贴士

思政元素：广大青年一定要勇于创新创造。创新是民族进步的灵魂，是一个国家兴旺发达的不竭源泉，也是中华民族最深沉的民族禀赋，正所谓"苟日新，日日新，又日新"。（摘自习近平2013年5月4日在同各界优秀青年代表座谈时的讲话）

教学意图：使学生了解，敢于创新，善于创新，掌握高超的创新艺术，对于奋进中的中国，对于新时代领导干部的极端重要性。

第二节　激励

任何组织要想取得成功，都要使组织成员的行为符合组织的要求，如何引导员工围绕组织的目标，努力做好各自的工作，充分挖掘和发挥他们的潜能，这就有赖于领导者的激励。激励是管理的重要手段，特别是现代管理强调以人为中心，如何充分开发和利用人力资源，如何调动组织成员的积极性、主动性和创造性，是至关重要的问题。管理激励的功能就是以一定的行为规范、激发引导组织成员的行为，调动其积极性，以有效地实现组织及其成员个人的目标。

一、激励的含义与特点

（一）激励的含义

激励一词，通常被理解为激发、鼓励之意。具体来讲，激励是指通过一定的手段使员工的需要和愿望得到满足，以调动他们的工作积极性，使其主动而自发地把个人潜能发挥出来，从而保证实现组织目标的过程。这一定义中包含了以下几层含义：

（1）激励的目的性。无论采取何种激励行为都是为一个现实的、明确的目的服务的，因此，虽然激励是每一位管理人员要完成其管理任务所必须牢固掌握的必修课，但是任何希望达成某一目的的人都可以将激励作为一种手段。

（2）激励通过人们的需要或动机来强化、引导或改变人们的行为。人的行为来自动机，动机源于人的需要，激励活动是影响人的需要或动机，从而对人们的行为进行强化、引导或者改变。从本质上说，激励所产生的人的行为应是主动的、自觉的，如果激励不能改变人的内心状态而仅仅是被动的行为，是无法达成其既有的目的的。

（3）激励是一个持续反复的过程。激励是一个复杂的过程，将会受到多种复杂的外在因素、内在因素的交织影响，而且这种影响作用并非是即时的。

从激励的定义看，激励应该包括以下要素：

一是有被激励的人，也就是说激励的对象是人。

二是被激励的人有从事某种活动的内在的愿望和动机，而产生这种动机的原因是需要。

三是人被激励的动机强弱，即积极性的高低是一种内在变量，不是固定不变的。这种积极性是人们直接看不到、听不到的，只能从观察由这种积极性所推动而表现出来的行为和工作绩效上判断。

（二）激励的特点

激励是对人的潜在能力进行开发，它不同于对物质资源的开发，无法通过精确的计算来进行预测、计划和控制，因而具有其自身的特点。

（1）激励以人的心理作为出发点，激励的过程是人的心理活动过程，而人的心理活动不能凭直观感知，只能通过在其作用下的行为表现出来。

（2）由激励产生的动机、行为不是固定不变的，它们受到多种主客观因素的影响，在不同的时间、不同的场合，其表现必然不同。因此，必须以动态的而不是静止的观点去认识和观察这一问题。

（3）激励的对象是有差异的，人的需要也是不同的，而且是多方面的，从而决定了不同的人对激励的满足程度和心理承受力也是各不相同的。这就要求对不同的人要有不同的激励手段。

（4）激励的目的是使人的潜在能力得到最大限度发挥。但人的潜力不是无限的，它受生理因素的制约，也受人的自身条件的限制。不同的人，他们可能发挥的能力是不同的。所以，激励不能超过人的生理（如年龄、疲劳程度）和能力（胜任的能力）的限度，而应该是适度的。

二、激励理论

想要有效地激励员工，必须全面掌握各种激励理论。从 20 世纪 50 年代以来，有代表性的激励理论有：需要层次理论、双因素理论、期望理论、公平理论、强化理论等，这些理论从不同的侧面研究了人的行为动因。

（一）需要层次理论

美国著名心理学家亚伯拉罕·马斯洛（Abraham Maslow）在 1943 年出版的著作《人类动机的理论》和 1954 年出版的著作《动机与人格》中提出了需要层次理论，成为所有激励理论中提出最早、影响最广的理论。其主要内容如下：

1. 人的五个层次的基本需要

（1）生理需要。这是人最原始最基本的需要，主要包括食物、水、衣服、住所、睡眠及其他生理需要，人们为了能够生存下去，首先必须满足这些基本的生理要求。如果这些需要不能得到满足，那么人类的生存就成了问题。

（2）安全需要。当一个人的生理需要得到满足后，就想满足安全的需要，包括免受身体和情感伤害及保护职业、财产、食物和住所不受威胁。

（3）社交需要。人的生活和工作都不是孤立地进行的。马斯洛认为，人是一种社会动物，人们的生活和工作都不是孤立地进行的，而是在一定的社会环境中，在与其他社会成员发生的一定关系中进行的。马斯洛的社交需要包含两方面内容：一方面是爱的需要，即人都希望伙伴之间、同事之间的关系融洽或保持友谊和忠诚，希望得到爱情，人人都希望了解别人，也渴望被别人了解；另一方面为归属需要，即人有一种归属感，都有一种要求归属于一个集团或群体的情感，希望成为其中一员并得到关心和照顾。社交需要比生理需要更细致，它和一个人的生理特性、经历、教育和宗教信仰都有关系。

（4）尊重需要。包括自尊、自主和成就感等方面的需要，以及由此而产生的权力、地位、威望等方面的需要。人们都希望自己有稳定的社会地位，有对名利的欲望，要求个人能力或成就得到社会认可等。尊重需要得到满足，它使人对自己充满信心，对社会满腔热情，体会到自己生活在世界上是有价值的，尊重的需要一旦受到挫折，就会使人产生自卑感、软弱感、无能感，会使人失去生活的基本信心。

（5）自我实现需要。包括发挥自身潜能实现心中理想的需要，通过自己的努力，使潜在能力得到充分发挥，实现对生活的期望，这是马斯洛需要层次理论中最高层次的需要。

以上五种需要的关系如图6-4所示。

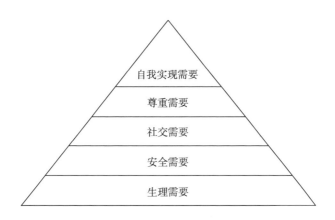

图6-4 马斯洛的需要层次理论

2. 五种需要之间的递进关系

马斯洛认为，人的五个层次的需要是由低向高排列的，相互之间是由低到高的递进关系，人的需要最先表现为生理需要，当生理需要得到满足后，生理需要消失，表现出安全需要，当安全需要得到满足后，安全需要消失，再表现出社交需要，依次递进，最终表现为自我实现需要。

3. 五种需要的动态性和个体差异性

马斯洛认为，越是低层次的需要，越为大多数人所拥有，越是高层次的需要，拥有的人越少。例如生理需要基本上每个人都经历过，但自我实现的需要可能只有少数人经历过。所以现实生活中低层次的需要容易得到满足，而高层次的需要满足起来比较困难。马斯洛认为，某一种需要并不因为高层次的要求获得满足而自己消失，只是对行为的影响比重减低而已。当一个人高级需要和低级需要都能满足时，也往往追求高级需要，因为高级需要更有价值，只有当高级需要得到满足时，才具有更深刻的幸福感和满足感，但是如果满足了高级需要，却没有满足低级需要时，有些人可能牺牲高级需要而去谋求低级需要，还有些人可能为了实现高级需要而舍弃低级需要。

（二）双因素理论

美国行为科学家赫茨伯格（Herzberg）在20世纪50年代末期通过对200多名工程师、会计师进行调查研究后，提出了双因素理论，又称为激励—保健因素理论。赫茨伯格把影响人的心理和行为的因素划分为保健因素和激励因素，认为提高劳动生产效率的关键在于使工作丰富化。

1. 激励因素

激励因素是指那些能激发、鼓励人的积极性的因素，激励人们去完成任务的因素，为激励人的行为提供环境条件的因素。激励因素是属于工作本身或工作内容方面的，具体包括：工作富有成就感、工作成绩得到肯定、工作本身的性质具有挑战性、负有更大的责任、职业得到发展、个人能力得到提高等。这些因素的改善能够激励职工的积极性和热情，从而提高工作效率。这些因素不具备时，也不会造成职工的极大不满。

2. 保健因素

保健因素是指那些能用来防止人们不满情绪产生的因素，具体包括：公司的政策与行政管理、技术监督系统、与上司的关系、工作环境或条件、工资薪金、与同事和下属的关系、地位、个人生活、工作安全等。这些因素都是属于工作环境或工作关系的问题，是人基本的要求。如果没有得到满足，职工将会产生不满情绪；如果改善这些情况，满足职工的需求，能够消除职工的不满情绪，能使他们维持原有的工作效率，但不能激发其积极性，使个人有更好的表现或提高工作效率，难以起到激励的作用。两类因素包括的内容如表6-1所示。

表6-1　保健因素和激励因素

保健因素（外在因素）	激励因素（内在因素）
公司（企业）的政策与行政管理	工作上的成就感
技术监督系统	工作中得到认可和赞赏
与上级主管之间的人事关系	工作本身的挑战性和兴趣
与同级之间的人事关系	工作职务上的责任感
与下级之间的人事关系	工作的发展前途
工作环境或条件	个人成长、晋升的机会
工资薪金	
个人生活	
职务、职位	
工作的安全感	

赫茨伯格的双因素理论修改了传统的满意—不满意观点，认为满意的对立面应该是没有满意、不满意的对立面应该是没有不满意。两种观点的比较如图6-5所示。

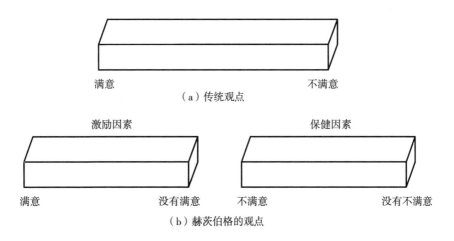

图6-5 双因素理论与传统观点的比较

因此，赫茨伯格认为，作为管理者，首先必须确保职工在保健因素方面得到满足，要改善他们的工作环境和条件，建立良好的工作关系，消除职工的不满。同时要充分利用激励方面的因素，为职工创造做出贡献和成绩的工作条件和机会，丰富工作内容，加强职工的责任心，使其不断在工作中取得成就，得到人们的赏识。这样才能调动职工的积极性，促使其得到不断进步与发展。

（三）期望理论

期望理论是美国心理学家和行为科学家弗鲁姆（Vroom）于1964年在《工作与激励》一书中首先提出来的。其基本观点是：

当人们预期到某一个行为能给个人带来既定结果，且这种结果对个人具有吸引力时，个人才会被充分激励起来，产生内在的激发力量完成这个特定的行为。这种激发力量的大小等于该目标对人的效价与人对能达到该目标的主观估计（即期望值）的乘积。用公式表示为：激励力量＝效价×期望值，或 $M = V \cdot E$。在这个公式中，E代表期望值（expectancy），是指一个人对达到目标可能性大小的主观估计，是个人根据以往的经验进行主观判断，估计一定行为能够导致某种结果的概率。在现实生活中，对同样的事情结果可能性估价，不同的人会很不一样，有的人趋于保守，有的人趋于冒险。

V代表效价（valence），是指一个人从事某项工作或达到一定目标对于满足个人需要的价值大小，它表明了一个人对某种成果的偏好程度。现实生活中，同样的需要对不同的人来说结果不一样，有的人相当重视，强烈期望满足这种需要，于是干劲十足，那么效价就为正值；有的人对此需要无所谓，有没有都漠不关心，那么效价就为零；有的人宁可不要出现这种结果时，那么效价就为负值。

M 代表激励力量（motivation），是指一个人所受激励的程度，即调动一个人的积极性、激发其内在潜力的强度，也是表明一个人为达到目标愿意努力的程度。

期望理论说明，如果一个人预计他做某件事成功的可能性越大，即期望值越大，认为这种成功对他越有价值即效价越大，他的工作积极性就越高，相反，积极性就会降低。因此，为了真正达到激励员工的目的，管理者不但要使员工有选择性地选择行动成果的强度，或加大其强度，即提高效价，促进其采取行动的积极性，同时要带动员工实现期望，提高其期望值，只有这样，才能真正起到激励作用。弗鲁姆提出的激励模式是西方行为科学家普遍接受的激励模式之一。

（四）公平理论

公平理论也称为社会比较理论，是由美国心理学家斯塔西·亚当斯（Stacy Adams）在其 1965 年出版的《社会交换中的不公平》一书中提出的。这一理论侧重研究工作成果报酬的合理性以及公平性对职工积极性的影响。

亚当斯指出，在组织中员工对自己是否受到公平合理的对待是十分敏感的。员工的工作动机和积极性不仅受其所得的绝对报酬（包括物质和精神的）的影响，而且受到相对报酬多少的影响，他们经常更关注的不是他所获得报酬的绝对值，而是与别人比较的相对值。在激励过程中，员工之间常常会自觉不自觉地把自己在工作中所付出的代价（包括时间、教育、经验、努力程度和负责精神等）与自己在工作成果方面取得的报酬（包括工资、组织对其承认和尊重的程度、职位的提升、人的社会关系的变化及其心理上的报酬等）同别的员工进行权衡比较，如果员工发现自己投入与收益的比例与别人的投入收益比例相等，便认为是应该的正常的，因而心情舒畅，工作努力，反之，内心就会感到紧张和不安，产生不公平感，可能就会有怨气、发牢骚，影响工作的积极性，从而会被激励去采取行动以消除或减少引起心理紧张不安的差异。员工之间权衡比较的方式大体为：

个人所得的报酬/个人的投入 = 另一个人所得的报酬/另一个人的投入。

在权衡比较中，可能出现三种情况：

（1）认为自己的报酬是合理的，是与别人平等的；

（2）认为自己的报酬不合理，太低了；

（3）认为自己的报酬不合理，太高了。

通过权衡，如果发现自己与别人平等的话，职工就会感到自己受到了公平合理的待遇，从而心情舒畅，努力工作。如果在与别人的比较中发现自己所得的报酬低于同等工作的人，就会产生不公平感，就会有满腔怨气。在这种情况下，他就可能采取以下方式：

（1）减少自己为工作所付出的代价；

（2）提出更高更合理的报酬要求；

（3）放弃原有的工作，或要求调动。

如果在比较中发现自己的报酬太高了，也会产生不平等感而引起思想上的压力。但这种不公平感不像报酬低时那样普遍。如果出现这种情况，领导者就可以采取：促进他为此付出更大的代价；减少对他的报酬；增加其工作量。

亚当斯的公平理论不仅就员工对自己所得报酬比较后的心理状态做了详尽的描述，而且还对比较后可能引起的行为变化进行了预测，这一些研究结果对领导者客观地评价工作业绩和确定合理的工作报酬以及敏锐地估计员工的行为是非常重要的。某些不公平现象可以在人们身上忍受一段时间，但公平问题长期得不到解决，其负面效应的积累就会造成突发性的事件与后果，这不能不重视，领导者进行激励时，要尽量使每个员工都得到公平合理的报酬和待遇，只有这样才能使员工感到满足，才能提高大家的积极性。

（五）强化理论

强化理论是美国哈佛大学心理学家斯金纳（Skiner）提出的。这个理论是从动物的实验中得出来的。刚开始斯金纳也只是将强化理论用于训练动物，如训练军犬或者马戏团的动物，后来斯金纳发现这个理论同样适用于人类行为。强化理论基于一个简单的假设：一个行为的结果如得到奖励，该行为就会趋向于重复；反之，一个行为如果招致惩罚的后果，该行为就会减少重复。斯金纳从心理学的角度对人的行为结果、对行为的反作用进行了深入研究，他发现：当行为的结果有利于个体时，这种行为就可能重复出现，行为的频率就会增加，反之，则会消退并终止，这种情形在心理学中被称为"强化"。凡能影响行为频率的刺激物则称为强化物。因此，在日常生活中，领导者可以通过控制强化物来控制员工的行为，让员工的行为朝着自己期望的方面去改造。如图6-6所示：

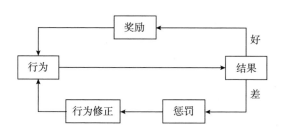

图6-6 强化理论

在领导活动中，应用强化理论去改造员工的行为一般有四种方式：

1. 正强化

正强化是指对某种行为予以鼓励、肯定、奖赏，使之更加频繁地发生并不断强化。正强化中的强化物不仅仅是奖金，也包括对成绩的认可、表扬、改善工作条件和人际关系、提升、安排担任挑战性的工作、给予学习和成长的机会等。这些都能起到正强化的作用，使人的行为更加积极主动。

2. 负强化

负强化是指通过撤销厌恶刺激，解除消极行为后果，以鼓励积极性行为的方法。负强化的办法也很多，比如批评、处分、降级等，甚至有时不给予奖励或少给奖励也是一种负强化，只是该负强化方式显得比较消极。

3. 惩罚

惩罚是指以某种强制性和威胁性的结果（如批评、降薪、降职、罚款、开除等）来创造一种令人不快甚至痛苦的环境，以表示对某些不符合要求行为的否定，从而消除或抑制这种行为重复发生的可能性。

4. 消退

消退是指对某种行为不给任何强化物，不理睬，使该行为反应频率下降的方法。例如，对某位员工的喜欢打小报告行为不予理睬，以表示对该行为的轻视或某种程度的否定，从而减少员工的这种行为的发生。

上述四种强化类型中，正强化是影响行为发生的最有力工具，因为它能增强或增加有效的工作行为，惩罚和消退只能使员工知道不应该做什么，但并没有告诉员工应该做什么。此外，负强化则会使员工处于一种被动的、不快乐的环境中，因此可能产生适得其反的结果。

三、激励的基本原则

在领导过程中，激励表现为领导者运用各种管理手段作用于组织的员工，使之为组织目标的实现而努力工作的动态过程。为了保证激励的有效性，在激励过程中，领导者要遵循一定的原则，来推动激励过程的顺利实施，最大限度地调动员工的积极性，发挥他们的创造性。

（一）物质激励与精神激励相结合的原则

物质激励与精神激励作为两种不同的激励类型，各有其不同的作用，但其目的都是为了调动人的积极性。而它们之所以能够调动人的积极性，则是因为它们能够从不同的方面满足人的某种需要，物质激励是对人们物质需要的满足，精神激励是对人们精神需要的满足。在当代社会，组织员工的需要呈现多元化趋势，既重物质利益的实现，又追求精神需要的满足。在激励过程中，领导者要全面了解组织员工需要的层次结构，一方面善于运用工资、奖金、福利和工作条件等物质激励手段，通过物质需要的满足来激发组织员工的积极性；另一方面高度重视精神激励手段的重要作用，满足组织员工在尊重、发展、成就等方面的需要，以形成强大、持久的激励作用。只有把物质激励与精神激励有机结合起来，才能达到有效激励的目的。

（二）公平公正原则

坚持激励的公平公正，就是要本着实事求是的态度，以客观事实为依据，以客观标准为准绳，恰如其分地进行激励。受奖者应确有受奖的功绩，受罚者应确有该罚的过错。因为员工感到任何不公的待遇都会影响他的工作效率和工作情绪，并且影响激励效果。取得同等成绩的员工，一定要获得同等层次的奖励；同理，犯同等错误的员工，也应受到同等层次的处罚。如果做不到这一点，领导者宁可不奖励或者不处罚。领导者在处理员工问题时，一定要有一种公平的心态，不应有任何的偏见和喜好。虽然某些员工可能让你喜欢，有些可能让你不太喜欢，但在工作中，一定要一视同仁，不能有不公的言语和行为。只有这样，激励的作用才能充分发挥。

（三）差异化和多样化原则

所谓差异化是指针对不同的个人采用不同的激励方式，组织的员工在需要结构、个性特征、能力素质等方面都存在着差异。有些员工对交往、归属等情感方面的需要十分强烈，有些则高度重视个人价值的实现，有些愿意从事高难度、有创造性的工作，有些愿意做一些常规化、程序化的工作等。随着组织内外环境的改变，组织员工的思想也在发生变化，这就表明，同一激励诱因作用于不同的员工、不同的环境和不同的时期会产生不同的激励效果。因此，在管理过程中，我们必须坚持差异化的原则，根据不同的激励对象、不同的时期和不同的环境采用相应的激励手段和方式，以求达到最佳的激励效果。

多样化就是不应拘泥于一种方式，而应该视情况不同，灵活运用多种激励方法。这是从激励的本质出发，既然激励的本质是满足个人的需要，而人的需要又是多种多样不断变化的，因而激励方式也应该是多种多样的。事实证明，在激励工作中，只有坚持差异化和多样化原则才能保证激励的有效性。

课程思政小贴士

思政元素：习近平总书记指出，坚持严管和厚爱结合、激励和约束并重，完善干部考核评价机制，建立激励机制和容错纠错机制，旗帜鲜明为那些敢于担当、踏实做事、不谋私利的干部撑腰鼓劲。要关心爱护基层干部，主动为他们排忧解难。（摘自习近平 2017 年 10 月 18 日在中国共产党第十九次全国代表大会上的报告）

教学意图： 使学生了解，激励领导干部带领群众干事创业，建立激励机制对于不断开创社会主义现代化建设新局面、实现中华民族伟大复兴的重要性。

第三节　沟通

一、沟通概述

（一）沟通的含义

沟通是指为达到一定的目的，将信息、思想和情感在个人或群体间进行传递与交流的过程。沟通具有四大要素：

1. 沟通主体

沟通主体又称为信息沟通的发送者。在一个沟通的过程中，总有一方是信息的主动发送者。

2. 沟通对象

沟通对象又称为信息的接受者，即在信息沟通过程中处于被动地接受信息的一方。不过，在沟通的不断循环过程中，信息的发送者和信息的接受者的身份会不断改变，特别是在双向沟通中，无论是哪一方，都既要充当信息发送者，又要充当信息的接受者。

3. 沟通内容

在沟通的过程中，所传递的信息包含的内容是多种多样的，可分为：事实、情感、价值观、意见、观点等。

4. 沟通渠道

渠道是由信息发送者选择的，借以传递信息的媒介物。不同的沟通渠道其沟通效果是不同的，不同的信息内容应当选用不同的沟通渠道。

（二）沟通的目的

组织中沟通的目的是信息分享，使组织的所有行为在既定目标上保持一致。随着组织内外部环境的变化，使得组织必须迅速、准确、及时地掌握组织内外部的各种信息，在充分分析的基础上，重新思考和确定组织的使命和战略目标等，并且在组织内进行激励和部署，并使得每名员工都能够得到分享，并转化和落实到日常工作中，保证组织内部的所有行为和活动与组织的使命和目标保持一致。还要对组织中的各种活动结果等信息进行测量、监控，为采取纠正和改进措施等决策提供依据。显然组织成员对组织目标了解得越清楚，越能够采取正确的行动，如果没有组织内外畅通的沟通，信息分享是难以实现的。

（三）沟通的作用

（1）沟通是管理者正确决策的前提和基础。管理者是根据汇总的信息做出决策的，而及时、有效、全面、真实的信息能够极大地改进管理者获取信息的数量、质量和速度。因此我们可以得出结论，成功的信息可以提高管理者的决策能力。

（2）沟通是协调组织行动，解决冲突，建立良好的人际关系的重要抓手。沟通的目的之一就是解决冲突。冲突广泛存在于组织中的各项活动中，影响和制约着组织和个体的行为倾向和行为方式，影响着组织目标的实现。通过沟通，使个体了解组织、了解形势，认识到只有实现了组织目标，个人目标才能全面实现，从而引导个体努力使自己的行为与组织目标相一致。

（3）沟通是提高组织效率，促进组织变革和创新的重要着力点。有效沟通可以提高组织效率，促进组织的变革、创新。领导者的决策要得到及时的贯彻、执行，必须通过沟通将决策的意图完整地传达到执行者那里。信息传递不及时，执行者不能正确理解决策意图，就会影响决策执行的效果。人与人之间，部门与部门之间的有效沟通同样可以促进效率的提高。

此外，组织变革方案需要通过沟通传递给基层群众，取得群众的支持并促进变革的成功；同样，基层的一些好的想法和建议，也需要通过沟通传达给有关领导，取得领导认可并得以实现。

二、沟通的基本模式

沟通贯穿于领导的各个环节中，沟通的基本模式可以按照沟通的媒介方向、渠道性质以及有无反馈等对其进行分类：

（一）口头沟通、书面沟通、非语言沟通和电子沟通

按照沟通的媒介不同，沟通可分为以下四种：

1. 口头沟通

这是人们之间最常见的交流方式，是以口语为媒体的信息传递，主要包括面对面交谈、电话交谈、开会、讲座、讨论会等。在实际工作中，绝大部分的信息基本上可以通过口头传递。

口头沟通的优点是比较灵活，传递和反馈速度快。沟通中不仅传递信息，还可以传递感情、态度，特别是可以借助体态、手势、语调以及表情等作为辅助沟通手段，以强化信息对接受方的影响，帮助信息接受者接受和理解信息。同时，在沟通过程中还可以通过提问、讨论的形式或从对方的表情、体态中得到反馈信息，了解其理解的程度及感兴趣的程度，以便及时调整沟通的内容、时间或方式

等。口头沟通也有它的局限性：第一个局限性是语义。不同的词对不同的人有不同的意义。第二个局限性是语音语调使意思变得复杂，不利于意思的正确传递。意思会因人的态度、意愿和感知而被转换。人们推知的意思可能是正确的也可能是不正确的。第三个局限性是失真。当信息经过多人传递后，信息失真的潜在性就越大。

2. 书面沟通

书面沟通是以文字为媒体的信息传递，主要包括文件、报告、信件、书面合同等。

书面沟通的优点：比较规范，不受时空的限制，资料可以长期保存，需要时可以随时翻阅，必要时可反复推敲和研究。另外，信息传递准确性较高，传递范围比较广泛。书面沟通也有它的缺点：一是沟通效果受信息接受者文化水平的限制；二是传递方式较为呆板，缺乏感情、态度、动机等方面的信息；三是缺少内在的反馈机制，无法确保所发出的信息能否被接受和理解。

3. 非语言沟通

非语言沟通是指通过某些媒介而不是讲话或文字来传递信息，包括身体语言沟通、语调、物体的运用以及空间距离等多种形式。人们往往习惯用非语言沟通的方式，比如面部表情、语音语调等来强化语言沟通的效果。但这不容易做到，需要有意识或专门的训练，多数演员能恰到好处地使用。通过非语言沟通可以更好地强化语言沟通的效果，有时也能起到相反的作用，关键在于沟通人员对它的掌握和运用。研究资料表明，在面对面的沟通过程，那些来自语言文字的信息不会超过35%，而65%则是以非语言信息传递的。

4. 电子沟通

电子沟通是以电子符号的形式通过电子媒体而进行的沟通，如电报电传、录音录像、可视电话、计算机网络等可用来有效地传递或保存、处理信息。随着现代信息和通信技术的发展，特别是计算机互联网的迅猛发展，电子媒体在信息沟通的过程中将扮演越来越重要的角色。

（二）上行沟通、下行沟通、横向沟通和斜向沟通

按照组织内信息沟通的流向，沟通可分为以下四种：

1. 上行沟通

这是下级机构或人员按组织的隶属关系与上级机构或领导者进行的沟通，是由下而上的沟通方式。如下级向上级反映意见、汇报工作情况、提出建议和要求等。上行沟通是领导者了解下属和一般员工意见和想法的重要途径。上行沟通畅通无阻，各层次管理者才能及时了解工作进展的真实情况，了解员工的需要和要求，体察员工的不满和怨言，了解工作中存在的问题，从而有针对性

地做出相应的决策。

2. 下行沟通

这是上级领导者或机构按照组织的隶属关系向下级机构的沟通。是由上而下的沟通方式。如上级向下级发布各种指令、命令、指导文件和规定等。沟通的主要目的是使员工了解组织的经营目标，改变员工的态度以形成与组织目标一致的观点并加以协调，从而消除员工的顾虑和不稳定的心理，促进上下级之间的联系等。

3. 横向沟通

横向沟通是指组织平行机构或同一层级的人员之间的信息沟通。如组织内部各职能部门之间、员工之间的信息交流。一个组织内各部门之间，都有或多或少的相互联系和依赖，横向沟通是加强各部门之间的联系、了解、协作与团结，减少各部门之间的矛盾和冲突，改善人际关系和群体关系的重要手段。

4. 斜向沟通

斜向沟通是指信息在处于不同组织层次且没有直接隶属关系的人员或部门之间的沟通。比如，在一个组织的高层领导中，那些主管生产或经营的领导与那些主管人事或财务以及其他的领导之间必须经常互相沟通，以便及时协调，从而全面有效地完成组织的任务。这种沟通方式有利于加速信息的流动，促进理解，并为实现组织的目标而协调各方面的努力。

（三）正式沟通和非正式沟通

按照信息沟通渠道是否是组织正式规定的，沟通可分为以下两种：

1. 正式沟通

这是通过组织明文规定的渠道所进行的信息传递与交流的沟通方式。正式沟通畅通无阻，组织的各项管理活动才会秩序井然；反之，整个组织可能会陷入紊乱甚至瘫痪状态。因此，正式沟通渠道必须灵敏而高效。其优点主要是正规、严肃、约束力强，富有权威性、沟通效果好，参与沟通的人员普遍具有较强的责任心和义务感，从而容易保持所沟通信息的准确性和保密性。管理系统的信息都应采用这种沟通方式。其缺点主要是对组织机构依赖性较强，造成沟通速度迟缓，沟通形式刻板，存在信息失真或扭曲的可能性。由于缺乏灵活性，信息传播范围受限制，传播速度比较慢。

2. 非正式沟通

非正式沟通是指通过组织正式途径以外的渠道进行的信息传递与交流。它以社会关系为基础，这种沟通与组织内部的规章制度无关。它的沟通对象、时间以及内容等都是未经计划的，随机性较大。而且这种沟通带有一定的感情色彩。其优点是不拘形式、直接明了、传递速度快、容易及时了解正式沟通难以提供的内幕新闻等。其缺点主要是难以控制、传递的信息不确切，可能导致小集体的产生等。在组织管理中，非正式沟通对于促进组织信息更快、更好、更全面的沟通有积极的意义。领导者应在努力建立完善、畅通的正式沟通网络时，辅之以灵活的非正式沟通，利用非正式沟通为组织目标服务，从而有效地发挥沟通的作用。

（四）单向沟通和双向沟通

按照是否执行信息的反馈，沟通可分为以下两种：

1. 单向沟通

单向沟通是指没有反馈的信息传递的沟通方式。当所要解决的问题比较简单又急需处理、下属缺乏足够的信息时，采用单向沟通方式效果较好。但由于接受者对信息内容的理解没有机会表达，单向沟通有时准确性较差，另外，单向沟通缺乏民主性，容易使接受方产生抵触情绪，沟通效果较差。

2. 双向沟通

双向沟通是指有反馈的信息传递的沟通方式，是发送者和接受者进行信息交流的双方面沟通。其优点是沟通信息的准确性高，接受者有反馈意见的机会，双方可以反复交流磋商，增进彼此的了解，加深情感并建立良好的人际关系。其缺点是沟通过程中接受者要反馈意见，有时使沟通受到干扰，影响信息的传递速度。此外，由于要时常面对接受者的提问，信息的发送者会感受到心理压力。

三、沟通的基本技巧

为了取得良好的沟通效果，必须掌握一些沟通的基本技巧。

（一）正确运用语言符号

这里的语言指自然语言，以语音为物质外表，以词汇为建筑材料，以语法为结构规律而构成的体系。我们经常可以把语言符号理解为说的话和写的字。从管理的角度看，人际沟通的行为主要是话语的艺术，即口头语言艺术。培养口语能力可以从几个层面做出努力：

1. 把话说得悦耳

人们通过口头交流信息的第一感觉是从声音刺激开始的，悦耳的声音会令人心情舒畅。当然，人的声音条件是有先天差异的，但后天的磨练可以弥补先天的不足。可以从基础的发声练习，然后进行语音、语调、语速的训练，把握好说话声音的高低、轻重、刚柔和语速的快慢。

2. 把话说得清楚

沟通必须让人明白所要传达信息的意思，这就要求沟通者思维有条理，吐字清晰，把意思说明白。

3. 把话说得准确

这要从两个方面努力：一是严格按照语法的规律和要求说话，完整地表达句意，在有把握理解语言环境的基础上，可以进行恰当的句子成分的省略；二是说话用词尽量科学准确，这是避免沟通时出现误会的关键。

4. 把话说得得当

要想话说得得当，必须把握好说话的四大要素：一是主体要素，说话必须符合特定的身份。人在不同的社会关系中会有不同的身份，与人沟通首先要清楚自己是以一个什么样的身份在说话，不要说不符合身份的话。二是客体要素，说话必须针对具体对象。我们通常把见什么人说什么话用来否定那些能说会道的人，其实抛开其他因素，见什么人说什么话这句话本身没有错，与人交流就应该见什么人说什么话，就应该以对方接受的语言和方式进行沟通，其谈话的范围不可逾越对方思想、经验、文化等所及的范围，否则就难以达到好的沟通效果，甚至是无法沟通。三是时间要素，说话必须把握好时间、机会。该说的时候没说，便会坐失良机，不该说的时候说了，操之过急，达不到预期的目的。四是空间要素，说话必须注意场合。一方面要学会寻找和创造有利于自己说话内容的场所；另一方面要培养自觉能力，自觉地接受某些场合对人的限制和约束。

5. 把话说得巧妙

把话说得巧妙可以说是导演导不出来的戏，要靠说话者本人在长期的语言实践中去磨炼和积累，但是有一些特别的环节对沟通是有重要意义的。例如，如何说好第一句话？怎样才能开启对自己有利又令对方愉悦的话题，一般的原则是寻找对方的兴趣谈话区域和自己的有知区域，而要避开对方忌讳的区域和自己无知的区域。

课程思政小贴士

思政元素： 2016 年，习近平总书记在江西调研时来到了贫困户张成德家，察看了厨房、卧室，也看了羊圈、娃娃鱼池、水冲厕所。当时，张成德的老伴拉着总书记的手激动地说："感谢您来看我们，您可是国家的当家人啊。"而总书记接过话茬说："是人民当家作主，我们是人民的勤务员，帮你们跑事的。"

教学意图： 使学生了解，习近平总书记的人民情怀，他与人民群众沟通的高超艺术。

（二）重视非语言沟通手段

在沟通时，除了正确运用语言符号外，还要重视非语言沟通手段的运用。可以借助手势、动作、眼神、表情等来帮助思想和感情上的沟通，表达主题、兴趣、观点、目标和用意。专家认为，在人面对面的信息沟通中，有 65% 的信息是通过身体符号来传递的。身体符号具有无伪装性特点，人可以言不由衷，但强装笑脸是要露出破绽的。人们可以通过恰当的身体符号向沟通对象表达自己对对方的尊重、接纳、关心，更可以通过细心地观察对方的身体符号解读其内心世界。初次见面时，马虎而随便地握手和热情而有力地握手会给人完全不同的感受。通过坚决而有力的动作，来明确信息发送者态度的坚定和对前景充满信心。用炯炯有神的目光注视表示信任，鼓励信息接受者接受信息、理解信息，并执行信息所提出的要求，可以产生此处无声胜有声的效果。

（三）选择恰当的沟通时机、方式和环境

沟通的时机、方式和环境对沟通的效果会产生重要影响。领导者在宣布重要决定时，应考虑何时宣布才能增加积极作用，减少消极作用。有的消息适合以公开的方式通过正式渠道传播，有的消息适合在办公室沟通，有些则适合在家庭内沟通。此外，在沟通时应尽量排除外界环境的干扰，如重要的谈话应选择安静的场所，以避免被电话、请示工作等打断。因此，领导者在沟通信息时，一定要对沟通的时间、地点、条件等都加以充分考虑，使之适应于信息的性质特点，以增加沟通的效果。

（四）注意沟通的渠道

沟通渠道的任何环节出现故障都可能严重影响效果。领导者应根据组织的规模、业务性质、工作要求等选择沟通渠道，制定相关的工作流程和信息传递程序，以保证信息的上传下达渠道畅通，为各级管理者决策提供准确可靠的信息。也可以通过召开例会、座谈会、问卷调查、领导接待日等形式传递和接收信息。

（五）掌握倾听的艺术

在相互沟通所需要的听、说、读、写中，听几乎是最重要的。倾听是指认真地听对方讲话，并力图弄懂所听到的内容，这对于沟通双方都很重要。有许多沟通活动进行不下去是因为我们不善于倾听而受阻的。因为，我们只有明白无误地听清了对方表达的内容，才能进行沟通。据一项研究表明，领导者每天用于沟通的时间里"听"占45%。人们用于听的时间虽然很多，但效率并不高，在一段10分钟的谈话中，大约只有25%的效率。我们必须提高倾听的效率，由一般被动地听转化为积极主动地听，具体来说在倾听时应该注意以下几点：

（1）少讲多听，多保持沉默和冷静，不轻易打断对方。

（2）设法使交流轻松，使对方感到舒畅，消除紧张感，充分表达自己的观点，说出自己想说的话。

（3）用动作语言表现出你对对方谈话的浓厚兴趣，如用目光接触，展现赞许性的点头和恰当的面部表情，表示你在认真听他讲。

（4）尽可能排除外界干扰，避免使对方分心的举动或手势，如在对方讲话时不要轻易走动，干一些无关紧要的事情。

（5）站在对方的立场上考虑问题，你也许会觉得他讲得有道理。

（6）不要立即与对方发生争论与妄加评论。

（7）在必要的时候提出一些问题，以显示你在倾听并求得理解。

尤其注意的是，在倾听过程中要采用"换位思考"的方法，即从移情的角度入手，把自己置于对方的立场来思考问题，避免先入为主，努力去理解别人要表达的含义而不是你想理解的意思。移情需要你暂停自己的想法与感觉，而从说话者的角度调整自己的所观所感，这样可以进一步保证你对所听到的信息的解释符合说话者的本意。

案 例
跟习近平总书记学与群众沟通的技巧

群众利益无小事，一枝一叶总关情。习近平总书记指出："在我们前进的道路上有许多困难和问题，究竟从哪里入手去解决问题，依靠什么去战胜困难？从不同的角度可以谈出不同的思路和方法来。但根本的一条，就是要发动群众，依靠群众。"党员干部如何发动群众，依靠群众？看习近平总书记怎样说与做。

1. 主动上门，拉家常了解民情民意

地处四川西南部的凉山彝族自治州，由于自然条件差和发展相对不足，该州是全国集中连片深度贫困地区之一。习近平十分惦记这里的群众。2018年2月11日上午，习近平乘车沿着坡急沟深的盘山公路，往返4个多小时，深入大凉山腹地的昭觉县三岔河乡三河村和解放乡火普村看望贫困群众。

2018年2月11日上午，习近平在凉山彝族自治州昭觉县三岔河乡三河村贫困户节列俄阿木家中看望。

三河村平均海拔2500多米，是一个彝族贫困村。习近平沿着石板小路步行进村，察看村容村貌和周边自然环境。他先后走进村民吉好也求、节列俄阿木2户贫困家庭看望，详细观看门前的扶贫联系卡，同主人亲切拉家常，询问生活过得怎么样，发展什么产业，收入有多少，孩子有没有学上。

在村民节列俄阿木家，习近平同村民代表、驻村扶贫工作队员围坐在火塘边，一起分析当地贫困发生的原因，谋划精准脱贫之策。

习近平饱含深情地说，我一直牵挂着彝族群众，很高兴来到这里，看到大家日子一天天好起来，心里十分欣慰。他强调，发展特色产业、长期稳定致富，都需要人才。要培养本地人才，引导广大村民学文化、学技能，提高本领，还要移风易俗，通过辛勤劳动脱贫致富。

2. 去掉官气，将上访改下访

1988 年 12 月 20 日，福建省霞浦县委党校里人来人往，宁德地区领导第一个下访接待日在这里举行。时任地委书记习近平及地直有关部门负责同志，同霞浦县领导一起接待来访群众。

习近平的第一个接待对象是县公交公司职工舒穗英。由于县对台部在其房屋旁边的河边建房，导致河道淤积，9 月间的一场洪水冲进舒穗英家中，冲走了粮食和部分财产。为此，她写信给地区领导反映情况，要求县对台部负责清理河道，并赔偿经济损失。

"没有想到，习书记会这么快主动找到我。"现年已 68 岁的舒穗英提起当时的情景，依然记忆犹新。在接访现场，习近平详细了解情况后，便同地县有关领导到舒穗英家察看，并提出处理意见。

当天的总结会上，习近平说，我们工作目的是为人民服务，不仅要对上面负责，而且要对群众负责，为人民做主。他要求："在新形势下，各级领导必须放下架子，打掉官气，主动上门，把信访工作做到基层，把党的关怀和政府的济助送进普通群众的家庭。"他改上访为下访，畅通了群众表达合理诉求的渠道。

3. 说朴实、亲切的大白话

从梁家河知青开始，历经村支书、县委书记、地委书记……丰富的基层工作经历，使习近平对基层情况十分了解，在与老百姓面对面交流时，他善用聊天式、谈心式的语气打开群众心扉，让群众说出心里话。

这里我很熟悉，当年下乡就骑自行车来。今天就是来听大家的，看看乡亲们，接接地气，充充电。——2013 年 7 月 11 日，习近平看望河北省正定县塔元庄村村民时的开场白。

厕改是改善农村卫生条件、提高群众生活质量的一项重要工作，在新农村建设中具有标志性，可以说小厕所、大民生。——2014 年 12 月 13 日，习近平在与江苏镇江永茂圩自然村村民交流时说。

中国有 13 亿人口，要靠我们自己稳住粮食生产。粮食也要打出品牌，这样价格好、效益好。祝乡亲们大丰收。——2015 年 7 月 16 日，习近平在与吉林省延边朝鲜族自治州和龙市东城镇光东村村民交流时说。

资料来源：http://news.youth.cn/sz/201806/t20180603_11635274.htm.

案例讨论

习近平总书记高超的沟通技巧主要体现在哪些方面？对年轻人，尤其是年轻的党员干部有什么启示？

复习思考题

1. 领导的概念是什么？领导具有哪些作用？

2. 什么是马克思主义领导观？

3. 马克思主义领导理论的主要内容是什么？

4. 领导行为方格理论的含义及作用是什么？

5. 领导作风理论的含义是什么？

6. 领导艺术包括哪些基本内容？

7. 什么是激励？激励有哪些特点？

8. 有代表性的激励理论有哪些？具体包含哪些内容？

9. 激励过程中应遵循哪些原则？

10. 什么是沟通？按照不同的标准，沟通的基本模式可分为哪几类？沟通的基本技巧有哪些？

第七章　控制

扁鹊三兄弟[①]

　　魏文王问名医扁鹊："你们家兄弟三人，都精于医术，到底哪一位医术最好呢？"扁鹊回答："大哥最好，二哥次之，我最差。"文王再问："那么为什么你最出名呢？"扁鹊回答："我大哥治病，是治病于病情发作之前。由于一般人不知道他事先能铲除病因，所以他的名气无法传出去，只有我们家里的人才知道。我二哥治病，是治病于病情刚刚发作之时。一般人以为他只能治轻微的小病，所以他只在我们的村子里才小有名气。而我扁鹊治病，是治病于病情严重之时。一般人看见的都是我在经脉上穿针管来放血、在皮肤上敷药等大手术，所以他们以为我的医术最高明，因此名气响遍全国。"文王连连点头称道："你说得好极了。"

　　扁鹊三兄弟不同的治病方法启示我们，事后控制不如事中控制，事中控制不如事前控制。可惜在管理实践中，大多数的事业经营者均未能体会到这一点，等到错误的决策造成了重大的损失才寻求弥补。弥补得好，当然是声名鹊起，但更多的时候是亡羊补牢，为时已晚。

第一节　控制概述

　　在管理的职能体系中，计划职能是设定组织目标，并指明目标达成的时间、过程与方法等，而完成设定的组织目标是组织得以生存和发展的基本前提。计划职能所设定的复杂的目标体系，需要进一步分解成各种需要完成的工作，而组织职能就是要让组织中的每个个体完成其各自的工作，进而促使组织完成组织目标。组织的各级领导者负责协调和分配资源，协助被领导的对象完成他们各自相

---

　　① 参考资料：http://www.gushibaike.net/gushi/5e313b246ahgzd8d.html.

应的工作，最终实现组织的目标。在完成组织目标的整个过程中，个体目标和组织目标之间的冲突时刻存在，领导者在组织目标达成中的作用，就像航船舵手操纵船舵以让航船保持正确航向一样，因此，只有在组织目标实现的全过程中都进行实时的控制，组织目标才能顺利地实现。

控制是管理过程不可或缺的一部分，是组织中的各级管理人员工作的重要内容。控制是保证政府和非营利组织等组织的组织计划与实际作业动态相适应的管理职能。管理中控制工作的主要内容包括确立标准、衡量绩效和纠正偏差。有效地控制不仅要求选择关键的控制环节，确定恰当的控制频度，及时收集相关的控制信息，而且要求合理运用控制方法。

一、控制的概念

（一）控制的基本内涵

控制职能是指管理者按照组织计划标准，衡量计划完成情况和纠正偏差，以确保组织目标实现的一系列活动。早在法约尔第一次提出管理的职能体系时，他就把控制与计划、组织、指挥、协调等并列，作为管理的五大职能之一。法约尔之后，各个时代的管理学学者在其各自的著作中，对管理职能的提法，对管理职能体系的阐述，存在这样那样的分歧，但所有的学者都无一例外地认可，控制是管理的职能之一，如表7-1所示。一言以蔽之，控制之于管理是必需的。

表7-1　不同管理学者对管理职能的划分

年份	学者人名	职能划分											
		计划	组织	指挥	协调	控制	激励	人事	调集资源	沟通	决策	创造	指导与领导
1916	法约尔	★	★	★	★	★							
1934	戴维斯	★	★			★							
1937	古利克	★	★	★	★	★		★		★			
1947	布朗	★	★	★	★	★		★					
1947	布雷克	★			★	★	★						
1949	厄威克	★	★			★							
1951	纽曼	★	★	★		★		★					
1955	孔茨和奥唐奈	★	★			★		★					★
1964	艾伦					★							
1964	梅西	★	★			★		★			★		

续表

年份	学者人名	职能划分											
		计划	组织	指挥	协调	控制	激励	人事	调集资源	沟通	决策	创造	指导与领导
1966	希克斯	★	★			★	★				★		★
1972	特里	★	★			★	★						
1976	海曼和斯科特	★	★			★	★	★					
1998	中国人民大学杨文士	★	★			★		★					★

在政府运行体系中，控制职能多体现为通过制定一系列有效的控制措施、管理制度、授权审批流程，结合相互制约的人员和岗位管理体系，对行政事业单位所有经济业务活动进行风险防范和管控，以有效防范舞弊和预防腐败、提高公共服务效率和效果的政府内部管理机制。

学术界围绕政府系统控制职能的争论从未停息，主要的争论点集中于以下几个方面：

1. 政府系统控制职能的具体内涵

2012 年中国财政部在《行政事业单位内部控制规范（试行）》中将内部控制定义为，单位为实现控制目标，通过制定制度、实施措施和执行程序，对经济活动的风险进行防范和管控①。陈文川、余应敏认为政府控制职能应当分为三个层次：初级职能包括防范业务风险、打击贪污腐败、实现监督制衡；中级职能包括建立健全制度建设、保障信息数据安全、促进合理配置资源；高级职能包括提升政府治理效能、践行法治精神、助推德治文化②。

2. 政府控制目标

2014 年版美国《联邦政府内部控制准则》认为政府内部控制的目标包括：联邦政府机构运行的效果和效率、对内对外使用的报告的可靠性、遵循使用的法律法规③。我国则将《行政事业单位内部控制规范》界定为保证经济活动合规合法、资产安全和使用有效、财务信息完整真实、防范舞弊和预防腐败以及提高公共服务的效率和效果。吴益兵和廖义刚从国家能力角度对政府控制的目标做了界定，该项研究提出政府内部控制的目标定义为三个层次：第一，基础性国家能力目标，主要涉及财政公共资金的收支；第二，基于公共管理视角的国家能力目

---

① 引自财政部：《行政事业单位内部控制规范（试行）》，2012 年 12 月 10 日。

② 陈文川，余应敏. 国家治理现代化背景下政府内部控制的职能拓展 [J]. 审计研究，2016（4）.

③ U. S. GAO，Standards for Internal Control in the Federal Government，2014-09-10.

标，即关注如何提升国家认证能力、统领能力、规管能力和强制能力；第三，最高层次国家能力目标，重点关注如何提升濡化能力以及吸纳与整合能力①。

3. 政府控制要素与范围

2014年版美国《联邦政府内部控制准则》将政府控制要素界定为：控制环境准则、风险评估准则、控制活动准则、信息与沟通准则和监督准则②。国内大部分研究基本认可了这五种要素形式。

（二）控制职能的特征

1. 控制是管理的重要组成部分

任何管理者都要对自己管理的事务进行有效控制，以促进组织目标的实现。对于政府而言，在控制职能实现过程中，政府能够间接通过制度与流程控制防止各级政府缺位和越位，进而提高市场资源配置的作用。

2. 控制和计划紧密联系

没有计划，谈不上控制；计划越周密，控制工作越能够有序进行。《深化财税体制改革总体方案》将改进预算管理制度作为三大任务之一，认为建立现代预算制度是建立现代财政制度的基础，是实现制约政府权力扩张和将"权力关进制度的笼子"的重要载体③。

3. 控制的目的是确保组织目标实现

整个管理工作都是围绕着某个目标进行的，让组织中的每个个体完成其各自的工作，最终确保该目标得以实现，是控制的目的。

4. 控制工作的全过程性

控制工作包括三个部分：一是找到并确定计划设定的标准；二是检测计划实际完成的绩效，把实际完成的绩效和计划设定的标准进行对比，找到实际绩效和标准之间存在的偏差；三是分析偏差出现的原因并采取正确的方法进行纠正。

课程思政小贴士

思政元素：习近平总书记在党的十九大报告中强调："党政军民学，东西南北中，党是领导一切的。"

教学意图：①从控制职能角度阐释坚持中国共产党全面领导的制度优势。

②从控制职能角度解释为何要坚持中央政府政策的统一性与地方政府政策执行的灵活性相结合？

---

① 吴益兵，廖义刚. 国家能力视角下的政府内部控制体系构建 [J]. 厦门大学学报（哲学社会科学版），2021（1）.

② U. S. GAO, Standards for Internal Control in the Federal Government, 2014-09-10.

③ 郑石桥，徐国强，于明星. 中国古代法律制度中的内部控制思想考略 [J]. 法制与经济（下旬刊），2009（2）.

（三）控制职能的潜在价值

关于这一点，《工业管理与组织》的作者、管理行为学派学者之一的亨利·西斯克是这样论述的，"如果计划从来不需要修改，而且是在一个全能的领导人的指导之下，由一个完全均衡的组织完美无缺地来执行的，那就没有控制的必要了。"而现实中的管理者们面临的真实情况恰恰是，不需要管理控制的这些前提条件都不具备或者都不完全具备。就政府管理而言，由于在政府运行中，乱问责现象层出不穷①、治理职能定位与基层治理实际存在偏差、公共服务职能扩张与财政投入不匹配、基层治理力量下沉不足②及治理理念未转变等问题都影响政府政策目标的实现，因此需要不断优化自身的控制职能，以保证目标精准实现。

1. 剧变的管理环境需要控制

在全面推进乡村振兴战略的背景下，政府与市场力量将共同作用于乡村建设。虽然当下我国已经形成了以公有制为主体多种经济成分共存的经济体制，但人民日益增长的美好生活需要和不平衡不充分的发展之间的矛盾，不断给政府治理能力提出了新的挑战。要成功化解这一社会主要矛盾不仅需要全面调整经济结构，转变产业结构、需求结构和发展动力结构，更需要全面更新发展理念，按照创新、协调、绿色、开放、共享的要求全面推进国家治理现代化，同时还需要全面提升发展目标，要在进一步提高人民群众物质文化生活水平的同时，更加关注人民群众在法治、公平、正义、安全、环境等其他方面的需要。但是要完成这些艰巨的任务必须要在党和政府的强有力控制下才能够顺利实现。由此可见，包括政府在内的公共组织在正式开始行动前，都需要周密的计划，并控制计划的执行，以保证目标如期完成。

2. 分散的管理权力需要控制

只要组织达到一定规模，组织的目标就必须依赖众人的合作才能得以实现。现实中，大型组织的最高领导者就不可能直接地、面对面地组织和指挥全体组织成员的劳动。由于管理幅度受领导者的时间、精力和能力等种种因素限制，最高领导者必然要委托一些管理者代其管理部分事务。同样地，这些助手也会再委托其他人代理自己的工作，组织由此形成一个自上而下的等级、责任和权力金字塔结构。因为要让下属们有效地完成受托的部分管理事务，管理者在分配相应的管理事务的同时，必然要授予他们相应的权限。因此，通过制度化或非制度化的方式，任何组织的管理权限都不可避免地分散在各个管理部门和层次。组织内部分权程度越高，控制就越有必要；每个层次的管理者都必须定期或非定期地检查直

---

① 陈天祥. 乱问责现象溯源及治理之道 [J]. 人民论坛, 2020 (34).

② 江国华, 罗栋梁. 乡镇政府治理职能完善与治理能力现代化转型 [J]. 江西社会科学, 2021 (7).

接下属的工作，以保证授予他们的权力得到正确的使用，保证行使这些权力的业务活动符合计划与组织目的的要求。如果没有控制，没有为此而建立的相应控制系统，管理人员就不能检查下级的工作情况，即使出现权力被不负责任地滥用或活动不符合计划要求等情况，管理人员也无法发现，更无法及时采取纠正行动，其结果是，个体和组织目标之间的差异甚至冲突将无可避免地干扰组织目标的实现。

3. 组织成员工作能力的差异需要通过控制来弥补

即使组织制定了全面完善的计划，运营环境在一定时期内也相对稳定，对组织活动的控制也仍然是必要的。因为还存在个体工作能力的差异。这种差异来源于不同组织成员的认识能力和工作能力的差异。完善计划的实现要求每个部门的工作严格按计划的要求来协调地进行。然而，由于组织成员是在不同的时空中进行工作的，他们的认识能力不同，对计划要求的理解可能发生差异；即使每个员工都能完全正确地理解计划的要求，但由于工作能力的差异，他们的实际工作结果也可能在质和量等方面与计划要求不符。某个环节可能产生的这种偏离计划的现象，会对整个组织活动的进行造成冲击。因此，对组织成员实施行之有效的控制，不断发现和解决问题，防微杜渐，避免问题积累和管理失误，是十分必要的。

二、控制的作用

（一）实现组织目标

管理控制无论采用什么方法来进行，其要达到的首要目的是"维持现状"，即在变化着的内外环境中，通过控制工作，随时将计划的执行结果与事先设定的标准进行比较并加以干预，从而使系统的活动趋于相对稳定，以实现组织的既定目标。控制工作要达到的第二个目的是要"打破现状"，即针对内外环境变化，主管人员进行创新，修改已定的计划，确定新的现实目标和管理控制标准，使之更先进、更合理，最终使新的现实目标得以实现。

（二）贯彻计划意图

由于所担负的责任不同，所考虑的利益各异，所掌握的信息不一致，计划者与执行者对待组织计划很可能会有不同的理解和态度，这时就必须借助控制，来使执行者的行为围绕着组织计划来进行，以保证计划目标的顺利实现。

（三）补充计划不足

计划是事先根据预测及已有知识拟定的，不大可能十分准确，也不大可能考虑得那么周到。控制的过程就是随时根据组织运行中出现的问题采取相应行动，以保证计划目标的实现，或修正不切合实际的计划，以减少损失。

（四）保障秩序

管理控制的过程，就是按照计划规定的行为准则和组织规定的制度进行考核、评价，并采取相应的管理措施，从而建立组织正常运作所必需的秩序的过程。在政府系统运行中，良好的控制系统是保证国家治理实现善治目标的重要途径。一方面，政府的控制能力对财政能力起支撑和保障作用。在很长一段时间，我国的财政收入汲取仍然存在着各种过度掠夺的现象，如征收效率不高，在财政支出上存在着资源配置不合理，大量财政资金并没有被用于公共目的，而且浪费和腐败现象屡见不鲜。另一方面，通过对公共事务型国家治理能力的优化，政府的控制能力起到支撑与保障作用①。

（五）降低环境不确定性的影响

管理控制还可以有效减轻环境的不确定性对组织活动的影响，可以使复杂的组织活动能够协调一致地运作，可以避免和减少管理失误造成的损失。另外，在政府运行中，良好的控制职能实现不仅"可以从业务细节中发现腐败线索，增加对政府工作人员腐败行为的震慑，还可以弥补制度漏洞形成腐败治理的长效机制"②。

课程思政小贴士

思政元素： 新时代中国的社会环境已经发生巨变，信息传递规模和速度与以往不可同日而语，网络空间中不乏西方各种不正确的舆论论调和错误思想，这对中国民众的思想产生了不同程度的负面影响。

教学意图： 结合前馈控制理论，将符合主流价值的思想、案例故事等充满正能量的内容及时、快速地传递给学生，最大可能降低消极因素对学生思想观念的不良影响。

三、控制的手段

控制工作所依据的事实是：计划的执行结果要受到人的影响。有时候计划执行出现偏差，其责任主要在于那些决策不当的人。管理控制中，使相关主管人员改进其行动的方法主要有两种，由此产生两种不同的控制方式：直接控制和间接控制。

（一）直接控制

直接控制着眼于培养更好的主管人员，使他们能熟练地应用管理的概念、技

---

① 池国华，王会金.内部控制在现代国家治理中的角色定位与作用机制［J］.财经问题研究，2019（1）.

② 池国华，郭芮佳，王会金.政府审计的内部控制改善功能能够增强制度反腐效果吗——基于中央企业控股上市公司的实证分析［J］.会计研究，2021（1）.

术和原理，能以系统的观点来推进和改善他们的管理工作，从而防止出现因管理不善而造成的不良后果。直接控制是相对于间接控制而言的，它是通过提高主管人员的素质来进行控制工作的。因此，直接控制替代间接控制的原则是：主管人员及其下属的素质越高，就越不需要进行间接控制。但由于经济学中的边际效益递减规律的作用，这两种控制手段在相互替代中，也同样会出现边际效益递减现象，所以在管理实践中，这两种控制手段通常会结合起来使用，以保证控制总成本最低。

直接控制的优点包括这样几个方面：

（1）在对个人委派任务时能有较大的准确性；

（2）直接控制可以促使主管人员主动地采取纠正措施，并使其更加有效；

（3）直接控制还可以获得良好的心理效果；

（4）提高主管人员的质量，减少偏差的发生，节约开支。

直接控制方法的合理性建立在以下四个假设之上：

（1）合格的主管人员所犯的错误最少；

（2）管理工作的成效是可以计量的；

（3）在计量管理工作成效时，管理的概念、原理和方法是一些有用的判断标准；

（4）管理基本原理的应用情况是可以评价的。

（二）间接控制

这种控制着眼于发现工作中出现的偏差，分析产生的原因，并追究管理者个人责任使之改进未来的工作。间接控制的优点在于，如果主管人员因缺乏知识、经验和判断力而造成的管理上的失误和工作上的偏差，运用间接控制可帮助其纠正；同时，间接控制还可帮助主管人员总结吸取经验教训，增加他们的经验、知识和判断力，提高他们的管理水平。

间接控制的方法是建立在以下假设之上的：第一，工作成效是可以计量的；第二，人们对工作成效具有个人责任感；第三，追查偏差原因所需要的时间是有保证的，出现的偏差可以预料并能及时发现；第四，有关部门或人员将会采取纠正措施。

课程思政小贴士

思政元素：要深入开展网上舆论斗争，严密防范和抑制网上攻击渗透行为，组织力量对错误思想观点进行批驳。要依法加强网络社会管理，加强网络新技术新应用的管理，确保互联网可管可控，使我们的网络空间清朗起来。做这项工作不容易，但再难也要做。（摘自习近平2013年8月19日在全国宣传思想工作会议上的讲话）

教学意图： 使学生了解，在营造风清气正的网络空间的过程中，正确使用控制手段，加强网络空间的有效管控。

第二节　控制的类型

一、控制的分类

控制作为管理的职能之一，在管理活动中大量存在，根据不同的分类方法，可以把控制划分为不同的类型。但是需要注意的是，不同的分类方法之间并不是界限分明的，一个控制可能同时兼有几种不同类型控制的特点，而可以将之划分到几种不同控制类型中去。下面将重点介绍按照控制时点而划分的各种控制类型及其含义。

按照控制时点可以把控制划分为前馈控制、现场控制和反馈控制三种类型。如图 7-1 所示，三者在整个管理过程中依次出现并周而复始地循环，从而不断地提升管理控制的效果。举例说明：为了保证一场考试能够公平公正进行，准确反映考生掌握知识的情况，在考试之前动员考生诚信应考，就是前馈控制的具体运用；考试过程中，派专人监考维持考场纪律，就是现场控制的过程；在考试之后，还要对可能有问题的试卷进行分析，判定是否雷同，就是反馈控制的表现。以上三个阶段的控制方法组合运用，才能不断地、最大化地提升考生的诚信度。

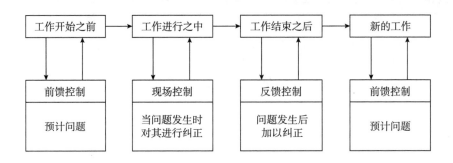

图 7-1　前馈控制、现场控制和反馈控制

前馈控制又称为事前控制，是指在工作正式开始之前，就对工作中可能出现的偏差进行预测和估计，并采取防范措施，将潜在的偏差消除在产生之前。它反映的是防患于未然、未雨绸缪的控制。这种控制建立在预测的基础上，尽可能地在偏差产生之前就将其觉察出来，并及时采取防范措施。前馈控制的重点是预防。对组织的人、财、物、信息等进行合理配置，使之符合预期的标准，从而保证计划的实现。比如我国的卫生防疫事业，我们之所以称之为"防"疫，就是相关部门通过调查分析，预测可能发生的疫病，并采取相应措施，在疫病大范围流行之前就把它消灭，以免给社会带来严重的损失。各行政部门、企事业单位等组织通常都会在一个财务年度开始之前编制预算，也是一种对资源使用的预测，这是一种前馈控制。另外，各组织制定的各种规章制度、政策、程序等，都是前馈控制的具体表现。前馈控制的优势非常明显，因为它的目的就是把可能出现的偏差扼杀在萌芽甚至未萌芽的状态。如同现实中，再高明的医生都不可能把一个既成的"小儿麻痹症"患者恢复到发病前的健康状态，但是一粒糖丸却能让一个人免受这种疾病导致伤残的困扰。所以对前馈控制的重视程度应该显著的提升。

现场控制又称为同步控制，是指在计划执行过程中所实施的控制，即通过对计划执行过程的直接检查和监督，随时检查和纠正实际和计划的偏差。其目的就是保证本次活动尽可能少发生偏差，改进本次而非下次活动的质量。现场控制通常包含两种职能：一是指导。管理者针对工作中出现的问题，根据自己的经验和能力指导相应的责任人改进工作，以便使工作人员能正确完成所规定的任务。导师对自己的研究生进行的指导，就是这种指导职能的具体表现。二是监督。按照预定的标准检查正在进行的工作活动，以保证目标的实现。要提高现场控制的效果，主管人员要避免单凭主观意志开展工作，要多方收集信息，要避免偏听偏信而做出错误的判断。例如，在省、市、县三级政府政务服务中心和公共资源交易服务中心建设过程中，四川省聘请人大代表、政协委员等作为监督员，组织开展明察暗访，重点监督行政审批中的"吃拿卡要"行为，促进立体式监督平台建设，让"庸懒散浮拖"现象无处遁形。

反馈控制又称为成果控制或事后控制，是指从已经执行的计划或已经发生的事件中获得信息，并运用这些信息来评价、指导和纠正今后的工作。所谓"吃一堑，长一智"就是这个道理。反馈控制是一种最主要的也是最传统的控制方法，反馈控制的主要目的不在于改进本次行动，而是通过总结本次活动的经验教训，来提高下一次行动的质量。比如发现不合格的产品后追究当事人的责任，作出适当的处罚并勒令整改，这些往往并不能使已经出现的不合格产品变成合格产品，而是力求在此后的生产过程中尽量避免出现不合格的产品。再比如对某个杀人犯执行死刑，断然不能使受其伤害的人回复受害前的状态，但是对整个社会无疑会起到震慑的作用，尽量使类似的行为不再出现。这类控制对组织的运作状况的改善发挥着很重要的作用，因为社会、组织都是要持续地运作下去的，管理也是不断循环的，反馈控制就是致力于不断地提升管理循环的质量。但是，如前所述，这类控制最大的问题是，其职能都是在事后才发挥作用的，而对已经发生的危害则无能为力，这种时滞效应类似于"亡羊补牢"，因此，尽量提高反馈控制的速度是非常必要的。新冠疫情发生以来，各级党委和政府坚决贯彻落实习近平总书记重要讲话精神和党中央、国务院决策部署，经过艰苦努力，疫情蔓延势头得到初步遏制，防控取得阶段性成效。但疫情形势依然严峻复杂。要毫不放松抓紧抓实抓细各项防控工作，不麻痹、不厌战、不松劲，继续抓好输入疫情源头防控、重点人群场所疫情防控。为此，2020 年 5 月 25 日，黑龙江省应对新冠疫情工作领导小组指挥部组织实施查漏洞补短板大排查问题整改"回头看"行动。

二、关键控制点

19 世纪意大利经济学家帕累托首次发现：约 80% 的社会财富集中在 20% 的人手里，而 80% 的人只拥有 20% 的社会财富。此后，人们发现这种不平衡性在社会、经济及生活中无处不在：零售商店 80% 的销售收入来自于 20% 的商品；企业 80% 的销售收入来自于 20% 的客户；企业 80% 的利润来自于 20% 的客户；企业 80% 的销售业绩是由 20% 的业务人员创造的；市场上同类产品的 80% 是来自这类产品的供应商中的 20%；一个产品，其中 20% 的零部件占去了其材料成本的 80%；物料仓库 20% 的品种占去了库存价值的 80%；80% 的质量问题集中在 20% 的质量原因上……这就是所谓的二八法则。管理者应该充分注意到这个重要法则，在管理工作中，不能"胡子眉毛一把抓"，而是要抓关键人员、关键环节、关键用户、关键项目、关键岗位。用一句哲学话语来讲就是：要抓住主要矛盾和矛盾的主要方面。准确找到关键控制点，是控制工作的重要原则。

在此前的计划职能部分的内容中，有一种非常重要的计划技术——网络计划技术，我们知道，网络计划技术的基本原理，是把一项工作或项目分成各种作业，然后根据作业顺序进行排列，通过网络图对整个工作或项目进行统筹规划和控制，以便用最少的人力、物力、财力资源，用最快的速度完成工作。要实现这个目的，关键是对关键路线进行优化。相反，如果管理者的注意力集中在了关键路线之外的其他工序上，无论投入多少资源对其进行改进，都无助于"用最少的人力、物力、财力资源，用最快的速度完成工作"这一目标的实现。所以，关键路线上的工序就是我们控制这项工作的工期及其耗费的资源的关键控制点。

不同的时期、不同的工作都需要管理人员有针对性地敏锐找到其关键控制点，找不到或没有准确找到关键控制点，都会让管理控制工作事倍功半，甚至一事无成。美国通用电气公司关于关键绩效领域（Key Performance Areas，KPAs）

的选择或许能对我们提供某种启示。通用电气公司在分析影响和反映企业经营绩效的众多因素的基础上，选择了对企业经营成败起决定作用的七个方面。

1. 获利能力

通过提供某种商品或服务以取得利润，这是企业从事经营活动的根本目的，也是衡量企业经营成败的重要标志。企业的获利能力通常可用利润率来表示。利润率反映了企业在某段时期内投资所获利润的能力和水平。实际利润率与预期的获利水平如果发生偏离，能综合地反映出企业运营成本的变动、资源利用效率的变化和市场竞争格局的变革等多种因素，企业可以通过相应的分析找出针对性的改进方法。

2. 市场地位

市场地位反映企业提供的产品或服务在市场上占有的份额。这是反映企业经营实力和竞争能力的一个重要标志。如果企业占有的市场份额下降，那么可能意味着出于产品价格、质量、技术水平、功能或服务等某个或多个方面的原因，相对于其竞争对手而言，企业产品对顾客的吸引力下降，因此企业应该采取相应的措施，来扭转其市场占有份额下降的不利局面。

3. 生产率

生产率这一标准可用来衡量企业各种资源的利用效果，通常用单位资源所能生产或提供的产品数量来表示。其中，最重要的是劳动生产率标准。企业其他资源的利用效率在很大程度上取决于劳动生产率。

4. 产品领导地位

产品领导地位通常指产品的技术先进水平和功能完善程度。通用电气公司是这样定义产品领导地位的：它表明企业在工程、制造和市场方面引领一个行业的新产品和改良现有产品的能力。为了维持企业产品的领导地位，必须定期评估企业产品在质量、成本方面的状况及其在市场上受欢迎的程度。

5. 人员发展

企业的长期发展在很大程度上依赖于人员素质的提高。为此，需要测定企业目前的活动以及未来的发展对职工的技术、文化素质的要求，并与他们目前的实际能力相比较，以确定如何为提高人员素质采取必要的教育和培训措施。要通过人员发展规划的制定和实施，为企业及时供应足够的、受过良好培训的人员，在为员工提供成长和发展的机会的同时，促进企业的发展。

6. 员工态度

员工的工作态度对企业当前和未来的经营成就，有着非常重要的影响。测定员工态度有多个方面的标准。比如，可以通过分析离职率、缺勤率，判断员工对企业的忠诚；也可以通过统计员工提出的、旨在改进作业方法或管理方法的合理化建议的数量，了解员工对企业的关心程度；还可以通过对定期调查的评价分析，测定员工态度的变化。如果发现员工态度不符合企业的预期，那么任其恶化是非常危险的，企业应采取有效的措施来提高他们在工作或生活上的满足程度，以改变他们的态度。

7. 公共责任

企业的存续是以社会的认可为前提的。而要争取社会的认可，企业必须履行必要的社会责任，包括提供稳定的就业机会，参加公益事业等多个方面。企业公共责任能否很好地履行，关系到企业的社会形象。企业应根据有关部门对公众态度的调查，了解企业的实际社会形象同预期的差异，改善对外政策，提高公众对企业的满意程度。

除了通用电气公司的关键绩效领域之外，现在广受关注的关键绩效指标（Key Performance Indication，KPI）管理与考核，也是借鉴了关键控制点控制的相关原理而发展起来的一种管理方法。所谓KPI，就是通过对组织内部某一流程的输入端、输出端的关键参数进行设置、取样、计算、分析，衡量流程绩效的一种目标式量化管理指标。关键绩效指标要求把企业的战略目标分解为可运作的目标体系，并以此体系作为企业绩效管理系统的基础。KPI可以使部门主管明确部门的主要责任，并以此为基础，明确部门人员的业绩衡量指标，使业绩考评建立在量化的基础之上，在使组织中的各个个体明确自己的业绩控制标准的同时，也给主管提供了一个对下属的绩效进行考核，进而实施有效控制的客观标准。因而KPI是当今现代企业中受到普遍使用的业绩考评方法。

第三节　管理控制过程

控制首先根据计划设定的目标确定绩效衡量标准，然后把实际实现的绩效与预定标准相比较，从而确定组织活动中出现的偏差，在此基础上，有针对性地采取必要的纠正措施对出现的偏差进行纠正，以确保组织资源的有效利用和组织目标的顺利实现。组织活动的内容有很多，无论是新技术的研究与开发，还是产品的加工制造，或是市场营销宣传；也无论是涉及组织的人力资源，还是物力资源，或是财力资源，在组织活动中，都要对有限的资源分配使用的过程进行控制，而所有的控制过程都包括三个基本环节：①建立标准；②衡量绩效；③采取纠正措施（纠正偏差）。

一、建立标准

标准是人们检查和衡量工作及其结果（包括阶段结果与最终结果）的规范。制定标准是进行控制的基础。没有一套完整的标准，衡量绩效或纠正偏差就失去了客观依据。

控制的对象不同，建立标准的方法也不一样。一般来说，组织可以使用的建立标准的方法有三种：利用统计方法来确定预期结果；根据经验和判断来估计预期结果；在客观的定量分析的基础上建立工作标准。其相应的标准分别为：统计标准、经验标准、工程标准。

1. 统计标准

统计标准也叫历史标准，是以分析反映组织在历史上不同时期的运营状况的数据作为基础，为未来活动建立的标准。这些数据可能来自本组织的历史统计，也可以借鉴其他组织的经验。根据历史统计数据而建立标准，需要考察组织现实运营环境因素的变化，在科学地评估这些因素的实际影响程度之后，建立未来可以依据的标准。根据环境变化的剧烈程度，制定出未来的标准，可能是历史数据的平均数，也可能是高于或低于中位数的某个数值，但是务必注意，历史统计数据一定是在环境变化剧烈程度是可控或可接受的前提下才可借鉴。

2. 经验标准

实际上，不是所有工作的质量和成果都能用统计数据来表示，也不是所有的组织活动都保存着历史统计数据。对于新从事的工作，或对于缺乏统计资料的工作，可以根据管理人员的经验、判断和评估来为之建立标准。在利用这种方法建立工作标准时，要注意利用各方面的管理人员的知识和经验，综合大家的判断，给出一个相对先进合理的标准。

3. 工程标准

严格地说，工程标准也是一种用统计方法制定的控制标准，不过它不是对历史性统计资料的分析，而是通过对工作情况进行客观的定量分析来进行的。比如，产出标准是其设计者用来计算生产者，在正常情况下，所能做出的最大产出量的标准方法；工人操作标准是劳动研究人员，在对构成作业的各项动作和要素进行客观描述与分析的基础上，经过消除、改进和合并而确定的标准作业方法；劳动时间定额是测定的受过训练的普通工人，以正常速度和按照标准操作方法，对产品或零部件进行某个（些）工序的加工所需的平均必要时间。

很多机构如国家标准化管理委员会（Standardization Administration of the People's Republic of China，SAC）、国际标准化组织（International Organization for Standardization，ISO）、国际电工委员会（International Electro Technical Commission，IEC）和其他国际或区域性标准化组织会提供一些可以参照的国家或国际标准，这些都是企业可以甚至必须参照的标准，需要管理者关注。

二、衡量绩效

尽管组织可以在自己的某些日常活动开始进行之前，就可以并且通常会积极地预测其可能产生的偏差，并采取相应的措施消除这些偏差，这种理想的控制和纠偏方式虽然行之有效且往往成本低廉，但其现实可能性不是很高，毕竟并非所有的管理人员都有卓越的远见，所有的偏差都可以被预测，而且预防也未必能使偏差彻底地消失，无论事先的预测与预防活动多么完善。根据边际收益递减的基本原理，在考虑控制成本与收益之间的关系后，现实中的事先的预测与预防工作也不容易做到极致，所以实际执行过程中，偏差往往会出现。例如在压力型体制下，上级政府虽然可以凭借科层制正式权力结构，运用"命令—控制"机制来推进政策目标实施进程，但是上下级政府之间的关系扭曲、行为失范、参与排斥和合法性缺失等治理偏差问题依然存在①。

在此种情况下，最通行的控制方式应是，在偏差产生以后迅速采取必要的纠偏行动，从而纠正这种偏差。为此，要求管理者及时掌握能够反映偏差是否产生，并能判定其严重程度的信息。用预定标准对实际工作成效和进度进行检查、衡量和比较，就是为了提供这类信息。

为了能够及时、正确地提供反映偏差的信息，同时又符合控制工作在其他方面的要求，管理者在衡量工作成绩的过程中应注意以下几个问题：

1. 标准是否客观、有效

作为事先制定的衡量工作绩效的标准，一方面，其本身就存在合理预测的成分，如果事先的预测不够准确或者在实际执行的过程中出现突发的情况，标准可能会和实际发生的状况差距甚远，那么这个标准就是无效的。另一方面，标准的制定者和绩效的实际完成者往往并非同一人，标准的制定可能失于客观，使得预定的标准难以实现。

2. 绩效衡量的频度是否合适

生活或者工作的经验告诉我们，做事需要注意过犹不及或矫枉过正，管理控制同样如此，控制过多或不足都不是有效地控制。这种"过多"或"不足"除了可能表现在控制对象、衡量标准数目的选择上，还可能表现在对同一标准的衡量次数或频度上。过于频繁地衡量，不仅会增加控制的费用，而且会导致涉及其

---

① 张书涛. 政府绩效评估的嵌入治理与偏差控制：一个结构—关系的分析框架［J］. 河南师范大学学报（哲学社会科学版），2021（3）.

中的相关人员的不满，从而影响他们的工作态度。例如，管理者想了解某个下属完成工作的进度，如果问得太频繁，则可能会让他觉得上级对自己的能力和积极性不够有信心，从而心生怨气；如果衡量的次数过少，则可能使已经出现的偏差扩大或者是重大的偏差不能及时发现，从而不能及时采取纠正措施。

对某种活动的绩效进行衡量的频度和时机，取决于被控制活动的性质、重要程度和实际执行者的素质。例如，对产品的质量控制常常需要以小时或以日为单位进行，而对新产品开发的控制则只需以月为单位进行。对有高度责任心的执行者，可以选择较低的衡量频度，而对责任心比较欠缺的执行者，则需要比较高的衡量频度对其保持压力。除此之外，也需要根据经验判断控制对象可能发生重大变化的时间间隔，这个时间间隔也是管理者确定适宜的衡量频度需要考虑的重要因素。

3. 信息反馈系统是否足够完善

如果没有完善的信息反馈系统，控制工作是不可能有效进行的。信息反馈系统的实质是一种沟通，沟通过程中的渠道是否顺畅、速度是否够快、噪声是否会对传递的信息产生大的干扰等，这些方面都需要给予适当的注意。

三、采取纠正措施

依据客观的标准，利用科学的方法，对工作绩效进行衡量，使管理者发现事先设定的目标在实际执行中出现的偏差，在发现偏差的基础上分析偏差产生的原因，制定并实施必要的纠正措施之后，管理控制的过程才能被视为已经完成，并且实现控制与管理的其他职能相互关联。管理控制的最终结果是否有效，纠偏措施的针对性和有效性起到决定性的作用，在制定和实施纠偏措施的过程中，要特别注意以下几个方面：

1. 偏差是否会带来足够的危害

实际绩效和事先预期之间的偏差往往会出现，但是需要衡量这个偏差是否在合理的范围，换句话说就是这种偏差是否可以接受。由于计划不可能完全不折不扣地执行，允许适当的偏差存在是一个必然结果。因此，并不是所有的偏差都需要采取纠正措施。

2. 偏差产生的原因是什么

如果偏差的出现不可接受，在采取纠正措施之前，还需要准确地找到偏差产生的原因。偏差是实际绩效和计划设定的目标相比较的结果。偏差的出现往往由两方面的原因所导致：或者标准合理但未被达成，或者标准不合理而无法达成，因此对产生偏差的这两方面原因，显然要区别对待。

3. 应该采取怎样的纠正措施

根据偏差产生的原因，制定有针对性的措施是管理控制的最后一个步骤。在很大程度上，纠正偏差的措施是依据其产生的原因来制定的。纠正偏差的措施也分为两个方面：或者是适当地调整我们的预期，容忍这种偏差；或者是从实际执行工作的各环节着手，找到设定绩效不能达成的原因后有针对性加以解决，这是纠正措施的核心。如图 7-2 所示：

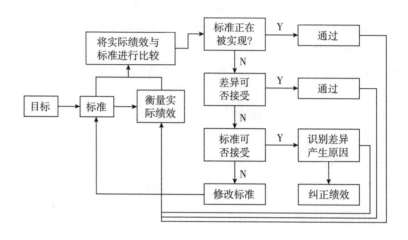

图 7-2　管理控制过程

课程思政小贴士

思政元素： 中共中央办公厅印发了《关于进一步激励广大干部新时代新担当新作为的意见》，对建立激励机制和容错纠错机制，进一步激励广大干部新时代新担当新作为提出明确要求。

教学意图： 组织学生学习《中国共产党问责条例》，并指导学生通过撰写案例分析报告，使学生明确在基层政府管理中，确立干部容错纠错机制的重要价值。

四、控制过程的原则

控制的目的是保证组织的活动符合计划的要求，以有效地实现预定目标。控制过程应该遵循以下几项原则：

（一）适时

组织活动中产生的偏差首先要被及时掌握，然后根据实际情况，对需要采取措施的偏差及时采取相应措施加以纠正，以避免偏差继续扩大，或防止偏差给组织带来的不利影响。适时纠偏，首先要求管理者能及时掌握相关信息，通过这些信息分析偏差是否产生及其影响的严重程度。如果偏差已经扩散，甚至对组织产生的负面影响已经不可挽回，反映偏差的信息才姗姗来迟，那么，即使这种信息是非常系统、非常客观、完全正确的，也不可能对纠正偏差带来任何指导作用。其次适时控制并不是"时时"控制，要根据掌握的信息进行准确的评估，未必是所有的偏差都需要马上采取措施，但是只要一旦认识到这种可能的偏差会继续扩大并带来负面影响，就要及时地采取正确的纠正措施。三鹿奶粉在"三聚氰胺"事件中的反应就是适时控制的一个反面教材，在事件初现端倪的时候不加重视，采取隐瞒不报或者打压受害者等错误的措施，最后事件彻底爆发，完全失控。三鹿奶粉的惨痛教训警醒我们，管理控制一定要及时。

（二）适度

控制适度是指控制的范围、程度和频度要恰到好处。管理控制的必要性并不意味着控制在任何时候都是被需要的，实践证明，控制过多和控制不足都同样有害。

过多的控制会对组织中的人造成伤害，对组织成员行为的过多限制，会扼杀他们的积极性、主动性和创造性，也会抑制他们的首创精神，从而影响个人能力的发展和工作热情的提高，最终会影响组织的效率。

过少的控制将可能使组织活动丧失应有的秩序，无法保证各部门的协调和活动的如期推进，最终影响组织总体目标的实现。过少的控制还可能使组织中的个人无视组织的要求，我行我素，不提供组织所需的贡献，甚至利用在组织中的便利地位谋求个人利益，最终导致组织的涣散和崩溃。

控制尤其是过多的控制尽管能减少组织的混乱，有利于维护企业的秩序，但总是会给被控制者带来某种不愉快，进而损失组织的效率和士气等。在得与失之间存在的合理均衡决定了组织有效控制的程度。最终有效的控制应该既能满足管理者对组织活动监督和检查的需要，又能避免管理者与组织成员之间发生的冲突。

控制程度适当与否，要受到许多因素的影响。判断控制程度或频度是否适当的标准，通常要视管理幅度、管理活动的性质、管理所处的层次、下属的能力与素质等多方面因素而定。一般来说，科研机构的控制程度应小于生产劳动单位；组织中对科室人员工作的控制要少于现场的生产作业人员；对受过严格训练、从而能力较强的管理人员的控制要低于那些缺乏必要训练的新任管理者或单纯的执行者。此外，组织的外部环境的变化也会影响人们对控制严厉程度的判断：在经济不景气、市场疲软时期，为了共渡难关，部分职工会同意接受比较严格的行为限制，而在经济繁荣时期则希望工作中有较大的自由度。

（三）有重点

任何组织都不可能对每一个部门、每一个环节的每一个人在每一个时刻的工作情况进行全面的控制，而是要有选择性地进行重点控制，因为并不是所有成员的每一项工作都具有相同的发生偏差的概率。从整体上看，青藏铁路的施工具有很高难度，但是总体的工程进度主要取决于几个"控制性工程"，比如高海拔隧道、冻土区桥梁等，这些工程难度更大，更可能出现问题从而导致工期延误。此外，并不是所有可能发生的偏差都会对组织带来相同程度的影响。

重点控制的核心就是要求组织找到最容易出现偏差或（和）同量偏差影响最大的要素进行控制。重点控制要求组织在建立控制系统时，利用二八原理、例外原则等工具，找出影响企业经营成果的关键环节和关键因素，并据此在相关环节上设立预警系统或控制点，进行重点控制。

（四）注重效益

管理控制能帮助组织更好地达成目标，但同时控制过程也要耗费相当的成本。在实施某项控制工作的过程中，衡量工作成绩，分析偏差产生的原因，以及为纠正偏差而采取相应的措施，都要支付或多或少的费用，构成组织的运营成本；在进行了该项控制工作之后，由于纠正了组织活动中潜在的或已存在的偏差，也会相应地给组织带来一定的收益。

因此，管理控制工作也要进行成本收益分析，注重控制的效益，做到有所为有所不为。只有当某项控制工作能带来的潜在收益大于其所需成本时，才是值得进行的控制活动。控制的成本收益分析实质上是从经济利益的角度去分析控制的程度和范围甚至具体的对象的情况，对所有追求效益最大化尤其是追求利润最大化的企业来说，这一点尤其重要。在设定标准过程中，对某些控制成本高但控制收益差的偏差就加以包容或在出现之后采取忽略的态度，是更值得选择的。

（五）客观

控制工作应该针对组织运营的实际状况，采取必要的纠偏措施，或促进组织活动沿着原先的轨道继续前进。要使管理控制成为一种有目的的行为，而不是对组织活动的随意干涉，管理控制必须是客观的。控制的客观性有以下两层意思：第一，控制标准在控制活动开始之前制定。控制的依据在控制活动开始前就客观存在，而不是在控制活动进行中随意设定的。如果这种事先制定的目标明确且目标的承担者清楚这个目标的话，发生偏差的可能性往往会比较小。组织运作的过程中，首先忌讳的事情就是相关责任人不知道自己的目标是什么，而更加忌讳的是，对目标负有控制责任的人也不知道目标是什么，后者可能对组织产生的危害远比前者更大。第二，事先设定的标准应该是客观的，符合组织的要求和发展规律。标准太低的目标会使工作变得简单而缺乏挑战性，不利于组织的更好发展；

标准太高、不切实际、超越现实的目标，要么会严重地打击相关责任人的信心，使其放弃努力，要么逼着他们采用虚假的方式造成完成目标的假象，进而给组织带来更大的危害。例如，我国在 20 世纪 50 年代末 60 年代初的"大跃进"运动中，"浮夸风"和"放高产卫星"就恰恰是不切实际的目标，为达到目标而采取的虚假方式给我们留下了惨痛教训。由此可见，任何组织都必须定期检查过去规定的目标标准和计量规范，使之符合现阶段组织的要求。没有客观的标准和准确的检测手段，人们对企业实际工作就不易有一个正确的认识，从而难以采取正确的措施，进行客观的控制。

（六）有弹性

组织在运作过程中可能经常遇到某种突发的、无法抗拒的变化，这些变化使组织在事先制定计划时所设定的一些前提条件与现实的情况严重背离。例如，2020 年新冠肺炎疫情暴发后，中国各级政府积极应对，采取多种措施将疫情的危害降到最低。上述案例表明，有效的控制系统应在组织遭遇严重突发事件时仍能发挥作用，维持组织的运作，换言之，组织的控制应该具有足够的灵活性和弹性。

控制的弹性通常与控制标准的弹性正相关。组织的预算通常规定了各级主管人员在一个财务年度内可以支配的资金额度。然而，各类组织所面临的事务在很多时候又带有突发性和偶然性，这就需要组织尽可能预测所面临的突发状况，并增加预算的弹性和灵活性。随着社会主义市场经济的快速发展，基层群众的需求呈现出多样化[1]、多层次性的特征[2]，随之而来的是基层治理的复杂程度也在逐渐增加。要解决这些问题，基层政府就需要充裕且灵活的财政预算，但现有的财政体制明显与之冲突的地方。20 世纪 90 年代初，在大包干制度的影响下，中央财政连年下降，有时不得不向地方政府举债借钱来缓解中央政府开支困局。财政收入占 GDP 比重从 1979 年的 28.4% 降到 1993 年的 12.6%，中央财政在全国财政的比重从 46.8% 降到 31.6%。1994 年，分税制正式实行，中央将税源稳定、税基广、易征收的税种大部分上划，消费税、关税划为中央固定收入，企业所得税按纳税人隶属关系分别划归中央和地方；增值税在中央与地方之间按 75：25 的比例分成。1994 年中央财政收入比上一年猛增 200%，占全国财政总收入比例由上年的 22% 急升至 56%。分税制改革后，中央财政收入大幅增加，国家实行宏

---

① 纪叶，周家祥. 多样化需求下基本公共服务的规划方法探索——以北京市小学生住一学时空结构为例 [J]. 城市发展研究，2017（6）.

② 晁娜娜，杨沁华. 耕地规模、农业保险认知及其潜在需求的多样化——基于全国 6492 个粮食种植户的考察 [J]. 财经科学，2017（5）.

观调控的能力也逐渐增强，但问题也随之显现。由于大量税种收归中央统管，地方政府需要承担的公共支出责任就很难有效履行，这样一来，为了解决地方治理问题，各个地方政府就想尽办法"创收"①，在这一过程中"跑部钱进"②的寻租和腐败问题衍生出来。有的基层政府没办法创收就到处"化缘"③来解决基层治理资金不足等问题。

但是控制的弹性或者灵活性是有一定限度的。近年来，各级人大代表普遍对本级政府财政因预算过于粗放、笼统，导致政府资金使用不明提出了批评的声音，民众也津津乐道于国外财政预算细到每一顿饭、每一道菜，使官员连多吃一道菜的钱也没法支出。两相对比，掌握控制弹性的限度，一定要格外慎重。

课程思政小贴士

思政元素： 党的十九届四中全会强调，健全充分发挥中央和地方两个积极性体制机制。中国社会主义现代化建设的历史显示，充分发挥中央和地方两个积极性是实现"中国之治"的"重要密码"。新中国成立七十多年来，在党的领导下，我国的国家治理绩效世所罕见的重要原因之一，在于构建了一整套充分发挥中央和地方两个积极性的体制机制。

教学意图： 向学生讲述，在中国政府治理改革中，为何要强调发挥中央和地方两个积极性，实行弹性化治理。

第四节　有效控制系统的建立

一、控制系统的组成

有效的控制系统由以下几个基本部分组成：

（1）预先规定的目标、计划、方针、标准、规范、决策、准则和尺度；

（2）衡量当前活动的方法（应尽量采用定量的方法）；

（3）把当前活动与某一标准对比的方法；

（4）纠正当前活动的偏差以达到期望结果的方法。

---

① 焦长权. 中国地方政府的财政自给能力：历史演变与层级差异（1990—2014）［J］. 开放时代，2020（3）.

② 刘光华，郝宽国. "驻京办"、"跑部钱进"与财政分配体制的完善［J］. 甘肃社会科学，2011（6）.

③ 田先红. 弹性财政：基层化缘行为及其解释［J］. 西北师大学报（社会科学版），2021（2）.

控制系统的第一部分将回答以下问题：结果是什么？着眼于未来，着眼于想干什么和预期的结果是什么。当未来的事件发生时，如果事先对其做过预测，我们就能有解释这些事件发生的根据。即便是不精确的预测也可作为一种思路，使我们更好地了解当前的实际情况。标准可能是事先任意制定出来的。规定的目标在旁人看起来也可能并不好，有效的控制系统并不去评价目标好坏；它只是给出一种方法，以指导组织的活动去实现这个目标。

预先规定的标准应该具体而明确，为此，往往使用定量的单位来说明。在生产管理中，下面这些具体单位都可以作为控制生产活动的简单而直接的尺度。例如，在财务管理中，以货币单位来具体说明一些标准。财务管理人员一般都把该企业过去的成绩，例如前十二个月的数字，作为当前掌握经营状况的尺度。当然这样做是假定过去的经营并不太坏，如果能保持或超过这个水平，企业的营业额就不会下降。市场营销人员则常用一些工业数据，比如公司可以将对照比较其销售成绩的各种基数作为标准，还可以根据市场潜力定出销售额，作为其预定的目标。

控制系统的第二部分是衡量实际工作情况。因为记录和报告整理必须符合控制系统的要求，所以这一部分在整个控制系统中是最费力也是最费钱的。衡量实际工作情况时使用的标准必须和之前制定标准时所用的单位相同。及时报告情况可以增加控制系统的价值。对数据处理方法的改进可以提高数据的报告速度和更新频率。

衡量实际工作情况的准确程度，取决于应用场合的具体要求。所有的衡量都只能在一定程度内保持准确性。当需要强调维持某一数量级准确的重要性时，就把衡量的数字也提到这一级，在管理中是有许多这样的例子的。过分关心小的误差就有可能模糊重要的因素并使解释混乱。一个好的管理人员应该能迅速抓住已完成的工作的要害，这种能力是实行有效管理的最重要的因素。

把实际情况与设定的标准进行对比，就可以看出工作中的偏差，这个重要步骤使控制系统提供的数据更有意义。因为有些偏差是在一切活动中都会有的，对管理人员来说，关键的问题是要确定多大偏差才有实际意义，才值得我们考虑。如果不清楚这个界限，管理人员就有可能把自己的精力浪费在并不重要的事情上，而没有足够的时间去研究应予重视的问题。

把实际完成情况与预定目标相比较的方法是一个重要方法。最简单最直接的方法常常就是最好的方法。图表法是一种能排除细节的干扰，从而直观地看出重要的相互关系的方法。解释大量数据意义的人都知道，除非能找到一些简化数据的方法，否则这种搜集数据的打算是徒劳的。

控制系统的第三部分是对各种相互关系的研究，通过比率、趋势、数学公式和图表等方法，用以表示实际工作情况与预定标准之间的关系，从而使衡量实际工作情况的结果更有意义。

实际上，把已完成的工作情况与计划中要求完成的情况进行比较，其目的不仅是为了确定什么时候发生过偏差，而且使管理人员能预料到将来会出现什么问题。一个有效的控制系统能迅速提供情报以及时防止问题的发生。一个好的管理人员不会陶醉于过去的成功而不思进取，他将继续对工作保持警觉的控制，在需要时及时采取措施，以便在问题尚未发生前就把它们消灭掉。

控制系统的第四部分是对已经发现的错误采取纠正措施。在这一部分也可能包括决定不采取任何措施——如果实际工作"仍在控制之中"的话。

管理人员在采取纠正措施时要避免犯两大错误：一是不需要采取措施时采取措施；二是需要采取措施时却不采取措施。一个有效的控制系统应该具备某些条件，能帮助管理人员预测造成上述这两种错误的危险。当然，对管理系统最后的检验还是要看是否在正确的时间采取了正确的措施。

二、有效控制的特征

有效的控制系统应该具备以下特征：

（一）准确性和客观性

一个控制系统如果不能提供准确的信息，就会导致管理者在该采取行动的时候无所适从，或者在根本没有出现问题的时候采取不适当的行动，因此，控制系统应该首先能够提供准确可靠的信息。同时，虽然在管理中难免会有许多主观的成分，但是管理者不能仅凭个人的主观经验或直觉判断，而是应该采用科学的方法，尊重客观事实，正确地对待并科学地分析控制系统提供的信息，从而做出准确的后续判断。

（二）及时性

控制不仅要准确客观，而且要及时，再好的信息，如果过时，也毫无价值。因此，一方面，控制系统要及时地提供信息；另一方面，管理者要及时地处理信息并得出结论，进而及时采取措施。在很多时候，控制的主要对象只是一种发展趋势而不是既成的事实。

（三）经济性

控制工作也要进行成本收益分析，选择合理的控制点、控制频度、控制范围等，要将控制重点和例外情况相结合，在使控制成本最小化的同时，实现控制的收益最大化。

（四）指示性

有效的控制系统不仅在于可以指出偏差的产生，还在于必须指出偏差发生的确切位置、原因和相应的责任人，并且能够提出如何纠正这种偏差。简而言之，有效的控制不仅要指出问题所在，还要能够明确问题的性质并给出解决问题的方法。

（五）弹性

控制系统本身应该具有足够的弹性或灵活性，以适应各种不同的变化。影响组织环境的因素往往众多并变化剧烈，当环境条件改变时，有效的控制系统应该能够跟得上这种改变，使组织的行为仍然在控制之中。

（六）可理解性

任何控制系统必须是所涉及的员工可以理解的。一个难以理解的控制系统即便确实有效，也往往会因为它不能为员工所理解而得不到有效的运行。

三、有效控制的基础与前提

控制的目的是保证组织的活动符合计划的要求，从而有效地实现预定目标。尽管不同的组织所制定的目标和计划各不相同，所采用的控制系统也有差别，但是，一般认为，有效的控制系统应当具备下列共同的基础条件：

1. 控制要有计划

如前所述，控制与计划是一体两面的关系。第一，计划是控制的标准，没有计划就谈不上控制，实现计划是控制的最终目的。计划制定得越详细、越明确、越可行，控制就越容易。正因如此，预算控制才成为一种最重要和最常见的控制方法，因为预算是最详细的计划。所以，要做好控制工作，首先要做好工作计划。第二，控制工作本身也需要有计划。对于主管人员来说，不仅需要建立控制标准，还需要明确控制工作的步骤、重点、方法和目标。根据控制趋势原理，控制工作需要有足够的提前量，在可能出现非预期状态之前，就把工作做到位。在管理实践中，要防止胡子眉毛一把抓，头痛医头，脚痛医脚，以至于让控制工作混乱无序。

2. 控制要依据准确适量的信息

信息是组织活动的要素，准确完整并且敏锐的管理信息，对于管理的重要性已经无须赘述。很多学者会把管理信息系统作为管理的重要前提之一，进行单独论述。信息也是控制的基础和前提，因为控制本质上是个信息反馈的过程，控制必须依据准确适量的信息。所谓准确的信息是指信息必须真实准确、及时、全面完整和适量。为保证获得符合上述系列要求的信息，控制系统必须建立起完善的信息传递网络和机制，保证信息畅通，必须建立必要的信息处理机构，运用先进的辅助工具和科学的信息处理方法等，对信息加以存贮、加工和处理，同时建立科学的报告制度，及时传递信息。除此之外，一些信息系统还要有专家的参与，因为平时看似平常的信息却可能是一些事件或趋势的重要线索，但常人却往往难以确认。无论是非典中的钟南山院士还是三鹿奶粉事件中的解放军第一医院泌尿外科主任张伟（据有关报道，他是第一个发现患儿是食用受污染的三鹿奶粉导致患上肾结石的医生）等都对此类信息的正确处理，起到至关重要的作用。

3. 控制要有组织

这包含两层含义：其一，为保证组织管理的控制职能积极有效地发挥作用，应建立起专门的控制机构，配备专职的控制人员，授予相应的权力并要求其承担相应的职责，或者至少明确组织中的相关人员对相应的事务的控制职权。从这点来看，控制是在组织中进行的，控制需要组织。其二，控制必须充分注意组织内的相互协调。在一个组织中，控制是多方面的，各方面的内容和目的都不一样，为了保证组织的根本目标得以实现，各个部门的步调必须一致。这就需要在控制的同时注重协调。

4. 控制必须建立起明确的责任制

要使控制参照的标准得到落实，控制必须建立起明确的责任制。通过责任制，使组织中的每个人都明白自己的职责和要达到的标准，并自觉遵守，即便通过绩效衡量发现组织成员没有达到相应的标准，也能够把责任明确到相应的个体或组织，要求其整改。无疑，明确的责任制最希望达到的目的是，使组织的控制工作从外部的控制转换为员工或组织的自我约束与控制，这才是更加行之有效的控制工作。

四、影响有效控制的因素

（一）控制重点

只有看出了计划中最重要的、关键的和有限的几点，并始终注意在这些点上的调整措施，才能得到最佳的控制。企图对计划中的所有的点都加以控制，其结果往往会增加不必要的工作，以至于分散对重要问题的注意力。这一控制原则与管理中的例外原则紧密相关。它们都强调区分重要因素和不重要因素。有效控制从不意味着要最大限度地控制，因为控制往往需要付出成本，并且有时这种成本还很高昂。

（二）反馈

根据完成工作的情况以调整未来行动的过程叫反馈，反馈的存在使沟通成为一个闭合的回路，通过这种闭合的回路能够对控制的成效进行检验，并且使有效控制不断得到强化。

（三）灵活性

任何控制系统都必须能对变化了的情况做出反应。有效的控制系统要求它能适应各种因情况变化而出现的新情况，包括该系统本身失效在内，并且能有效应对。

（四）对组织的适宜性

控制必须与组织相适应。反映当前运行情况的信息流动过程，应与所建立组织机构相适应，为了能控制全部工作，上级必须找到一种能有效控制下属各部门的方法。

（五）自我控制

有的单位可以规划成自我控制型的单位。如果一个部门有自己的目标和控制系统，许多具体控制问题可以在部门内部解决。这些自我控制的子系统可以由总控制系统联系起来。自我控制的程度和其在全部控制工作中所占的份额，直接决定了组织控制的工作总量和成本。

（六）人的因素

任何有人参加的控制系统都要受到这一因素的影响——组织中的人如何看待这一系统。一个在技术上设计得很好的控制系统，可能由于不受人们欢迎，普遍遭受成员的心理抵触而失败。例如，一个生气勃勃且有想象力的领导往往反对上级的过多控制，认为这些控制会妨碍其能力的发挥。对这样的人进行管理控制，就要特别注意人的因素。

五、提高控制效率的措施

要使控制工作更好地发挥作用，更好地取得预期的成效，还要特别注意满足以下几个要求：

（1）控制系统应切合主管人员的个别情况。建立控制系统必须符合每个主管人员的情况及其个性，使他们能够理解它，进而能信任它并自觉运用它。

（2）控制工作应确立客观标准。管理中对工作的评价难免会有许多主观因素在内，但是对于下属工作的评价，仅仅凭管理者的主观标准是不够的，更重要地，要有客观标准。在需要凭主观标准来控制的那些地方，主管人员或下级的个性也许会影响对工作的准确判断，但这与控制工作需要有客观标准并不矛盾。客观标准可以是定量的，也可以是定性的，关键在于，在每一种情况下，标准都应是可以测定和可以考核的。

（3）控制工作应具有灵活性。在某种特殊情况下，一个复杂的管理计划可能运行失常，从而失效。控制系统除了报告这种失常的情况外，它还应当含有足够灵活的要素，以便在出现任何失常情况下，都能保持对运行过程的管理控制。这就要求在制定计划时，要有适度的弹性和灵活性，充分考虑到各种可能的情况而拟定各种抉择方案。

（4）控制工作应讲究经济效益。由于控制系统效果的一个限定因素是相对的经济效益，即以最小的控制成本投入，获得最大的控制产出。因此可以断言，如果控制技术和方法能够以最小的费用或其他代价来查明偏离计划的实际原因或潜在原因，那么它就是有效的。

（5）控制工作应有纠正措施。一个正确的有效的控制系统，只有通过适当的计划工作、组织工作、人员配备、指导与领导工作等方法，来纠正那些已显示出的或所发生的偏离计划的情况，才能证明该控制系统是正确的。

（6）控制工作要具有全局观。在组织结构中，各个部门及其成员都在为实现其个别的或局部的目标而活动着。因此，对于一个合格的主管人员来说，进行控制工作时，不能没有全局观，要从整体利益出发来实施控制，将各个局部的目标协调一致。

（7）控制工作应面向未来。一个真正有效的控制系统应该能预测未来，及时发现可能出现的偏差，预先采取措施，调整计划，而不是等出现了问题再去解决。

案　例
揭秘卢氏县如何确保扶贫资金高效利用

卢氏县地处河南省西部，曾经是秦巴山片区国家扶贫开发工作重点县、河南省"三山一滩"扶贫开发工作重点县和深度贫困县。2017年初，在河南省政府主要领导的推动下，卢氏金融扶贫试点工作开始启动。卢氏金融扶贫试点工作在不到一年时间内形成了独具特色的"卢氏模式"，成效显著，受到了全国的关注。那么，卢氏县金融扶贫取得卓越成果的成功秘诀是什么呢？

1. 优化纵向金融服务体系

为充分发挥县、乡、村三级金融扶贫服务机构在脱贫攻坚中的作用，更好地为建档立卡贫困户、带贫企业和新型农业经营主体提供快捷、高效金融服务，把金融扶贫各项政策落细、落小、落成，确保小额扶贫贷款能够放得出、收得回、见实效，确保金融服务进村、入户、到人，真正发挥金融扶贫支撑作用，卢氏县构建了从县到村的金融服务体系。县级金融扶贫实验中心由主管脱贫攻坚工作的县级主管领导担任中心主任，扶贫办、金融办、人行的负责同志担任副主任。乡镇金融扶贫服务站则由主管扶贫工作的乡镇副书记担任，乡镇扶贫办主任、驻乡镇金融机构负责同志担任副职。村级金融扶贫服务部则由村支部书记担任。贫困村金融扶贫服务站工作经费，由省财政按照有关政策，每年拨付5000元。非贫困村金融扶贫服务站工作经费由县级财政拨付，人口1000人以上的非贫困村，每年不少于 3000 元；人口不足 1000 人的非贫困村，工作经费每年 2000 元。

2. 建设风险防控体系

着眼"三农"信贷风险高的现实，卢氏县通过建立风险补偿机制、风险分担机制、项目资金监管机制和激励约束熔断机制等措施加强对扶贫资金的使用。首先，建立风险分担机制。对贫困户扶贫贷款实际发生的风险，卢氏县政府、合作银行、省农信担保和省担保集团分别按照 20%、10%、50% 和 20% 的比例分担风险；对农业龙头企业扶贫贷款实际发生的风险，卢氏县政府、合作银行、省农信担保和省担保集团分别按照 20%、20%、40% 和 20% 的比例分担风险。其次，设立县级风险补偿金。卢氏县政府设立 5000 万元的风险补偿基金（其中：卢氏县统筹相关资金安排 3000 万元，省财政统筹省级财政扶贫资金安排 2000 万元），对扶贫贷款实际发生的风险按比例进行补偿。省财政对卢氏县设立风险补偿金给予适当补贴。最后，省级对担保机构建立风险补偿机制。按照《财政部农业部银监会关于印发〈关于财政支持建立农业信贷担保体系的指导意见〉的通知》（财农〔2015〕121 号）"建立农业信贷担保经营风险补助机制"要求，统筹省级财政扶贫等资金，安排担保风险补偿金，对省农信担保和省担保集团所发生的代偿给予合理补助，并建立省级风险补偿资金的持续注入机制。

3. 建设信用评价体系

着眼于农村抵押物缺失、信用体系欠缺的现实，卢氏县将农户信用评价体系建设与优化作为控制政府扶贫资金高效利用的重要抓手。第一，建立中小企业信息评价系统，完善信用评价体系，由县中心牵头人民银行卢氏县支行负责。中小企业信息采集由工商、质监、国税、地税、公安、国土资源、环保、法院、人社、食药监、不动产登记、各金融机构、担保机构、公积金管理机构、供电、自来水、天然气等有关部门共同完成，各部门明确专人负责信息采集、录入、审核、评审、更新工作。全县建立统一的数据平台，县、乡、村金融扶贫服务机构及有关单位根据授权，实现信息共享。第二，在完成信用户评定基础上，实施信用村、信用乡镇评定，评定工作由县中心负责。信用村评定标准：全村信用户的比例达 70% 以上，文明村、星级党支部创建工作成效明显的，授予"信用村"。信用乡镇评定标准：全乡信用村的比例达 65% 以上，在基层党建、综合治理、精神文明建设、"三城联创"等方面领导有力、成效显著的，授予"信用乡镇"。

资料来源：依据卢氏县人民政府网站资料整理。

案例讨论

卢氏县产业扶贫资金流向是如何实现精准控制的？

复习思考题

1. 有效控制系统的特征有哪些?
2. 控制工作的过程是怎样的?
3. 直接控制的前提假设是什么?
4. 控制的必要性有哪些?
5. 有效控制的基础与前提是什么?
6. 如何实现弹性控制?
7. 如何提高控制效率?

前沿篇

第八章　应急管理

抉择时刻①

2001 年 9 月 11 日（星期二），美国东部时间 8 时 45 分，一架从波士顿飞往洛杉矶的波音 767 飞机遭劫持后，撞向位于纽约曼哈顿的世界贸易中心北侧大楼。9 时 03 分，又有一架飞机以极快的速度，撞向世界贸易中心南侧大楼。遭到撞击后，高达 110 层的世界贸易中心的双子塔楼相继倒塌，附近多座建筑也因受震而坍塌。9 时 30 分左右，另一架被劫持的客机撞向位于华盛顿的美国国防部五角大楼，导致五角大楼局部结构损坏并坍塌。10 时左右，第四架被劫持的飞机在宾夕法尼亚州尚克斯维尔（Shanksville）附近的乡村坠毁，这就是震惊世界的"9·11"事件。

"9·11"事件是有史以来发生在美国本土最为严重的恐怖袭击事件，时任美国总统小布什事后谈道："自珍珠港事件后，这是我们遭遇的最为惨痛的一次突然袭击。这也是自 1812 年第二次独立战争后，第一次遭遇敌人袭击我们的首都。"根据官方统计，截至 2004 年 7 月 9 日，此次事件共造成 2973 人遇难，并带来了严重的人员伤亡和经济损失。"9·11"事件不仅影响了美国的内政外交，也深刻地改变了世界格局。

"9·11"事件也是对美国政府，特别是对当时在美国执政的小布什政府的严峻考验。事发当时，正在佛罗里达州的埃玛·布克小学访问的美国总统小布什得知这一严重事件后，有这样的反应："我的第一反应就是愤怒，竟然有人胆敢袭击美国。""阅读课还在继续，但是我的思绪早已飞离教室。谁会干出这样恶毒的行为？造成的损失有多严重？政府需要做些什么呢？"

"9·11"事件是美国公共危机管理的一个里程碑式的事件，也是全球公共危机管理的一个重要转折点。事件发生后，公共危机管理很快成为全球关注的一个

---

① 参考资料：［美］乔治·沃克·布什. 抉择时刻［M］. 东西网译. 北京：中信出版社，2011：121–123.

焦点，得到包括中国在内的世界各国前所未有的重视。

由于表达习惯的差异，在我国官方文件和实践部门中，多使用"应急管理"这个说法，而不是使用"公共危机管理"。党的十八大以后，我国学术界，也日益倾向于使用"应急管理"。综合考虑各种情况后，本章的标题采用了"应急管理"。

第一节　应急管理的概念

2019年11月29日，习近平总书记在主持十九届中央政治局第十九次集体学习时强调："应急管理是国家治理体系和治理能力的重要组成部分，承担防范化解重大安全风险、及时应对处置各类灾害事故的重要职责，担负保护人民群众生命财产安全和维护社会稳定的重要使命。要发挥我国应急管理体系的特色和优势，借鉴国外应急管理有益做法，积极推进我国应急管理体系和能力现代化。"

习近平总书记的重要讲话高屋建瓴，深刻地指出了在当前中国，加强应急管理体系和能力建设的重要性和紧迫性，为新时代推进我国应急管理体系和能力现代化建设提供了根本遵循。那么，什么是应急管理呢？

一、突发事件、应急管理的含义

应急管理是对突发事件事前、事发、事中、事后发生发展全过程管理，是突发事件事前、事后的管理与事发、事中的应急的有机统一。应急管理的对象是突发事件。因此，要准确掌握应急管理的概念，首先要了解突发事件的含义。[①]

（一）突发事件的含义与特征

1. 突发事件的含义

突发事件是指发生突然，可能造成严重社会危害，需要采取应急处置措施的紧急事件。《中华人民共和国突发事件应对法》将"突发事件"界定为：突然发生，造成或者可能造成严重社会危害，需要采取应急处置措施予以应对的自然灾害、事故灾难、公共卫生事件和社会安全事件。

突发事件有四个方面的含义：

（1）事件的突发性。事件发生突然，难以预料。

---

① 本部分内容参考和借鉴了此书相关章节的内容. 罗建军，卢红. 应急管理概论 [M]. 长沙：湖南科学技术出版社，2011：2-21.

（2）事件的严重性。事件造成或者可能造成严重社会危害。

（3）事件的紧急性。事件须采取应急处置措施予以应对，否则将出现严重后果。

（4）事件的类别性。我国把各种突发事件划分为自然灾害、事故灾难、公共卫生事件和社会安全事件四类，从而有利于突发事件的分类管理。

2. 突发事件的特征

突发事件的类型众多，每类突发事件都具有自身的特性。但整体来看，突发事件具有以下共同特征：

（1）突发性。绝大多数突发事件是在人们缺乏充分准备的情况下发生的，使人们的正常生活受到影响，使社会的正常秩序受到干扰。

（2）不确定性。突发事件往往具有高度的不确定性：一是发生状态的不确定性。突发事件在什么时间、什么地点、以何种形式和规模爆发通常是无法提前预知的。二是事态变化的不确定性。突发事件发生之后，许多不确定因素在随时发生变化，事态的发展也会随之出现变化。

（3）破坏性。突发事件的破坏性来自多个方面：对公众生命构成威胁、对公共财产造成损失、对各种环境产生破坏、对社会秩序造成紊乱和对公众心理制造障碍。如果对突发事件的处置不当或不及时，可能还会带来经济危机、社会危机和政治危机，造成难以预计的不良后果。

（4）衍生性。衍生性是指由原生突发事件的产生而导致其他类型突发事件的发生。按照影响程度，衍生性分为两种情况：一种情况是衍生突发事件的危害程度、影响范围低于原生突发事件；另一种情况是衍生突发事件的危害程度、影响范围高于原生突发事件。从本质上讲，在第二种情况下，问题的主要矛盾已经发生了转移，应急活动的主要对象已产生了变化，这种衍生突发事件，实际上已经成为另一个突发事件，因此需要重新调整社会力量和精力。

（5）扩散性。突发事件造成的影响不再仅仅局限于发生地，它可能会通过内在联系引发跨地区的扩散和传播，波及其他地域甚至他国，形成国际影响。

（6）社会性。社会性是指突发事件会对社会系统的基本价值观和行为准则框架产生影响，其影响涉及的主体是社会公众。

（7）周期性。突发事件类型多种多样，但都具有基本相同的生存过程，都要经历潜伏期、爆发期、影响期和结束期4个基本阶段的演变，这也称为突发事件的生命周期。

3. 突发事件的分类

突发事件的种类繁杂，可以从不同的维度和不同的标准，对其进行分类。从诱因来看，可分为自然性突发事件和社会性突发事件，这里的社会性突发事件又可进一步分为经济危机类、公共卫生事件类、事故灾难类、社会安全事件类；从危害程度来看，可分为轻度危害、中度危害和重度危害的突发事件；从是否可预测来看，可分为可预测突发事件和不可预测突发事件；从防控情势来看，可分为可防可控突发事件和不可防不可控突发事件；从影响范围来看，可分为地方性、全国性或区域性、世界性的突发事件。突发事件的分类，如表8-1所示。

表8-1　突发事件的分类

维度	类型
诱因	自然性突发事件、社会性突发事件
危害程度	轻度危害、中度危害和重度危害的突发事件
预测性	可预测突发事件、不可预测突发事件
可防可控性	可防可控突发事件、不可防不可控突发事件
影响范围	地方性、全国性或区域性、世界性的突发事件

在我国，根据发生原因、机理、过程、性质和危害对象的不同，突发事件分为四大类：即自然灾害、事故灾难、公共卫生事件和社会安全事件。

（1）自然灾害。主要包括干旱、洪涝、台风、冰雹、沙尘暴等气象灾害，地震、山体滑坡、泥石流等地质灾害，风暴潮、海啸、赤潮等海洋灾害，森林草原火灾，农作物病虫害等生物灾害等，共有五小类。

（2）事故灾难。主要包括铁路、公路、民航、水运等交通运输事故，工矿商贸等企业的安全生产事故，城市水、电、气、热等公共设施、设备事故，核与辐射事故，环境污染与生态破坏事故等。

（3）公共卫生事件。主要包括传染病疫情、群体性不明原因疾病、食物与职业中毒、动物疫情及其他严重影响公众健康和生命安全的事件。2020年暴发的新冠肺炎疫情，就属于突发重大公共卫生事件。

（4）社会安全事件。主要包括恐怖袭击事件、经济安全事件、民族宗教事件、涉外突发事件、重大刑事案件、群体性事件等。

突发事件的分类是静态的，突发事件的演进却是动态的。各类突发事件之间往往是相互关联、相互渗透的，需要各个部门协同应急、合成应急。因此，在现代社会，有关部门要关注系统性的风险，一定要以系统的眼光来认识突发事件。应急管理在坚持分类管理的同时，也要提倡部门之间的相互协作，系统治理，从而形成应对突发事件的强大合力。

4. 突发事件的级别

按照社会危害程度、影响范围、突发事件性质和可控性等因素，我国将自然灾害、事故灾难、公共卫生事件和社会安全事件四类突发事件分为四级，即特别重大、重大、较大和一般。法律、行政法规或国务院另有规定的，从其规定，如核事故等级的划分。

（1）一般事件。预计将要发生一般以上的突发事件，事件即将临近，事态可能会扩大。

（2）较大事件。预计将要发生较大以上的突发事件，事件即将临近，事态有扩大的趋势。

（3）重大事件。预计将要发生重大以上的突发事件，事件即将临近，事态正在逐步扩大。

（4）特别重大事件。预计将要发生特别重大的突发事件，事件会随时发生，事态在不断蔓延。

另外，根据事故造成的人员伤亡或者经济损失，国务院《生产安全事故报告和调查处理条例》又将生产安全事故分为以下等级：

（1）特别重大事故。是指造成30人以上死亡，或者100人以上重伤（包括急性工业中毒，下同），或者1亿元以上直接经济损失的事故。

（2）重大事故。是指造成10人以上30人以下死亡，或者50人以上100人以下重伤，或者5000万元以上1亿元以下直接经济损失的事故。

（3）较大事故。是指造成3人以上10人以下死亡，或者10人以上50人以下重伤，或者1000万元以上5000万元以下直接经济损失的事故。

（4）一般事故。是指造成3人以下死亡，或者10人以下重伤，或者1000万元以下直接经济损失的事故。

需要注意的是，社会安全事件是不分级的。这是因为社会安全事件不同于其他三类突发事件，其演进呈现出非线性的特点。美国气象学家洛伦兹（Lorenz）提出了"蝴蝶效应"，即南美洲亚马孙河流域的一只蝴蝶扇动几下翅膀，可以导致此后美国得克萨斯州的一场龙卷风。社会安全事件经常会出现发展变化的"蝴蝶效应"。

（二）应急管理的含义

"应急管理"一词来源于英文 Emergency Management，是指政府、企业以及其他公共组织，为了保护公众生命财产安全，维护公共安全、环境安全和社会秩序，在突发事件事前、事发、事中、事后所进行的预防、响应、处置、恢复等活动的总称。

根据以上定义，应急管理有两个方面的含义：①应急管理贯穿于突发事件的事前、事发、事中、事后的全过程。②应急管理是事前、事后的管理和事发、事中的应急的有机统一。

应急管理是政府的核心职能之一。它涵盖四类活动：①预防、减少突发事件的发生。②响应、应对突发事件。③控制、减轻突发事件的社会危害。④清理、消除突发事件的影响。归纳起来，应急管理就是围绕突发事件而展开的预防（Precaution）、响应（Response）、处置（Handling）、恢复（Recovery）的活动。

所谓"预防"，是指减少影响人类生命、财产的自然或人为风险，提高应对各种突发事件的能力，如实施建筑标准、推行灾害保险、颁布安全法规、制定应急预案、建立预警系统、成立应急中心、进行救援培训、开展应急演练等；所谓"响应"，是指突发事件发生时所采取的行动，如研判信息、发布预警、启动应急预案等；所谓"处置"是指采取措施以挽救生命、减少财产损失，如调动资源控制突发事件的扩大、升级，提供医疗援助、组织疏散与搜救等；所谓"恢复"既指按照最低运行标准将重要生产生活支持系统复原的短期行为，也指推动社会生活恢复常态的长期活动，如清理废墟、控制污染、恢复生产、提供灾害失业救助、提供临时住房等（见表8-2）。

表8-2　应急管理的阶段和内容

应急管理的阶段	应急管理的内容
预防与应急准备：防止突发事件的发生，避免应急行动的相关工作，任务集中在建立应急体系、制定应急预案及完善应急保障系统等	建立健全应急管理体系 编制应体系建设规划 制定应急预案 准备应急资源 开展应急宣传、培训与演练 制定应急法律法规和政策 制定各种应急管理制度、安全技术标准和行业规范 开展风险隐患排查 进行安全技术研究
预警与应急响应：突发事件发生时采取的行动。目的是快速应对事件发生，提高应急行动能力	研判信息 紧急会商 启动应急预案 协调应急队伍和资源开展应急处置 通报情况
处置与应急救援：突发事件发生后采取的措施。目的是保护生命，使财产损失、环境破坏减小到最低程度，有利于恢复	开展应急救援行动，控制事态恶化和扩大 疏散和避难
评估与恢复重建：在应急处置结束后立即进行，目的是使生产、生活恢复到正常状态或得到进一步改善	清理废墟、消毒、去污 评估损失、保险赔付 恢复生产生活 灾后重建

按照突发事件的发生、发展规律，完整的应急管理过程应包括预防、响应、处置与恢复重建四个阶段，分别发生在突发事件的事前、事发、事中和事后，形成一个闭合的循环过程。其中，每一个阶段都要求采取有力的应急管理措施，尽可能地减少突发事件的发生，控制突发事件的升级和扩大。

1. 事前——预防与应急准备阶段

应急管理要贯穿"预防为主"方针。在预防与应急准备阶段，要注意在日常工作中采取措施，着力降低社会应对突发事件的脆弱性，要为应对突发事件做好充分准备。同时，要经常对所在区域进行风险、隐患排查，对危险源进行持续的、动态的监测，并开展有效的风险评估，在风险评估的基础上，进行风险处置。对于即将演变为突发事件的风险和隐患要及时预警，使社会公众能在突发事件发生前采取避险行动，从而尽量减少突发事件所带来的各种损失。

2. 事发——预警与应急响应阶段

应急响应是指在突发事件发生时，应急管理者研判事件信息，启动应急预案，动员协调各方面力量开展应急处置工作。信息研判是至关重要的，一定要快速、准确和及时，以避免应急响应失当。

3. 事中——处置与应急救援阶段

应急处置是指应急管理者在时间、资源的约束条件下，控制突发事件的不良后果。即突发事件发生后，要尽可能详细地掌握事件情况，迅速按照应急预案的要求，采取有效救援措施，防止突发事件扩大、升级。处置过程需要大量的非常规决策。应急管理者需要在极短的时间和巨大的心理压力下，进行创新性决策，要遵照预案，但又不能固守预案。

4. 事后——评估与恢复重建阶段

突发事件处置工作完成后，应急管理者必须清理现场，尽快恢复生产生活秩序，并据此组织各种力量，消除突发事件对社会、经济、环境及人的心理的影响。

不仅如此，应急管理者还应该开展应急调查、评估，及时总结经验教训；对突发事件发生的原因和相关预防、处置措施进行彻底、系统的调查；对应急管理全过程进行全面的绩效评估，剖析应急管理工作中存在的问题，提出整改措施，并责成有关部门逐项落实，从而提高预防突发事件和应急处置的能力。

二、应急管理的特点①

应急管理是一项重要的公共事务，既是政府的行政管理职能，也是社会公众

---

① 本部分内容参考和借鉴了此书相关章节的内容．罗建军，卢红．应急管理概论［M］．长沙：湖南科学技术出版社，2011：5-6。

的法定义务。同时，应急管理活动又有法律的约束，具有与其他行政活动不同的特点。

1. 政府主导性

政府主导性体现在两个方面：一方面，政府主导性是由法律规定的。《中华人民共和国突发事件应对法》从法律上明确界定了政府的责任。另一方面，政府主导性是由政府职能决定的。只有由政府主导，才能更有效地动员各种资源和各方面力量开展应急管理。

2. 社会参与性

《中华人民共和国突发事件应对法》规定，公民、法人和其他组织有义务参与突发事件应对工作，从法律上规定了应急管理的全社会义务。

3. 行政强制性

应急管理主要依靠行使公共权力对突发事件进行管理。公共权力具有强制性，社会成员必须绝对服从。

4. 目标广泛性

应急管理以维护公共利益、社会大众利益为己任，以保持社会秩序、保障社会安全、维护社会稳定为目标，目标具有广泛性。

5. 管理局限性

一方面，突发事件的不确定性决定了应急管理的局限性。另一方面，突发事件发生后，应急管理中指挥协调和物资供应任务十分繁重，加之此时的社会公众往往处于紧张、恐慌、激动之中，情绪不稳定，加大了应急管理难度，这使得应急管理具有局限性。

三、应急管理的基本原则和任务[①]

（一）基本原则

应急管理关系到公众的生命和财产安全，涉及政府的应急职能部门，必要时需要多部门联动并协调合作。因此，要把握以下基本原则：

1. 以人民为中心，生命至上

把保障公众的生命安全和身体健康、最大限度地预防和减少突发事件造成的人员伤亡作为首要任务，切实加强应急救援人员的安全防护工作，保护应急救援人员的人身安全。

---

① 本部分内容参考和借鉴了此书相关章节的内容．罗建军，卢红．应急管理概论［M］．长沙：湖南科学技术出版社，2011：7—8.

2. 统一领导，分级负责

在党中央、国务院的统一领导下，各级党委政府、各有关部门都要负责做好其职责范围内的应急管理工作，守土有责、守土尽责。

3. 预防为主，防救结合

贯彻落实"预防为主，预防与应急相结合"的原则。做好预防、预测、预警和预报工作，做好常态下的风险评估、物资储备、队伍建设、完善装备、预案演练等工作。

4. 快速反应，协同应对

加强应急队伍建设，加强区域合作和部门合作，建立协调联动机制，形成统一指挥、反应灵敏、功能齐全、协调有序、运转高效的应急管理快速应对机制。

5. 社会动员，全民参与

发挥政府的主导作用，发挥企事业单位、社区和志愿者队伍的作用，动员企业及全社会的人力、物力和财力，依靠公众力量，形成应对突发事件的合力。

6. 尊重科学，依法规范

采用先进的救援装备和技术，充分发挥相关专家作用，实行科学民主决策，增强应急救援能力；依法规范应急管理工作，确保应急预案的科学性、权威性和可操作性。

7. 信息公开，引导舆论

在应急管理中，要满足社会公众的知情权，尽可能做到信息透明、信息公开。不仅如此，还要积极地对社会公众的舆情进行监控，了解社会公众的所思、所想、所愿，对舆情进行正确、有效的引导。

（二）基本任务

应急管理基本任务主要包括以下七个方面：

1. 预防准备

应急管理的首要任务是预防突发事件的发生。要通过应急管理预防行动和准备行动，建立突发事件源头防控机制，建立健全应急管理体制、制度，做好突发事件的应对工作准备。

2. 预测预警

及时预测突发事件的发生并向社会预警，是减少突发事件损失的最有效措施，也是应急管理的主要工作。采取传统与科技手段相结合的办法进行预测，一旦发现不可避免、不可消除的突发事件，及时向社会预警。

3. 响应控制

突发事件发生后，能够及时启动应急预案，实施有效的应急救援行动，防止事件的进一步扩大和发展，是应急管理的重中之重。

4. 资源协调

应急资源是实施应急救援和事后恢复的基础,应急管理机构应该在合理布局应急资源的前提下,建立科学的资源共享与调配机制,有效利用可用资源,防止在应急救援中出现资源短缺的情况。

5. 抢险救援

确保在应急救援行动中,及时、有序、科学地实施现场抢救和安全转送人员,以降低伤亡率、减少突发事件损失是应急管理的重要任务。应急救援人员应及时指挥和组织群众采取各种措施进行自身防护,并迅速撤离危险区域或可能发生危险的区域,同时在撤离过程中积极开展公众自救与互救工作。

6. 信息管理

突发事件信息的管理既是应急响应和应急处置的源头工作,也是避免引起公众恐慌的重要手段。应急管理机构应当以现代信息技术为支撑,如综合信息应急平台,保持信息的畅通,以协调各部门、各单位的工作。

7. 善后恢复

应急处置后,应急管理的重点应该放在安抚受害人员及其家属,稳定局面、清理受灾现场、尽快使系统功能全部恢复或者部分恢复上,并及时调查突发事件的发生原因和性质,评估危害范围和危害程度。

四、应急管理的重要性

我国目前正处于社会变革期,各种风险因素叠加,政府决策环境中的不确定因素众多,民众的风险承受心理尚未完全成熟,网络、智能手机等新媒体技术的出现使信息传播管理遇到前所未有的挑战。而政府在应急管理中的应变能力与沟通、处理能力也成为民众对政府信任度的标准,直接影响到政府形象。由此可见,在我国当前社会环境中不确定不稳定因素增多的情况下,应急管理的重要性与必要性日益凸显。

(1)应急管理是提升国家治理体系和治理能力现代化的重要内容。党的十八大以来,以习近平同志为核心的党中央对应急管理工作高度重视,习近平总书记站在实现"两个一百年"奋斗目标、保障中华民族长远发展的战略高度,对应急管理工作作出一系列重要指示,提出一系列新理念新思想新战略。2018年,以习近平同志为核心的党中央着眼于构建统一领导、权责一致、权威高效的国家应急能力体系,作出组建应急管理部的重大决策部署,对推进国家治理体系和治理能力现代化具有重要意义。

(2)应急管理是有效应对风险社会,维护社会和谐稳定的有力保障。从经济发展阶段看,我国正处于经济转轨与社会转型的过程中,经济制度、政治制度、法律制度等都在不断调整、完善的过程中，社会环境中的不确定因素和非稳定因素增加，同时也增加了不同危机发生的可能性。从社会发展角度看，经过多年的改革开放，中国经济已进入新常态，也进入了一个危机频发期。国家经济实力增强、经济结构和社会结构的深刻变革，既可能把国家送上快速发展的道路，也可能使国家进入一个经济容易失调、社会容易失序、心理容易失衡、社会伦理容易失范的紊乱时期。要做到"稳中求进""稳中求变"，就需要有效地预防和控制各种危机，降低突发事件发生的频率。完善应急管理体系，提升应急管理水平，是当前有效应对风险社会的迫切要求。

（3）应急管理是提升党政干部的执政能力和执政水平的重要着力点。2019年1月21日，习近平总书记在省部级主要领导干部坚持底线思维着力防范化解重大风险专题研讨班开班式上强调，防范化解重大风险，是各级党委、政府和领导干部的政治职责，大家要坚持守土有责、守土尽责，把防范化解重大风险工作做实做细做好。2019年4月，中共中央办公厅印发的《党政领导干部考核工作条例》明确指出，"驾驭风险本领"是领导班子"领导能力"的重要内容，"能"要"全面考核领导干部履职尽责特别是应对突发事件、群体性事件过程中的政治能力、专业素养和组织领导能力等情况"。当前，我国一些领导干部的危机意识不强、危机应对的专业知识缺乏，应急管理的水平和能力亟待提高。对此，应加强应急管理能力建设，并将它作为提升党政干部的执政能力和执政水平的重要着力点。

课程思政小贴士

思政元素：党的十九届四中全会通过的《中共中央关于坚持和完善中国特色社会主义制度 推进国家治理体系和治理能力现代化若干重大问题的决定》提出，"坚持和完善共建共治共享的社会治理制度，保持社会稳定、维护国家安全。"不仅强调"坚持总体国家安全观，统筹发展和安全，坚持人民安全、政治安全、国家利益至上有机统一"，还专门就健全公共安全体制机制做出具体部署，强调"构建统一指挥、专常兼备、反应灵敏、上下联动的应急管理体制，优化国家应急管理能力体系建设，提高防灾减灾救灾能力"。

教学意图：从管理学的角度，了解我国应急管理体系建设的指导思想、顶层架构和决策部署。

第二节 应急管理体制

进入 21 世纪以来，面对突发事件多发频发的形势，各国对应急管理工作的重视，都提升到前所未有的高度，并完善了应急管理的体制机制。2003 年非典疫情以后，我国突发事件的应急管理实现了从单一的抗灾救灾向综合性的应急管理转变，提出了应急管理"一案三制"建设，即应急预案建设和应急管理体制、机制和法制建设。从应急管理实践来看，体制的功能健全和发挥直接关系到突发事件的预防能否到位，应急处置是否及时、有效，已经成为各级政府应对各类突发事件的关键。

一、应急管理体制的概念[①]

（一）应急管理体制的含义

应急管理体制是指为保障公共安全，有效预防和应对突发事件，避免、减少和减缓突发事件造成的危害，消除其对社会产生的负面影响，而建立起来的以政府为核心，其他社会组织和公众共同参与的有机体系。应急管理体制包含以下几层含义：

（1）从体系结构上看，应急管理体制与一般的体制有所不同，应急管理体制是一个开放的体系结构，由许多具有独立开展应急管理活动的单元体构成。

（2）从整体上看，应急管理体制可针对不同类型、不同级别和不同地域范围内的突发事件，快速灵活地构建起相应的应急管理体制。

（3）从功能上看，应急管理体制目的在于根据应急管理目标，设计和建立一套组织机构和职位系统，确定职权关系，把内部上下左右都联系起来，以保证组织的有效运转。

（二）应急管理体制的特征

应急管理体制，既有其他组织管理体制的共性，又有自身的特性，应急管理体制的特征主要有：

1. 组织集权化

突发事件的不确定性、破坏性和扩散性，决定了应急管理的主体行使处置权力必须快速、高效，因而要求整个组织严格按照一体化集权方式管理和运行，上下关系分明，职权明确，有令必行，有禁必止，奖罚分明。强调统一领导、统一指挥、统一行动的一体化集权管理，是应急管理体制的显著特征。

2. 职责双重性

在各国现阶段的应急管理实践中，除了部分应急管理人员从事专业应急管理工作，但大多数应急管理参与主体来自不同的社会领域和工作部门，在正常的情

① 本部分内容参考和借鉴了此书相关章节的内容．罗建军，卢红．应急管理概论［M］．长沙：湖南科学技术出版社，2011：36-37.

况下，他们从事社会的其他工作，只有在应急管理工作需要时，才参与应急管理活动，担负应急管理方面的职责。

3. 结构模块化

应急管理组织中每个单元体都有类似的内部结构和相似的外部功能，是一个独立的功能体系。正因为不同单元体系组成的功能体系也具有相似的结构和功能，应急管理体制才具有模块化的组织结构。

二、应急管理体制确立的基本原则

应急管理体制的确立受到一个国家或地区的政治、经济、自然、社会和文化等多方面因素的影响，而且随着人类社会进步和应对突发事件能力的提高而不断变化和调整。其设立和调整要把握好以下几项基本原则：[①]

1. 统一指挥

有关各方都要在应急指挥机构的领导下，依照法律、行政法规和有关规范性文件的规定，展开各项应对处置工作。突发事件应急管理体制，从纵向看包括组织自上而下的组织管理体制，实行垂直领导，下级服从上级的关系；从横向看同级组织有关部门，形成互相配合，协调应对，共同服务于指挥中枢的关系。

2. 综合协调

应急管理应综合协调人力、物力、财力、技术、信息等保障力量，形成统一的突发事件信息系统、统一的应急指挥系统、统一的救援队伍系统、统一的物资储备系统等，以整合各类行政应急资源，最后形成各部门协同配合、社会参与的联动工作局面。

3. 分类管理

由于突发事件有不同的类型，因此，在集中统一的指挥体制下，还应该实行分类管理。

4. 分级负责

对于突发事件的处置，不同级别的突发事件需要动用的人力和物力是不同的。应急管理中的分级负责明确了各级政府在应对突发事件中的责任。如果在突发事件处置中发生了重大问题，造成了严重损失，必须追究有关政府和部门主要领导和当事人的责任。

5. 属地管理为主

强调以属地管理为主，是由于突发事件的发生地政府的迅速反应和正确、有

---

① 本部分内容参考和借鉴了此书相关章节的内容. 罗建军，卢红. 应急管理概论［M］. 长沙：湖南科学技术出版社，2011：37-38.

效应对，是有效遏制突发事件发生、发展的关键。出现重大突发事件，地方政府必须及时、如实向上级报告，必要时可以越级报告。当然，以属地管理为主并不排斥上级政府及其有关部门对其应急工作进行指导，也不能免除发生地其他部门和单位的协同义务。

课程思政小贴士

思政元素：2022年2月，国务院印发的《"十四五"国家应急体系规划》指出，坚持党的领导、以人为本、预防为主、依法治理、精准治理、社会共治的总体原则，并提出了到2025年、2035年的战略目标，为当前和今后很长一段时间，中国应急管理体制建设，指明了方向。

教学管理：从管理学的角度，了解我国应急管理体系建设的总体规划和战略部署。

第三节 应急运行机制

应急管理体系比一般组织结构更为复杂，要确保应急体系良性运转，必须有良好的运行机制作为支撑，这样才能使体系中的各要素和各子系统之间相互配合、相互促进，发挥各自应有的功能。①

一、应急运行机制的概念

（一）应急运行机制的含义

应急运行机制是指为确保应急体系内各要素以及要素之间高效运转，通过组织整合、资源整合、信息整合、路径整合而形成的统一应对各种突发事件的路径、程序以及各种准则的总称，是在应急大系统的整体运行中，由其内部各种相关要素构成并使各要素具有自我调节、控制、发展和完善能力的功能系统。

应急管理机制的构成要素不仅包括应急管理机构和应急组织，也包括使这些机构、组织得以建立、运转和行使职能的各种法律、政策、思想体系、行为准则、工作措施和物质手段等。既包括系统内各组合要素以动态链的形式运行，又包括确保这些动态链正常运行和动态链催生下的一些制度设计。要保证应急管理目标和任务的实现，必须建立一套协调、灵活、高效、可控的应急运行机制。

---

① 本部分内容参考和借鉴了此书相关章节的内容．罗建军，卢红．应急管理概论［M］．长沙：湖南科学技术出版社，2011：60-62.

应急运行机制建立要充分考虑各个子系统的运行特点与作用，重点放在建立和完善突发事件应急准备与预防、监测预警、信息报告、应急响应、应急处置和信息发布以及善后处置机制。评价应急运行机制是否科学，要看政府组织或者公共管理部门能否运用各种科学管理的手段、制度和载体，将各类应急主体的积极性、主动性和创造性调动起来，使各类主体将其应对突发事件能力发挥到最大，灾难损失减少到最低。

（二）应急运行机制建立的原则

应急运行机制的建立应遵循以下原则：

1. 科学性原则

科学性原则是指应急各要素、运行内容以及程序都要符合科学规律要求，不得有随意性。

2. 系统性原则

应急运行机制既要考虑一般要素设计制度和工作规律，又要考虑各个运行机制相互协调运转，使运行机制成为一个良性运行系统，包括各应急运行要素、各子系统自身完善，以及要素、各个子系统相互之间协同联动。

3. 动态高效原则

应急管理要将时间作为一项十分重要指标对待，对应急运行机制设计的每一项任务、每一项工作、每一个环节、每一个过程都要提出时间要求，达到高效运转目标。

二、应急运行机制的一般内容

突发事件应急管理是一个过程，各个环节相互衔接、互为影响。应急运行机制一般包括预防与应急准备机制、监测与预警机制、信息报告机制、应急响应机制、应急处置机制、善后恢复重建与调查评估机制、资源配置与监管机制以及新闻发布机制、合作参与机制。①

（一）预防与应急准备机制

预防与应急准备机制是指灾情发生前，应急管理相关机构为消除或者降低突发事件发生可能性及其带来的危害性，所采取的风险管理行为规程。突发事件的突发性和不可预见性决定了单靠事前预测和预警很难消除引发事件诱因、降低或者消除事件带来的危害性。因此，必须实行风险管理，将应急管理关口前移，即政府或者公共组织在制定政策措施、开展项目规划、管理资源的时候，就要建立

---

① 本部分内容参考和借鉴了此书相关章节的内容．罗建军，卢红．应急管理概论［M］．长沙：湖南科学技术出版社，2011：62-82．

预防机制，通过大量调查和风险分析评估，认识突发事件发生规律，利用行政、法律、工程、技术等治理手段，从源头上减少或消除事件发生诱因，而当突发事件不可避免时，则提前做好应急相关的准备工作，从而减少事件所带来的危害性。因此，在应急管理的实际工作中，预防与准备往往比处置更重要。

预防与应急准备机制的一般流程及控制如下：

1. 降低脆弱性

脆弱性是社会承受突发事件危害的主要标志，具有不可控性。从某一个地区政治制度、经济、社会文化以及应急基础能力着手，分析脆弱性。利用各种媒体和宣传手段，向公众宣传普及应急知识，增强公众应急意识，增强公众应对突发事件的技能。对一些重大危险源无力改变现状的，要树立规避意识，躲灾避灾，从而降低社会脆弱性。

2. 开展风险管理

开展风险管理包括：①风险调查。对其可能造成的后果进行定性和定量分析，开展风险评估，必要时向社会进行公布。②明确标准。要严格行业质量标准，健全安全标准体系等，实行标准化管理。③纠正偏差。通过现场观察、系统监控监测、检查督促等方式，发现危险源和关键工作环节上出现的问题，及时采取纠偏措施。

3. 做好应急准备

管理者应从以下几个方面做好应急准备工作。①人力准备。要造就一批具有战略眼光，具有科学决策能力、较强组织协调能力、良好沟通能力的领导者，储备和培育一批执行能力很强的应急管理工作人员。②物资准备。建立财政预备金制度、应急物资储备和应急物资生产能力保障制度，健全重要应急物资的监管、生产、储备、调拨和紧急配送体系。③技术准备。政府要加大应急科技投入，加快新技术、新工艺和新设备的运用，不断增强科技在应急管理工作中的支撑作用。④预案保障。预案的内容一般包括五个方面：组织体系与职责、预防与预警机制、应急响应机制、应急保障机制、恢复与重建措施。同时加强预案演练与宣传，为应对应急管理工作做好准备。

（二）监测与预警机制

突发事件的监测与预警机制，是指应急管理主体根据有关突发事件过去和现在的数据、情报和资料，运用逻辑推理和科学预测的方法与技术，对某些突发事件出现的约束条件、未来发展趋势和演变规律等作出科学的估计与推断，对突发事件发生的可能性及其危害程度进行估量和发布，随时提醒公众做好准备，改进工作，规避危险，减少损失。突发事件的监测与预警机制的主要功能在于突发事件监测、预警信息确认与发布等。

从工作流程上看，可以把突发事件监测预警分成监测报告、分析评估和预警公告三部分。突发事件监测预警主要包括信息的收集、突发事件隐患的动态监测以及信息的初级整理，分析处理信息并形成评估结论，审核汇总后及时发布。

（三）信息报告机制

信息报告是指灾情发生后，突发事件管理的相关主体针对灾情信息报告的职能规定模式，将突发事件信息及时、准确、全面地报送给突发事件管理决策机构，使突发事件管理的决策指挥机构能够获得相关信息，从而知晓事件发展变化趋势，为科学、正确的决策指挥提供有效保障。信息报告是应急管理运行机制的重要环节。

1. 信息报告的一般流程

在我国，按照应急管理工作条块结合、属地管理为主的原则，突发事件发生地政府是信息报告的责任主体，各级政府负责向上一级政府报告突发事件信息。具体到运行机构上，则主要由各级政府应急管理部门承担，各级应急管理部门是突发事件和灾情信息的综合处理机构，并承担向上级主管突发事件应急管理部门报送信息，辅助决策指挥的职能。信息报告制度又可分为纵向分级报告制度与横向信息通报制度。

2. 信息报告的规范化管理

应急管理的信息报告有着严格的要求、明确的规定和规范的程序。一是在报告内容与形式上要求及时、准确、简约、规范。二是要建立信息报告通报制度和责任追究制度。对各地各部门各单位报告突发事件的情况，应急管理相关部门要定期或不定期进行综合考核和通报。三是结合实际，依据应急预案，研究制定报告突发事件信息的工作程序，把责任落实到岗位、落实到人。

（四）应急响应机制

应急响应机制是指社会组织或公众就发生的突发事件向突发事件管理系统报警，应急管理系统针对社会组织或公众的报警作出反应的有关主体功能的规定及其运行模式。其目的是确保社会公众能够将任何地方发生的突发事件的有关信息及时地报送到应急管理系统，同时应急管理系统能够针对突发事件灾情的实际情况做出快速、准确的反应。

针对目前报警号码多且分散并存的现状，建立合理的响应机制应该以消除众多应急报警中心之间的界限、整合各方面的力量为指导原则，成立应急联动中心或者110接警中心，建立统一接警、分类分级调度、统一监督管理的接警与调度分离的模式。

（五）应急处置机制

应急处置机制是指突发事件发生后，政府或者公共组织为了尽快控制和减少事件造成的危害而采取的应急措施，主要包括启动应急机制、组建应急工作机构、开展应急救援、适时公布事件进展等。突发事件应急处置是应急管理工作最重要的职能之一。

1. 突发事件应急处置的原则

（1）以人民为中心，生命至上。突发事件一旦发生，事发现场指挥者和应急救援人员必须把挽救人的生命和保障人的基本生存条件作为突发事件现场处置的首要任务。

（2）快速反应。要争取在第一时间内到达突发事件现场，探明危险源位置，迅速采取现场抢救措施，控制事态发展，挽救更多人的生命，就能够最大限度地减少突发事件造成的损失。

（3）统一指挥。在各级党委、政府统一领导下，发挥应急管理部门的作用，同时借助社会各种力量的共同参与，整合各种资源，形成处置合力。

（4）依法行政和科学处置。在紧急状态下，政府要慎用紧急权力，尤其是涉及公民人身权、财产权的紧急措施时，更需依法行使。要自觉遵循客观规律，发挥专家和专业技术人员的决策支持作用，切忌盲目决策。

课程思政小贴士

思政元素： 2020年9月8日，习近平总书记在全国抗击新冠肺炎疫情表彰大会上的重要讲话中，深刻阐述伟大抗疫精神——生命至上、举国同心、舍生忘死、尊重科学、命运与共。抗击疫情，坚持人民至上、生命至上，是对应急管理首要原则——以人民为中心，生命至上的最好诠释。

教学意图： 从应急管理的角度，了解在预防和处置各种突发事件的过程中，坚持以人民为中心，生命至上这一原则的极端重要性。

2. 突发事件应急处置的主要程序

（1）接报研判。应急管理或者职能部门接到事件报警后，要详细记录，包括报告单位或个人、时间、地点、事件类别和规模、危害程度、可能演变的方向等，值守人员要对以上信息进行分析研判，及时报告领导和上级机关，决策者要有敏感意识和审时度势的能力，及时决断。

（2）启动预案。在确定事件级别以后，启动相应预案，必要时向社会预警，调动应急资源及时开展处置，各种力量立即投入应急状态。如果事件级别升级，事发地人民政府应该及时向上级人民政府报告。

（3）救援处置。事发地人民政府在迅速上报信息的同时，要迅速赶到现场实施救援，先期处置，防止事态扩大，要迅速控制危险源，封锁现场，实行交通管制。应急处置措施是事发地人民政府的一种行政权力，带有强制性和规范性，既要保证在事件发生以后快速高效处置，减少损失和危害，又要防止滥用权力损害公民基本权利和正当利益。

在应急处置中需要迅速调用各种应急物资，各部门要通力合作，各司其职、各尽其能。应急处置结束以后，针对不同类型事件，有关部门要加强对危险源的监测，防止衍生灾害发生。

（六）善后恢复重建与调查评估机制

突发事件的善后恢复重建与调查评估是指突发事件被控制后，政府及其部门以及社会力量致力于恢复工作，尽力将社会财产、基础设施、社会秩序和社会心理恢复到正常状态的过程。

突发事件的善后恢复和重建是整个应急管理运行机制中的重要环节，它主要包括三个方面的含义：第一，解决和控制与突发事件问题相关的、可能导致再度发生突发事件的各种问题，巩固处置成果。第二，对突发事件造成的破坏进行社会的、物质的、心理的和组织的等方面的重建和恢复。第三，通过对突发事件发生原因、处理过程进行细致分析，总结经验教训，提出改进意见，不断提高应急管理水平。同时，对涉及责任事故的责任人给予相应处理，追究其相应责任。

善后恢复重建与调查评估机制，包括以下两个方面：

1. 善后恢复和重建机制

在采取必要的应急措施后，突发事件的威胁已经在社会可控范围内，社会秩序已趋于基本稳定后，应急指挥部则要对应急措施作出调整，停止执行或减低执行强度，以结束应急状态，筹备进行事后恢复重建相关事宜。同时，还得注意防止次生、衍生事故发生，不能对事后的相关工作掉以轻心。

2. 调查与评估机制

突发事件应急处置工作结束后，事故处置主体——政府有关部门应该适时开展事故调查与评估，特别是事故灾难类多为责任事故，必须开展事故责任调查，认定责任，追究当事人责任，以鞭策和警示后人。

（七）资源配置与监管机制

要确保应急运行机制高效、有序、灵活运转，需要一系列管理机制作为支撑，这些机制贯穿整个应急运行机制全过程，它们的运行具有自身特点或者要求，相互作用，相互影响。

1. 资源配置机制

充分有效利用应急资源是保障应急体系正常运转的必要环节。应急资源管理既要考虑资源数量、质量，还要考虑资源在时间和空间上的规划布局，使资源保持在最佳配置状态，做到有备无患。资源管理机制主要包括人力资源管理机制、资金资源管理机制、物资资源管理机制、信息资源管理机制、技术资源管理机制等。

2. 资源监管机制

资源监管是应急管理的重要组成部分，它的特殊性在于贯穿应急管理全过程，通过纠正偏差，改进制度，排除干扰，促使应急管理体系正常运转。主要包括监督机制和奖惩机制。

（八）新闻发布机制

新闻发布是指政府依据法律法规要求，在应急处置过程中和处置结束后，就突发事件基本情况、应急措施及现状等情况，通过主流媒体及时、准确、全面地向社会公众进行发布和报道。事件信息披露（除涉及国家安全、有重大影响公共利益和个人隐私外）是应急工作各主体方信息沟通主要内容之一。《中华人民共和国政府信息公开条例》规定，县级以上各级人民政府及其部门在各自职权范围内确定主动公开的政府信息的具体内容，其中涉及突发事件应急管理的两个内容，即突发公共事件的应急预案、预警信息及应对情况，以及环境保护、公共卫生、食品药品、产品质量的监督检查情况要向公众披露。

突发事件发生后，应急指挥部应当确定新闻发言人，按照有关规定和程序，统一、及时向社会发布有关信息。对需要动员社会力量参与处置的突发事件信息以及国家机关作出的应急工作指示、决定、命令，必须及时通过媒体公开。在管理与具体责任主体上，应该由相应部门和政府新闻主管部门协同负责信息发布工作。在发布时间上可以根据突发事件处置具体需要而定。

（九）合作参与机制

突发事件处置范围、危害程度难以确定，给处置工作带来难度，在某些情况下需要外在力量协同作战。它包括常态和非常态下的合作。常态下合作主要是工作交流、信息共享等。非常态下合作主要是在突发事件发生以后，各方相互支持，良性互动。合作参与机制包括周边合作机制和社会参与机制。

1. 周边合作机制

周边合作机制是指突发事件发生或者可能发生时，承担主体处置职能的一方与其周边各方共同应对的形成机制。周边合作机制具有以下特性：①主体性。即在一定范围内处置突发事件必须明确处置主体，建立统一指挥体系。②协同性。各方协同参与，从组织体系、职责、运行方式、资源获取等方面明确任务，确保高效运转。③互补性。参与各方在资源上必须具有互补性，而且要保持资源共享的畅通性，理顺关系。

建立周边合作机制要注意以下三点：①建立战略合作关系。每个地方要有战略眼光和合作意向，邀请各方参与，达成公共安全框架协议。②建立合作机构。合作机构可以是临时的，也可以是专门机构。③合作实施。突发事件没发生时，各方要相互交往，共同培训，团结协作等，必要时开展定期应急演练和交流。

2. 社会参与机制

社会参与机制是指组织、引导社会力量共同参加应对工作所遵循的措施和程序。在预防阶段，可以增强参与主体的应急意识和防患意识，某些特定主体如安全责任单位既是参与者，又是被管理者。在处置阶段，社会动员在突发事件应急管理中具有不可替代的作用，完善的社会动员体系，有助于形成应急管理合力和快速有效处置突发事件，更有助于形成政府与社会公众协调互动的良性关系。社会参与机制具有以下特点：

（1）主体广泛性。突发事件的应急处置不是政府一方的事情，社会组织和公众的参与也是有效应急的重要因素。

（2）参与有序性。突发事件的突发性，更需要政府在处置中高效、有序。社会动员也应该是有组织、有秩序地进行的，公民在应急处置中应当主动接受政府和有关部门的各项应急部署和措施，特别是各项管制的义务。

（3）目的明确性。一方面，应急管理社会动员是为了实现特定的目标而进行的一种社会群体性行为；另一方面，政府作为应急管理的主体，应充分发挥自己的主体性，按照既定目标积极地、主动地、有创造性地组织各种旨在影响和引导公众参与应急管理活动。

当前，我国突发事件社会合作参与要在政府主导、社会参与、依法规范、快速高效的大原则下，构建一个覆盖全过程的应急治理结构，建立有序有力的社会参与机制和评价激励机制。

课程思政小贴士

思政元素： 2019 年 11 月 29 日，习近平总书记在主持中共中央政治局第十九次集体学习时强调，要坚持群众观点和群众路线，坚持社会共治，完善公民安全教育体系，推动安全宣传进企业、进农村、进社区、进学校、进家庭，加强公益宣传，普及安全知识，培育安全文化，开展常态化应急疏散演练，支持引导社区居民开展风险隐患排查和治理，积极推进安全风险网格化管理，筑牢防灾减灾救灾的人民防线。

教学意图： 了解在应急管理中，为什么要走以及如何走群众路线，建立和完善社会参与机制。

第四节　应急预案

凡事预则立，不预则废。在突发事件应急管理工作中，应急预案非常重要，具有不可替代的作用。①

一、应急预案的概念

（一）应急预案的含义和特点

1. 应急预案的含义

应急预案又称应急救援预案或应急计划，是政府为了提高保障公共安全和处置突发事件的能力，最大限度地预防和减少突发事件及其造成的损害，保障公众的生命财产安全，维护国家安全和社会稳定，促进经济社会全面、协调、可持续发展，依据宪法及有关法律、法规，制定突发事件应对的原则性方案。应急预案提供突发事件应对的标准化反应程序，是突发事件处置的基本规则和应急响应的操作指南。

2. 应急预案的特点

应急预案作为突发事件的应对方案，具有以下四个方面特点：

（1）全面性。应急预案囊括事前预测预警、事发识别控制、事中应急处置和事后恢复重建，贯穿突发事件应急管理全过程。

（2）系统性。应急预案包括了应对工作的各环节；各个应急预案之间又上下对应、相互衔接，形成完整的预案体系。

（3）权威性。应急预案一般由各级政府及其部门等行政机关颁布施行，是政府的施政措施，体现法律法规要求，具有权威性。

（4）实用性。应急预案中所规定的预防应对处置的计划和方法，既有历史经验和理论概括，又有科学分析和成功做法，通用性、操作性强。

（二）应急预案的类别

应急预案种类较多，按行政区域可划分为国家级应急预案、省级应急预案、市级应急预案、县级应急预案和基层单位应急预案；按基层单位可划分为社区应急预案、乡镇应急预案、学校应急预案、企业应急预案和单位应急预案；按突发事件类型可划分为自然灾害应急预案、事故灾难应急预案、公共卫生事件应急预案和社会安全事件应急预案；按预案适用范围可划分为综合应急预案、专项应急预案、现场应急预案、单项应急预案；等等。

根据我国实际情况，按照"统一领导、分类管理、分级负责"的原则，国家总体应急预案中规定，突发事件应急预案体系为国家总体应急预案、国家专项应急预案、国务院部门应急预案、地方应急预案、企事业单位应急预案、重大活

① 本部分内容参考和借鉴了此书相关章节的内容．罗建军，卢红．应急管理概论［M］．长沙：湖南科学技术出版社，2011：126-128.

动应急预案六大类。

（三）应急预案的作用

突发事件发生后，为在关键时刻最大限度地保护人民的生命财产安全，最大限度地减少损失，必须反应迅速，协调一致，及时有效地采取应对措施。应急预案是为了完成某项工作任务所做的全面的、具体的实施方案。它不同于其他计划文书，其针对性更强，内容更加系统、详尽。

建立覆盖全国各地区、各行业、各单位的应急预案体系，在应对突发事件的过程中发挥着极为重要的作用。

（1）可以科学规范突发事件应对处置工作。明确各级政府、各个部门以及各个组织在应急体系中的职能，以便形成精简、统一、高效和协调的突发事件应急处置体制机制。

（2）可以合理配置应对突发事件的相关资源。通过事先合理规划、储备和管理各类应急资源，在突发事件发生时，按照预案明确的程序，保证资源尽快投入使用。

（3）可以提高应急决策的科学性和时效性。应急预案为准确研判突发事件的规模、性质、程度并合理决策应对措施提供了科学的思路和方法，从而减轻其危害程度。

二、应急预案编制

编制应急预案必须充分研究和把握突发事件的共性和个性以及内在普遍联系的规律，以现有能力和资源为基础，围绕突发事件预防、响应、处置、恢复这4个环节认真做好准备，最大限度地控制突发事件的破坏力和影响范围。①

（一）应急预案框架内容

一般而言，应急预案的内涵体现在以下八个方面：

（1）明确了突发事件应急处置的政策法规依据、工作原则和应对重点等基本内容。

（2）明确了突发事件应急管理工作的组织指挥体系与职责，对应急指挥机构的响应程序和内容，有关组织应急救援的责任等进行规定。

（3）明确了突发事件的预防预警机制和应急处理程序和方法，能快速反应处理故障或将突发事件消除在萌芽状态的初级阶段，防止扩大和蔓延。

（4）明确了突发事件分级响应的原则、主体和程序，给出了组织管理流程

---

① 本部分内容参考和借鉴了此书相关章节的内容．罗建军，卢红．应急管理概论［M］．长沙：湖南科学技术出版社，2011：128-139.

框架、应对策略选择以及资源调配的原则。

（5）明确了突发事件的抢险救援和处置程序，采用预先规定方式，在突发事件中实施迅速、有效的救援，减少人员伤亡，拯救人员的生命和财产。

（6）明确了突发事件的应急保障措施，以使应急处置过程顺利进行。如人力、财力、物资、交通运输、医疗卫生、治安维护、人员防护、通信与信息、公共设施、社会沟通、技术支撑及其他保障。

（7）明确了突发事件的事后恢复重建与善后管理，使生产生活、社会秩序和生态环境恢复正常状态，对事后情况调查、应急处置过程总结评估及人员奖惩等所采取的一系列行动。

（8）明确了突发事件的应急管理日常性事务，为预防应对突发事件所作的宣传、培训、演练、调查评估，以及应急预案本身的修订完善等动态管理内容。

不同类型的应急预案的目的和要求是不一样的，其内容方式，只要能实现有效预防应对突发事件的核心目标，都是可行的。无论选择何种内容方式，以下六个要素是必不可少的：

（1）预案基本情况。对所指向的突发事件应急管理作必要说明。

（2）应急组织机构与职责。应急主体所应承担的责任、工作内容及相互关系。

（3）预防准备情况。对所指向的尚未发生（潜在）的突发事件采取的预防准备和控制措施。

（4）基本应急程序。针对发生不同级别突发事件的分级响应和应急处置程序。

（5）应急保障。应急处置中的人、财、物等资源保障及损失耗费承担主体。

（6）恢复善后程序。应急行动结束后所需的一切清理和恢复行动。

（二）应急预案编制要求

1. 完整性

完整性包括：①纵向到底。国家、省区市、地市州和县市区、乡镇，以及村、社区都要制定应急预案。②横向到边。各级各部门各领域各行业应结合各自特点，制定各类应急预案。③外延到点。预案覆盖到各个城镇社区和农村居民点。

2. 科学性

科学性包括：①系统。起草预案时，各级各部门各单位一定要密切联系沟通，注意预案的严密性和系统性。②权威。应急预案应当符合党和国家的方针政策，符合有关法律、法规、规章，依法规范，具有权威性。③科学。使预案建立在科学的基础上，严密统一、协调有序、高效快捷地应对突发事件。

3. 针对性

针对性包括：①切合实际。预案必须既能用，又管用。②吸收借鉴。一方面，主要内容上要与国家预案对接，做到上下衔接；学习各地各部门应急预案，吸收其成功经验。另一方面，研究过去突发事件处置案例，分析比较成功经验或失败教训，使预案更具针对性、实效性。③区别对待。政府总体应急预案应体现在"原则指导"上；专项应急预案应体现在"专业应对"上；部门应急预案应体现在"部门职能"上；基层单位应急预案应体现在"具体行动"上；重大活动应急预案应体现在"预防措施"上。

4. 可操作性

可操作性包括：①明确。预案内容一般都涉及预防应对、善后处理、责任奖惩等具体问题，文本必须准确无误、表述清楚，对突发事件事前、事发、事中、事后的各个环节都有明确、充分的阐述，不能模棱两可，产生歧义。②实用。编制预案要实事求是、实际管用，要始终把握关键环节，从实际出发设置组织指挥体系。③精练。编制预案在篇幅上要坚持"少而精"的原则，力求主题鲜明、内容翔实、结构严谨、文字简练。

5. 规范性

规范性包括：①编制程序规范。各类预案的立项、起草、审批、印发、发布、备案等，都要遵循规范的编制程序。②内容结构规范。基本内容要涵盖总则、组织指挥体系、预警预防机制、应急响应、善后工作、应急保障、监督管理、附则等方面。应急预案编制在结构框架、呈报手续、体例格式、字体字形、相关附件等方面，都要符合相关规定。③体例格式规范。预案编制的格式、字体、用纸都要符合相应规范和标准。

（三）应急预案编制程序

不同类型和级别的应急预案，编制程序也不尽相同。一般来说，编制级别越高、管辖范围越大、启动级别越高、体系结构越完整的应急预案，编制程序越正式、规范，过程也相对较复杂。预案编制并没有所谓的标准程序，按照《中华人民共和国突发事件应对法》的相关要求和实际预案编制工作需要，预案编制一般包括应急预案立项→应急预案起草→应急预案审核批准→应急预案印发公布及备案→应急预案动态管理五个环节。

三、应急预案体系

根据我国实际情况，国家总体应急预案按照不同的责任主体，将突发事件应急预案体系设计为总体应急预案、专项应急预案、部门应急预案、地方应急预案、企事业单位应急预案、重大活动应急预案六个层次，县级以上政府预案体系均是这六个层次。①

1. 总体应急预案

总体应急预案是各级人民政府制定突发事件应急预案体系的总纲，明确各类突发事件分级分类和应急预案框架体系，规定各级政府应对特别重大突发事件的组织指挥体系、工作机制等内容，是指导预防和处置各类突发事件的总体规范性文件。总体应急预案由各级人民政府制定发布，本级政府办公室（厅）组织实施。

2. 专项应急预案

专项应急预案是总体应急预案的横向展开，是总体应急预案的专业化和具体化。专项应急预案主要是各级人民政府及其相关部门为应对某一类型或某几种类型突发事件而制定的涉及数个政府部门职责的应急预案。专项应急预案分为自然灾害、事故灾难、公共卫生事件、社会安全事件四类。专项应急预案由各级人民政府有关部门牵头制定，报本级人民政府批准后，由本级人民政府办公室（厅）印发实施。

3. 部门应急预案

部门应急预案是各级人民政府有关部门根据总体应急预案、专项应急预案和自身职责，为应对某一类或几种类型突发事件而制定的涉及单个政府部门职责的应急预案。由各级人民政府有关部门制定印发，报本级人民政府备案，由制定部门负责实施。

4. 地方应急预案

地方应急预案是下级人民政府根据上级人民政府的总体应急预案、专项应急预案而制定的相应应急预案，具体包括省级政府的突发事件总体应急预案、专项应急预案和部门应急预案；各地州市政府、县市区政府及其基层政权组织的突发事件应急预案。地方应急预案在上级人民政府的领导下，按照分类管理、分级负责的原则由各地政府及其有关部门分别制定，其中总体应急预案编制（修订）完成后报上级人民政府备案，省总体应急预案报国务院备案。

5. 企事业单位应急预案

企事业单位应急预案依照有关法律、法规，参照政府应急预案，结合各自特点和实际情况制定。预案明确了企事业单位是其内部发生的突发事件的责任主体，是各单位应对突发事件的操作指南。省级、市级、县级所属重点单位的应急预案，报本级有关应急管理部门备案，重点单位由有关应急管理部门确定并实施

---

① 本部分内容参考和借鉴了此书相关章节的内容. 罗建军，卢红. 应急管理概论［M］. 长沙：湖南科学技术出版社，2011：139-146.

动态管理。

6. 重大活动应急预案

举办较大规模的集会、庆典、会展和文化体育等重大活动，主办单位应按照"谁主办、谁负责"的原则，根据有关法律、法规和政府相关应急预案，结合自身实际制定应急预案，报公安机关批准后实施，并报当地人民政府备案。

四、应急预案管理

应急预案印发并公布实施并不代表预案编制工作的结束，恰恰相反，它只是应急预案编制工作的开始，接下来还有大量的工作需要去做，即动态管理工作。应急预案动态管理主要包括应急预案评估、修订、宣传、培训、演练、考核、数字化等七个方面，包含内容多又各自具有相对独立性。①

（一）应急预案评估

应急预案是根据突发事件一般特点和经验教训事前编制的，带有主观性，与事实可能存在差距，因此需要定期对预案进行评估、作出修订，使之更加完善，符合实际工作要求。

1. 制定评估方案

在方案中确定评估目的，评估组的牵头部门、参加部门和专家，评估工作的原则、重点、方法、时间等评估内容，并在实施中根据需要进行调整。

2. 开展调查研究

根据预案所管理的突发事件种类，选择具有针对性、实用性和操作性的评估方法。如实地考察，阅读资料，召开不同形式、不同类型、不同层面的座谈会，问卷调查或抽样调查，自下而上或自上而下，点面结合等。当然上述方法既可以单独使用，也可以结合起来使用。

3. 全面分析评估

结合具体的事例，对应急措施逐项进行分析，要有针对性、说服力，符合逻辑，用事实说话。评估要客观、公正和全面，既要对应对工作作出总体评价，又要对重点应对工作作出评价。评估既要肯定成绩，又要指出问题，还要提出改进建议和意见。

4. 撰写评估报告

评估报告主要内容包括：①事实信息。有关突发事件发生原因、升级过程、涉及范围、关键事实、损失数额、应对措施等。②事实分析。对事件的深层次原

---

① 本部分内容参考和借鉴了此书相关章节的内容. 罗建军，卢红. 应急管理概论［M］. 长沙：湖南科学技术出版社，2011：146-149.

因、发展过程影响因素、潜在影响等因素的综合分析。③结论。对突发事件发生的原因、影响及责任承担者的总体判断。④建议。针对发现的问题及分析结论提出下步预防和解决方法。

（二）应急预案修订

应急预案制定机关或者单位应当按照有关法规，定期或适时修订应急预案，一般来说，每3年至少修订一次。在突发事件应急处置或者应急演练结束后，也应及时对应急预案进行评估，总结经验教训，提出修订建议。修订应急预案时应当在风险分析和应急能力评估后，按照制定程序重新进行编制、审议、批准、备案和公布。各级人民政府应急管理部门应当对有关应急预案的修订情况进行监督检查，对没有按要求定期或适时修订应急预案的应当及时提出纠正建议。

（三）应急预案宣传

应急预案操作性、实用性很强，很多预案的应急响应行动都需要广大公众大力支持和积极参与。因此，要利用多种方式广泛公布应急预案，开展应急预案宣传解读。对于要求公众了解和参与的应急预案，要全面公布，广而告之，使公众做到应知应会，积极参与；对预案中涉及公众生命安全保障的部分应当作为宣传、普及的重点内容；对涉及需要保密的内容，可制发应急预案简本，公布部分内容。

（四）应急预案培训

应急预案培训是应急管理队伍建设的基础性工作，也是提高各级领导干部、专兼职应急管理工作人员和广大公务员应对突发事件的整体素质和业务能力的重要途径。应急预案的主责单位每年应组织1~2次应急预案培训，相关责任单位也应组织其职责范围内的业务培训。各级人民政府应急管理部门应当制定应急预案的培训大纲，定期组织党政领导和应急管理人员、学校、企业等基层单位负责人、专业救援人员等开展培训。同时，可根据不同的培训目标、对象和内容，分别研究制定培训质量评估和考核制度，纳入现行的干部教育培训考核体系，并适时开展检查。

（五）应急预案演练

应急预案演练可以验证预案的整体或关键部分的科学性和合理性，检验应急响应行动的可行性和有效性，检查各项应急工作的准备情况。应急预案的主责单位每年应根据各自部门行业特点，组织1~2次应急预案演练。编制应急演练策划指南，研究制定应急演练管理办法，提出应急演练频次、组织策划、现场控制、演练效果评价等方面的总体要求，指导开展应急演练工作。在应急演练结束后，及时对应急预案进行评估，总结经验教训，提出修订建议。

（六）应急预案数字化

应急预案数字化一般又称数字化应急预案管理系统（DEPMS），可以有效实现应急预案的动态管理，提高信息化管理水平。其核心内容是应急预案基本情况数据库，包括预案本身和与之相关的周边数据信息，形成综合的系统的应急预案数据库。在数字化基础上，形成互联网或政府内网上的交互式平台，可及时了解预案的最新数据和变化情况。除此以外，还可通过该系统，实现应急预案的评审、培训、模拟演练和审查工作，更好地实现应急预案管理部门和应急管理具体工作的衔接，增强应急预案的实用性和有效性，提高工作效率。

（七）应急预案管理考核

开展应急预案管理考核工作，可建立目标管理责任制，各级应急管理办事机构会同预案主责单位开展检查，对预案执行情况予以奖励或责任追究，以有效推进工作，加强相互联系，落实预案中规定的各项内容。应急预案管理工作的考核，既可与应急管理综合考核结合进行，也可以由主责单位对各责任部门进行考核。

课程思政小贴士

思政元素： 习近平总书记在主持十九届中央政治局第十九次集体学习时强调，要加强应急预案管理，健全应急预案体系，落实各环节责任和措施。

教学意图： 从管理学的角度，理解加强应急预案管理，落实各环节责任和措施的重要性。

案 例

抗疫路上，生命至上

材料一：

中国疫情防控阻击战取得重大战略成果，这确实来之不易。中国人口众多且相对集中，春节假期又带来大量的人员流动。这些都加大了应对突发公共卫生事件的难度和挑战。面对疫情，中国上下一心、齐心战疫。中国人民表现出可贵的团结精神，愿意为他人利益作出重大牺牲，让人印象深刻。我的很多中国同事积极支援一线，不仅自愿到定点收治新冠肺炎患者的医院工作，而且主动要求去最危险的岗位。这些挺身而出的中国医务工作者在应对疫情过程中作出了突出贡献。更为重要的是，中国政府明确表示，不惜一切代价挽救生命。政府展现出高度负责的担当，受到了民众的信任和支持。

中国不仅保护本国人民，也关心全球公共卫生安全。中国政府在采取严格防控举措的同时，及时公开共享相关信息数据，分享抗击疫情的实践经验，包括严格减少社会交往、扩大体温监测范围、建立集中收治医院、利用数字技术追踪感染路径等，为许多国家抗击疫情提供了借鉴。毫无疑问，在这场全球性危机中，中国为全球利益作出了卓越贡献。

资料来源：《塔希曼：不惜一切代价挽救生命展现中国担当》. https://3w. huanqiu. com/a/a4483a/3ya70fqH1dg？p＝1&agt＝46.

材料二：

2020 年 8 月 27 日，钟南山率广州医科大学附属第一医院重症医学科团队对外宣布，一位使用体外膜肺氧合（ECMO）辅助支持长达 111 天的新冠肺炎患者成功康复出院，创造了医学救治奇迹。

ECMO 是目前针对严重心肺功能衰竭最核心的支持手段，被视为重症患者"最后的救命稻草"。

2 月初，这位 62 岁的新冠肺炎患者被转运到广州医科大学附属第一医院重症医学科，当时患者病情已恶化，发展为急性呼吸窘迫综合征。2 月 9 日，救治团队决定执行 ECMO 辅助支持。

"做 ECMO 有风险，很容易引起出血，也很容易引起凝血，还可能引起感染。"钟南山说。

"很长一段时间里，我们都是在跟出血做斗争。"医生刘冬冬说，病毒强烈攻击，导致患者的鼻腔、口腔、气道、尿道都在出血，找到"止血与防血栓"之间的平衡，成为这场拉锯战的关键之一。

在钟南山亲自指导下，医院重症医学科团队投入人力物力全力救治。挺过最初的三个月，患者的病情有了好转迹象。5 月 29 日，患者顺利撤下使用了 111 天的 ECMO 设备；7 月 2 日，患者拔除气管插管。在医护人员持续精心救治下，患者身体得以逐渐恢复。

"在救治过程中，只要有一线希望，我们可以不惜一切代价。看起来必死无疑的患者，我们还是一样抢救回来了。"钟南山说。

国有危难时，医生即战士。誓言铿锵，丹心闪耀，在保护人民生命安全面前，白衣战士们不惜一切代价。

资料来源：《抗疫仍在路上，他们还未"卸甲"……》. http://m. xinhuanet. com/2020-09/09/c_1126474100. htm.

材料三：

生命至上，集中体现了中国人民深厚的仁爱传统和中国共产党人以人民为中心的价值追求。"爱人利物之谓仁。"疫情无情人有情。人的生命是最宝贵的，生命只有一次，失去不会再来。在保护人民生命安全面前，我们必须不惜一切代价，我们也能够做到不惜一切代价，因为中国共产党的根本宗旨是全心全意为人民服务，我们的国家是人民当家作主的社会主义国家。我们果断关闭离汉离鄂通道，实施史无前例的严格管控。作出这一决策，需要巨大的政治勇气，需要果敢的历史担当。为了保护人民生命安全，我们什么都可以豁得出来！从出生仅30多个小时的婴儿到100多岁的老人，从在华外国留学生到来华外国人员，每一个生命都得到全力护佑，人的生命、人的价值、人的尊严得到悉心呵护。这是中国共产党执政为民理念的最好诠释！这是中华文明人命关天的道德观念的最好体现！这也是中国人民敬仰生命的人文精神的最好印证！

资料来源：摘自习近平2020年9月8日在全国抗击新冠肺炎疫情表彰大会上的讲话。

案例讨论

结合案例，阐述在突发事件应急处置中，如何坚持以人民为中心，坚持"人民至上、生命至上"这一首要原则。

复习思考题

1. 什么是突发事件，突发事件具有什么特点？

2. 什么是应急管理，应急管理具有什么特点，应急管理应遵循哪些基本原则，承担哪些基本任务？

3. 完整的应急管理过程应包括哪几个阶段，每个阶段的应急管理的主要内容是什么？

4. 什么是应急管理体制，应急管理体制具有哪些特点，应急管理体制确立应遵循哪些基本原则？

5. 什么是应急运行机制，应急运行机制建立要遵循哪些基本原则，应急运行机制包括哪些一般内容？

6. 应急预案的含义及特点。

7. 应急预案编写要满足哪些基本要求？

8. 应急预案体系包含哪几个基本层次？

9. 预案动态管理主要包括哪几个方面？

第九章 知识管理

小矮人的诅咒[①]

在古希腊时期的塞浦路斯，曾经有一座城堡里关着一群小矮人。传说他们因为受到了可怕的诅咒，而被关到这个与世隔绝的地方。他们找不到任何人可以求助，没有粮食，没有水，七个小矮人越来越绝望。

有一天，小矮人阿基米德收到守护神雅典娜的托梦。雅典娜告诉他，在这个城堡里，除了他们待的那间阴湿的储藏室以外，其他25个房间里，有1个房间里有一些蜂蜜和水，另外的24个房间里有石头，其中有240块玫瑰红的灵石，收集到这240块灵石，并把它们排成一个圈的形状，可怕的咒语就会解除，他们就能逃离厄运，重归自己的家园。

第二天，阿基米德迫不及待地把这个梦告诉了其他六个伙伴，只有爱丽丝和苏格拉底愿意和他一起去努力。他们决定，先找火种，再找吃的，最后大家一起找灵石。这是个灵验的方法，三个人很快在左边第二个房间里找到了大量的蜂蜜和水。他们狼吞虎咽了一番，然后带了许多分给特洛伊、安吉拉、亚里士多德和梅丽莎，这四个人后悔自己开始时的愚蠢，并主动要求和阿基米德一同寻找灵石，解除那可恨的咒语。

为了提高效率，阿基米德决定把七个人兵分两路：原来的三个人，继续从左边找，而特洛伊等四个人则从右边找。但问题很快就出现了，特洛伊等四个人根本没有任何方向感，城堡对于他们来说像个迷宫，他们几乎就是在原地打转。阿基米德果断地重新分配，爱丽丝和苏格拉底各带一个人，用自己的诀窍和经验指导他们慢慢地熟悉城堡。然而，事情并不如想象的那么顺利，当过花农的梅丽莎发现，大家找来的石头里大部分都不是玫瑰红的，而且由于地形不熟，大家经常日复一日地在同一个房间里找灵石。

阿基米德非常着急。这天傍晚，他把七个人召集在一起，商量办法。可是，

① 参考资料：http://www.360doc.com/content/08/0905/17/74250_1613001.shtml.

交流会刚开始，就变成了相互指责的批判会。性子急的苏格拉底先开了口："你们怎么回事，一天只能找到两三个有石头的房间？""那么多个房间，门上又没有写哪个是有石头的，哪个是没有的，当然会找很长时间了！"爱丽丝答道。"难道你们没有注意到，门锁是圆形的都是没有的，门锁是十字形的都是有石头的吗？"经过交流，大家才发现，原来他们有些人找准房间很快，但可能在房间里找到的石头都是错的，而那些找得非常准的人，往往又速度太慢。

于是，在爱丽丝的提议下，大家决定每天开一次会，交流经验和窍门，然后，把有用的经验都抄在能照到亮光的墙上，以提醒大家，省得再去走弯路。在七个人的通力协作下，他们终于找齐了所有的 240 块灵石。小矮人们胜利了。胜利的法宝无疑就是：知识通过有效的管理，最终将变成生产力。

第一节　知识与知识管理

随着知识经济时代的到来，知识逐步成为组织获取竞争优势的"战略资源"，管理大师德鲁克认为："21 世纪的组织，最有价值的资产是组织内的知识工作者和他们的生产力。"知识管理是在知识经济时代出现的一种新的管理思想和方法，它以人为中心，以信息为基础，以知识创新为目标，将知识看作是一种可开发利用的资源。知识管理将使组织和个人更具有竞争实力，必将成为新时代对政府、企业和个人管理活动起重要指导作用的有力工具。

一、知识

知识是什么？这是理解知识管理需要明确的第一个问题。知识是一个十分宽泛和复杂的概念，知识的分类也多种多样。

（一）数据、信息和知识

厘清数据、信息和知识的区别，有助于我们深刻理解知识及知识管理的内涵。数据更多被定义为"对客观事物或事件的描述，是没有任何意义的"，数据是对客观世界中事物属性的描述，是我们对事物认识的开始。信息是具有特定相关性和目的性的数据，是有意义的、过程化的和经过分析的数据，是对客观世界中各种事物的状态和特征的反映。知识是一种"确证了的真信念"，美国学者贝尔认为，知识是一整套经过组织的对于数据或思想的表达，表现为经过推理的判断或试验的结果，它以一种系统的方式通过某种沟通媒介来传递给其他人，或者更为一般地，知识就是经过版权或者其他形式的社会认知证明的客观的已知的东西。

对于数据、信息和知识的关系，最为传统的观点是知识的等级体系，认为数据是没有加工的数字和事实，信息是被处理过的数据，知识是经过鉴别的信息，数据组成信息，信息创造知识。芬兰学者托米（Tuomi）提出了一个突破传统的观点，认为从数据到知识的层级结构的常规假设事实上是完全相反的，知识必须是先于可表达的信息以及先于形成信息的可测量的数据存在的，知识被阐明、被表达并被构建成为信息，而当信息被分配为固定的表现和标准的解释后就形成了数据。除此之外，也有观点认为数据、信息、知识以一种更为复杂的方式存在，相互交织、相互关联，人们可以从客观世界中直接获取信息，不用先产生数据，也可以从数据中创造知识，不用经历信息转化的中间阶段。

（二）知识的内涵

知识的概念界定在古希腊时代就成为争辩不休的话题，至今观点众多。柏拉图最早将知识界定为"确证了的真信念"，认为知识是一种信念，而且是经过验证的，经过实践检验后而确证了的结果。日本学者野中郁次郎对柏拉图的知识概念进行了具体深化，认为知识是人际间个人信念朝"真实"的方向实现验证的动态过程，强调知识是实现验证的动态过程，把知识的内涵由静态属性转迁到了动态过程。瑞典裔学者斯威比认为，知识是一种资本，知识资本是一种以相对无限的知识为基础的无形资产，企业的知识资本可以理解为企业市场价值与账面价值的差额。德鲁克认为，知识必须跟人的行为紧密联系起来，它要么成为行为的基础来改变某事或某人，要么使得组织或个人能够做出不同或者更有效的行为来改变某事或某人。美国学者达文波特等将知识定义为一种有组织的经验、价值观、相关信息及洞察力的动态组合，它所构成的框架可以不断地评价和吸收新的经验和信息，知识是在不断发展变化的。

总的来说，知识可以理解为是一种信念，一种资本，一种行为能力，或是一种价值体系，它具有典型的特点：知识是隐性的，它具有被编码或不能被编码的可能性；知识是有价值的，是可以进行交易和变现的；知识是行为导向的，能够指导人的行为和决策；知识是动态变化的，通过人的学习和交流可以无限地延展和创造。

（三）知识的分类

知识呈现的形态、存在的场域和应用的功能各有不同，按照不同标准可以将知识划分为不同的类型。

1. 隐性知识与显性知识

1958年，英国哲学家波兰尼认为知识具有隐性和显性两个属性，第一次将知识分为隐性知识与显性知识两个类别。隐性知识是个人的、基于特定情境的，难于形式化和交流的，只可意会不可言传，难以用语言表达、陈述或者进行编码。隐性知识包括个人经验、预感、判断、直觉以及本能，是深植于个人的经验、判断、直觉及潜意识中的知识。隐性知识主要可以分为技术诀窍、心智模式、解决问题的手段和组织常规。显性知识是可以通过文字、数字、图形或符号来表达，较为容易地通过语言、文档、公式、编码程序等形式进行传播和交流，并且能够存储在书籍、光盘、磁盘等媒介中的知识。显性知识和隐性知识并非完全割裂的，隐性知识往往是理解显性知识的必备条件，隐性知识在特定信息技术条件下也可转为显性知识。

2. 个人知识与组织知识

知识从个人与组织两个层面可分为个人知识和组织知识，个人知识是指组织成员个人所具有的知识，包括技能、经验、习惯、直觉和价值观等，个人知识属于拥有知识的个人，随着组织成员的流动而流动，但个人知识可以为组织所用。组织知识是内含于组织系统的知识，包括组织文化、组织信息系统、组织业务流程等，这些不随组织成员流动而消失。个人知识是组织知识的基础，经过组织的学习与知识分享，员工的个体知识可以转化和升华为组织知识，组织知识是核心竞争力的重要来源。

3. 社会性知识、技术性知识与伦理知识

社会学家哈贝马斯从哲学人类学的角度指出，对应于人类的技术旨趣、实践旨趣和解放旨趣，知识不但包括解决问题的直接技术和方法，还包括关于人的组织和管理的社会性知识以及关系人类行为道德准则的伦理体系。进而从知识功能属性出发将知识分为：社会性知识、技术性知识与伦理知识①。社会性知识是人与人之间交互响应，更新其心智模式，形成群体的行为准则和标准。技术性知识是主要以客体为对象形成的技术系统，比如自然科学，生物技术等。伦理知识是关于主体的价值观、伦理观等，在组织中体现为组织文化、价值观念、行为规则等。

课程思政小贴士

思政元素：创新是引领发展的第一动力，保护知识产权就是保护创新。全面建设社会主义现代化国家，必须从国家战略高度和进入新发展阶段要求出发，全面加强知识产权保护工作。知识产权保护工作关系国家治理体系和治理能力现代化，关系高质量发展，关系人民生活幸福，关系国家对外开放大局，关系国家安全。（摘自习近平 2020 年 11 月 30 日在中央政治局第二十五次集体

---

① 李海波，丁堃，苏朝晖. 国外知识管理中知识的基本概念研究进展及评析［J］. 科技管理研究，2012（8）.

学习时的讲话)

教学意图：引发思考，知识是什么，为什么知识产权保护工作关系到国家治理体系和治理能力现代化？

二、知识管理

21世纪是知识经济时代，意味着知识成为生产力提升和组织竞争的关键要素，加之信息技术和网络社会的蓬勃发展，加速了知识的增长和流通，如何获取和管理知识并创造高附加值，有效的知识管理成为组织在知识经济时代生存和发展的关键。

（一）知识管理的发展

知识管理诞生于20世纪80年代，早期兴起时强调信息技术在知识管理中的重要性，聚焦于知识获取和共享。20世纪90年代末提出"第二代知识管理"，更加重视人的重要性。21世纪初，第三代知识管理突出创新的能力与思考的技术。

1. 第一代知识管理 KM1.0

卡尔·维格（Karl Wiig）1986年首次在苏黎世国际劳工组织会议的报告中提出"知识管理"一词，随后知识管理理论与实践获得快速发展。这一时期知识管理以信息科技（IT）为焦点，主要探讨信息技术在知识管理中的应用，基本上强调通过运用信息索引和检索系统、数据仓库、数据挖掘、文档管理等技术手段架构知识管理系统，获取和共享已有知识，焦点在知识管理系统上进行知识获取、储存和利用。第一代知识管理过于关注信息技术和信息管理，研究如何获取和共享知识来保持组织竞争优势，对于人力资源和知识过程的主动性、隐性知识的开发与共享、组织文化与学习等非技术因素缺乏足够的重视。

2. 第二代知识管理 KM2.0

2002年，知识管理大师赖瑞·普鲁萨克（Larry Prusak）提出了"第二代知识管理"的概念，第一代知识管理力图以技术为中心解决所有问题，而第二代知识管理则更侧重于人力资源和过程的主动性。第二代知识管理逐渐转移到"以人为中心"，知识范围从组织内部员工的知识扩展到组织外部顾客、合作伙伴间的协同分享，知识管理的重心也由知识的共享转移到新知识的持续生产和创新。知识管理也不是知识内容的唯一来源，由知识库、知识社区与专家黄页所形成的知识地图架构，成为推动知识管理的重要基础。同时把知识管理与组织学习结合起来，强调知识管理在帮助组织更有效学习上的重要性。

3. 第三代知识管理 KM3.0

随着信息技术和网络社会发展，公众个体力量逐渐强大，群众智慧逐步发挥，知识管理迈向第三代①。创新的能力与思考的技术，将取代信息科技或人力资本，成为知识应用的新焦点。知识范围也从实体组织内的外部知识，朝向虚拟知识资源与实体知识资源的同步管理，虚拟知识资源主要指虚拟工作团队、虚拟关系管理、新观念、新流程等，实体知识资源则包括新科技、新工具、知识库、专家库等。知识内容不再是文件储存或是知识库，而是要求组织内的信息系统与组织的智能资本、创新思考进行整合应用。知识不只强调分享与创造，而是探讨更积极的跨领域吸收新知识，利用知识领悟和触类旁通获取更多创新思维。人人都可以是知识创造者，知识专家仅是众多知识拥有者之一，藏私型的知识专家将逐渐被淘汰，分享型、思考型与领悟型的专家，或分享型、学习型与协同型的群众将取而代之。

（二）知识管理的内涵

知识管理的概念最早于 1986 年联合国国际劳工大会上提出，之后研究者们从目标、过程、对象和技术等维度对知识管理的内涵进行了广泛界定。知识管理的目标维度强调知识管理是一种改进组织绩效的管理活动，文拉姆（Wunram）认为，知识管理是一种系统的用于掌握组织有形或无形知识资产的具体措施的应用，目标是利用组织内部或外部的知识来创造新的知识并产生价值、创新和改进。德鲁克认为，知识管理就是组织为了创造收益和竞争优势，对组织知识资源的协调和利用。知识管理的过程维度认为，知识管理由知识的获取、创造、储存、利用等流程构成。美国生产力和质量中心（APQC）认为，知识管理是确认、获取和利用知识帮助使用者改善组织绩效的战略和流程。拉斯托吉（Rastogi）等认为，知识管理就是个体和群体在追求关键组织目标时协调组织范围内知识的获取、创造、储存、分享、扩散、开发和应用活动的系统过程。知识管理的对象维度主要认为，知识管理是对知识员工或知识资产的管理。维格（Wiig）认为，知识管理就是组织系统地对知识资产进行充分开发利用，并发现新的知识以提升组织内知识相关工作的绩效。罗赛特（Rossett）等认为，知识管理是确认、文件化和分类化存在于组织员工和顾客中的显性与隐性知识。知识管理的技术维度强调，知识管理要运用先进技术。美国安达信公司认为，知识管理内涵可表示为 KM＝（P+I）S。KM 代表 Knowledge Management（知识管理），P 代表 People（人员），+代表 Technology（技术），I 代表 Information（信息），S＝Share（共享），这个公式表明知识管理必须通过技术将人与知识充分结合，并在共享的组

———

① 陈永隆．第三代知识管理 KM 3.0［EB/OL］．http://blog.sina.com.cn/s/blog_6cbcbce60100nmf4.html，2021-09-23.

织文化下达到知识积累的乘数效应①。

知识管理的内涵十分宽泛，综合上述不同视角，我们认为，知识管理是组织运用先进信息技术，通过对组织内外有价值的知识进行系统的获取、存储、共享和利用，并在此基础上创造新的知识，从而提升组织绩效和竞争力的管理过程。这一定义突出了知识管理的以下特征：

（1）知识管理是一个过程。知识管理不仅是一项活动或程序，而且是由知识的获取、存储、共享、利用和创造等一系列流程所构成的动态过程。

（2）知识管理的对象是有价值的知识资产。知识管理是将知识视为有价值的资产进行管理，知识是组织最重要的智力资本和无形资产。

（3）知识管理重视信息技术的应用。现代信息科技的发展为知识管理提供了有效的工具，知识库系统解决了知识存储问题，大数据和人工智能为知识创造和应用提供了条件，技术越来越成为知识管理的重要维度。

（4）知识管理的目的在于提升组织绩效和竞争力。知识管理的目的就是通过有效的知识管理流程使得组织中的知识资产获得有效利用，从而提升组织绩效和竞争优势。

（三）知识管理的要素

知识管理是一个完整的体系，由一系列关键要素构成，理论与实践领域对知识管理的构成要素进行了多方面探索。学者彼得·梅索（Peter Meso）认为，知识管理包括知识、技术基础、组织基础、人力资源、文化五部分。西门子公司从实践出发认为，知识管理是一个"社会—技术"系统，由知识社区、知识集市、知识环境和关键过程构成，知识社区指试图跨组织边界达到"最佳实践网络"使员工能够通过社区交流进行知识共享，知识集市指通过知识地图、知识网络等为知识管理提供基础设施，知识环境指在组织战略及价值观等方面为知识管理提供氛围和文化，关键过程指对知识过程的有效管理。IBM将知识管理的要素划分为三类，即人员、场所和事件，人员是指参与协作的组织和个人，包括员工、用户、供应商、合作伙伴等；场所是指为协作提供的空间，包括办公空间、项目组、在线论坛等；事件是指组织知识管理相关的内容和处理过程，如结构化文档、案例等。

我们认为，知识管理不仅是一个技术系统，更是人和组织构成的社会系统，它的构成要素包括人、知识、知识流程、技术工具和组织环境。人是知识管理的主体，不仅包括组织内专门从事知识管理的知识主管和一般知识员工，还包括组织外部的顾客、供应商以及合作伙伴等。知识是知识管理的客体，既包括显性知

---

① 薛捷，李岱素. 知识管理——理论与实践［M］. 广州：广东经济出版社，2009.

识，也包括隐性知识；既涉及员工个体知识，也包括组织集体知识；既包括技术性知识，也包括社会性知识和伦理知识。知识流程是知识管理的基本活动，包含组织在管理过程中获取、储存、共享、利用和创造知识的过程，只有通过知识管理流程，才能促使个人和组织的知识得以积累和创新。技术工具是协助组织完成知识流程所必须配备的物理设施和技术系统，包括各种硬件设施和软件系统，只有充分运用先进信息技术，才能让知识管理得以实现。组织环境是支持组织开展知识管理的配套体系，包括组织结构、激励机制、组织文化和发展战略等，建设有利于知识管理和创新的组织文化、激励策略和组织架构，是知识管理的实践基础。

第二节 知识管理基本流程

知识管理实质上是对知识进行有效管理的活动过程，它是由一系列的环节和流程构成的。对于知识管理流程的划分，业界和学界有多种观点。如安达信公司认为，知识管理的流程涉及知识的定义、获取、适应、组织、利用、分享和创造。学者维格认为，知识管理的流程包括知识的创造与获取、编辑与转化、传播、利用与价值实现。贝克曼认为，知识管理包括定义、获取、选择、储存、分享、利用、创造和销售等环节。虽然观点不一，但都涉及到一些基本的活动。我们认为，知识管理就是将组织内外有价值的知识进行提取、储存、分享、利用和创造，知识管理的主要流程包括知识的获取、存储、共享、利用和创造五个关键环节。

一、知识的获取

知识是离散的，知识的来源多种多样，它既包括组织内部的个人知识或组织知识，也涉及组织外部一切有可能的个人或组织。知识的获取就是组织采取有效途径从内部和外部获取组织所需要的有价值知识的过程。

（一）知识获取的步骤

知识的获取是多个步骤相互连接、反复的过程，是组织根据自身发展需要，不断对组织内部和外部知识进行辨识和评估，进而选择、收集和整理对组织发展有价值的知识。

（1）知识的识别，即组织基于自身发展的需要，对组织内部和外部知识状况进行了解、评估和筛选的过程。组织首先要明确自身的使命、目标和策略，准确掌握组织目前需要哪些方面的知识；其次要了解组织内部个人和群体拥有哪些知识，外部有哪些是组织所需要的重要知识，确定组织内外可利用知识的种类和数量；最后还要了解所需知识的来源和可获得性。

（2）知识的收集，即组织通过适当方法、途径或工具，将内部和外部知识聚集在一起的过程。外部知识来源有多种，比如专家、公司、科研机构、学校、顾客、合作伙伴以及竞争者等，组织内部知识来源主要是组织员工。知识收集的方式要依据具体情境和知识内容、性质、来源等采取适合的方式和途径。

（3）知识的整理，即组织对所收集的内部和外部有价值的知识进行整理、分类、编码和转化，使之能够被组织利用的过程。知识的整理需要使用一些归纳程序或知识编辑器之类的工具软件实现对知识的分类和编码，并在知识管理专业人员的操作下完成知识的获取，最终形成满足组织需求的知识形式。

（二）知识获取的途径

知识的获取主要通过内部和外部两个途径，组织从内部获取知识可通过自身研发、组织学习、员工培养等方式，从外部获取知识可通过市场采购、战略联盟或非正式交流等方式，这里重点介绍四种知识获取途径：

（1）组织学习，即组织为保持竞争优势和创新能力，在个体、团队、组织和组织间进行的、不断产生和获得新知识和行为的过程。组织学习可分为个体学习、团队学习、组织内学习和组织间学习四个层面。它是以个体学习为基础的组织化学习活动，具体可包括系统地解决问题，试验，从自己过去的经验中学习，向他人学习，以及通过报告、经验交流、教育培训、轮岗促进组织内的知识扩散等五项内容。

（2）市场采购，即通过市场化的途径从市场购买组织所需要的知识，比如从外部招募专家、并购或者知识外包等。招募专家是组织快速获得专业领域知识的途径，但在招募时应注意专业性。并购能够有效促使外部知识的"内部化"，可以实现知识转移，从而获取高水平的技术、专利或产品研发能力，但在并购时要做到正确的搜寻与评估组织内需要的知识。知识外包是委托承包单位研发组织所需要的知识，对于自己需要但组织研发能力不足的知识，可以采用知识外包的形式去获取，主要方式有产学合作和顾问咨询。

（3）战略联盟，战略联盟是指两个或两个以上的组织为了实现资源共享和风险共担，通过股权参与或契约联结而建立正式的合作关系，组织之间可以通过许可协议、特许专营协议或合资等方式实现联盟知识的获取和共享。许可协议即指联盟内一方准许另一方有权使用自己具有专有权技术或产品的协议。合资一般指组织之间决定共享资源，创立一个拥有正式身份、资源和组织结构的新型实体，比如三星电子公司就通过与日本企业合资方式获取了东芝公司的柔性制造系统技术。

（4）与合作伙伴的非正式交流，与顾客、供应商及其他合作伙伴的非正式知识交流同样是外部知识获取的重要途径，比如通过走访客户、问卷调查、客户关系管理系统等方式可以向客户学习，或者与供应商实行联机协同商务实现深入交流。

二、知识的存储

知识的存储是指组织将获取的有价值的知识通过选择、过滤、加工和提炼之后，储存在适当的媒介中以方便组织重复使用和更新的活动。知识的存储可以使知识资源得到更充分的开发利用，降低重复开发的成本，尤其当今信息和知识呈现爆炸式的增长，有效组织和存储组织所需要的知识显得极为重要。

（一）知识存储的步骤

知识的存储由一系列重要步骤构成，涉及到知识的选择、过滤、加工、提炼、储存和提取等环节。

1. 知识的选择与过滤

知识大爆炸时代，大量出现并飞速发展的知识和信息需要组织进行针对性的选择和过滤，组织在做知识选择时要遵循一些原则，比如重点选择与组织发展愿景、核心能力密切相关的知识，选择具有创新性、独特性和发展潜力的知识，选择使用者愿意付费的知识，选择具有较高决策效益或者因员工离职有可能带来较大损失的个人知识。

2. 知识的加工和提炼

知识的加工和提炼在于提升组织知识的正确性、提高知识价值和方便知识利用。知识正确性的提升是对知识的矛盾和冲突、知识的不一致、知识的重复及时效性进行纠正，以实现知识的净化和标准化；知识价值的提升是由专家对显性知识的内涵和用法进行说明和注解，对员工的隐性知识进行整理、评估和分析；知识的利用是通过对知识的分类、索引、编辑和排版以方便使用者阅读和搜寻。

3. 知识的储存与提取

现代社会主要采用建立知识库的方式储存知识，通过电脑化和网络储存某一领域的相关知识、经验、文件和专业技能等，这些知识都是已经经过整合、过滤、索引和分类等加工和提炼后的知识。使用者可以按照特定的搜寻方式快速找到自己所需要的相关知识，组织也可以主动地将其认为是重要的知识推给相关员工进行学习和利用。

4. 知识的更新与重整

知识日新月异，组织需要不断引入新的知识、更新和检视现有知识以及淘汰丧失价值的知识，可以安排专人负责知识库的维护和更新，比如定期检查知识的品质、删除过时的知识、根据需求重新分类和整理知识等。

（二）知识存储的媒介

知识需要存储在适当媒介中，不同的知识要有不同的储存方法，知识存储的媒介主要可分为三大类：

1. 个人的知识储存

组织员工所具有的隐性知识和显性知识是组织内部知识的重要构成，员工个人的知识储存可分为在职员工和离职员工两类，在职员工的知识储存可以采用专家黄页或知识地图、鼓励员工对重要知识进行记录、建立师徒制以及保留具有核心知识资源的员工等方式，离职员工的知识储存主要通过离职员工知识的外显以及建立离职员工的人际网络等。

2. 团体的知识储存

组织内团体知识由于人际互动，相较于个人知识会呈现出更为动态化和内隐化特征，储存起来也更为困难。团体知识的储存方式主要有开会记录、项目报告以及互动讨论版等。开会记录即团体成员开会讨论时所记载的会议记录；项目报告分为案例研究和行动研究两种形式，案例研究是由客观研究者采用故事描述的方式对整个项目的背景和过程进行清楚描述，行动研究是由参与项目的成员以本身经历的角度来分析整个过程的行动，并记录重要的经验和教训；互动讨论版是指组织成员在虚拟社区、讨论群组等对特定事项的互动讨论版块。

3. 组织系统的知识储存

组织系统的知识储存是由组织采取正式的组织形式对获取的知识进行储存，强调知识储存的自动化和电脑化，善用文件管理系统形成无纸化管理。主张建立及维护一个高品质、易于使用的知识库，知识库内主要储存的物件包括影像、文章、资料、文件、案例、流程、模式等多种形式。也可建立活跃的事务社群，指组织内外具有共同兴趣、共同爱好和共同专长的人们聚集在一起通过网络讨论分享特定领域的知识，社群内成员针对某个特定议题或知识领域所具有的经验、工具与处理问题的方法依托社群交流活动得到储存。

三、知识的共享

知识管理要在"适当的时间，将适当的知识传递给适当的人"，知识的共享是知识管理的核心环节，是指组织内部不同成员、群体、部门之间或者跨组织之间的知识交流活动，将知识分享给他人，与对方共有这种知识，乃至整个组织都通晓该知识，从而扩大知识的利用价值并产生知识的效用。

（一）知识共享的策略

人和技术是知识共享过程中的关键要素，为了促进显性知识和隐性知识的有效传播和共享，需要采用编码化策略和人性化策略①。

1. 编码化策略

编码化的知识共享策略是指组织通过内部的管理机制和技术工具，将隐性知识外化为显性知识进行共享的方式。编码化知识共享中，信息技术具有重要作用，电子数据库是知识共享的常用工具。组织根据知识的内容和特点，将其编码汇总存储在电子数据库中，创造出"知识客体"，组织员工可以随时在数据库中搜寻和提取经过编辑的知识，无须与最初的开发者接触，从而促进了知识共享和反复应用。

2. 人性化策略

人性化的知识共享策略不需要对知识进行编码化处理，而是通过人与人之间的直接交流来实现知识共享。它将知识与开发者紧密联结在一起，更多是在头脑风暴法的研讨中或个体之间的交谈中实现隐性知识的转移。知识不仅可以通过面对面的方式共享，还可以通过电话、电子邮件和视频会议等形式进行共享。此外，许多行之有效的人性化知识共享策略在实践中得以推广，比如麦肯锡公司通过多种方式来培育知识共享的人员网络系统：办事处之间的人员调动、支持咨询员立即给同事回电话的企业文化、创建专家目录，以及在公司内使用咨询督导员等办法来协助项目团队的知识共享。

（二）知识共享的机制

知识共享是一种互动的过程，达文波特将知识共享分为两种机制：即正式机制与非正式机制。

1. 知识共享的正式机制

知识共享的正式机制指组织采用正式的管理机制或制度安排来实现知识共享，主要包括：①正式的知识共享网络。这种网络是组织通过组织内科层体制由上而下传递、指示，或由下而上汇总、呈送与工作、任务相关的正式信息和知识。②师徒制。师徒制是指资深的员工作为师父与资历较浅的员工作为徒弟之间，通过工作技能的讲解示范和经验传授达成知识共享和传承，不仅能够实现显性知识的传授，还可以实现不使用语言而获得隐性知识。③知识库的建立。如前所述，组织对有价值的知识进行编码提炼，并储存在电子知识库中，员工可以随时随地搜寻和提取所需要的知识。④知识展览会与知识论坛。知识展览会和知识论坛是指由组织主导，在特定的时间与场所，召集相关知识团队和与之相关的需

① 易凌峰，朱景琪. 知识管理［M］. 上海：复旦大学出版社，2008.

求单位聚集在一起，自由交流共享某领域的重要知识。

2. 知识共享的非正式机制

人与人之间的非正式交流往往更能达到知识共享的目的，知识共享的非正式机制主要包括：①非正式网络。非正式网络是指员工之间通过私下人际交往所形成的知识交流网络，如沟通网络、咨询网络和信任网络。施乐公司曾经创造一个高级多媒体信息系统，使公司的技术代表及其他员工能够非常容易地进入这种社会性的集体智能体系，技术代表可以将那些有价值的经历做成附带注解的电视剪辑传送到世界各个角落，并且可以对各自经历进行相互评价，从而有助于获取新知识和工作经验。②知识社区。知识社区是指组织内那些兴趣、专长相同的员工以自发或半自发的方式组成的知识共享的群体，他们在一起可以讨论共享某一特定领域的专长知识。在正式的组织中，成员往往因绩效竞争而缺乏互信，重要知识有所保留、不愿分享，这种共享障碍却可以在非正式的社区中得以化解，因为这种非正式社区凝聚的动力是人与人之间的交情，而不是工作。③非正式场所。茶水间、谈话室、餐厅、员工休息室可以成为组织员工交流和共享知识的非正式场所，在这些场所，人与人之间的交流会更放松、更亲密，有利于员工之间开诚布公、分享知识。

课程思政小贴士

思政元素：当前，世界百年未有之大变局加速演进，新冠肺炎疫情影响广泛深远，世界经济复苏面临严峻挑战，世界各国更加需要加强科技开放合作，通过科技创新共同探索解决重要全球性问题的途径和方法，共同应对时代挑战，共同促进人类和平与发展的崇高事业。（摘自习近平2021年9月24日在2021中关村论坛开幕式上的视频致辞）

教学意图：引发思考，从知识共享层面分析世界各国如何加强科技开放合作？

四、知识的利用

知识的利用是指组织将获取的知识应用到实际工作中，用以解决组织管理中所存在问题的过程。只有知识的获取、存储和共享而不加以利用，知识就不会对组织绩效提升产生积极影响，只有当分布在组织各处的知识在组织中流通并用来解决实际问题时，才能充分实现知识的价值。知识的利用实际就是利用最佳知识达到解决问题的最佳效果，最佳知识往往源于一些组织的最佳实践。所谓"最佳实践"就是某个组织在管理机制、运营手段、产品服务、员工激励等方面做得非常成功的实践，其中蕴含的最佳经验、知识或工作方式可以作为榜样被其他组织引进和采用。

知识的利用伴随着知识的转移，知识在转移的过程中得以实现其价值。南希·M. 狄克逊（Nancy M. Dixon）基于福特、雪铁龙等知名企业知识管理的实践，根据知识接受者、任务的性质、知识的类型等标准提出五种知识转移模式①，这里我们将基于这五种知识转移模式来探讨相应知识的利用。

（一）连续转移中的知识利用

连续转移指的是一个团队将在某一情境下完成任务时所得到的知识（包括显性和隐性知识），转移到团队下一次在不同情境或相似情境下完成同样的任务中。连续转移强调知识供需双方是同一团队，任务性质相似，团队成员将在执行某一项任务时所获得的经验和知识应用到下一次类似的任务中。美国陆军的"事后回顾"就是一种比较典型的知识连续转移，美军在任何一次团队行动之后，都要举行事后回顾，要求不表扬、不批评、揭示基本事实、做记录、所见即所述，以便下一次战斗或项目中能利用刚学到的知识。

（二）近转移中的知识利用

近转移指的是一个团队将从长期从事的重复性工作中所获得的知识转移给其他从事非常类似工作的团队再次使用。近转移中知识的供应方和接收方是不同的团队，但从事的任务性质相类似，转移和重复利用的主要是显性的和明晰的知识。近转移实际就是将组织中的最佳实践分享给其他组织再次使用，福特公司将这一知识利用形式称为"最佳经验复制"，它位于芝加哥的团队曾经通过采用亚特兰大工厂积累的最佳经验实现了大量减少安装前刹车所需的时间。

（三）远转移中的知识利用

远转移指的是一个团队将在执行具体任务时所获得的知识转移给其他执行不同任务的团队使用的过程。远转移中知识的供应方和接收方是不同的团队，而且任务性质也没有相似性，但工作背景具有相关性，转移和利用的往往是需要双方充分交流才能共享的隐性知识。比如英国石油公司的巴登勘探团队在挪威巴登海岸收集和分析石油储量数据遇到困难时，采用"同行帮助"形式请求其他团队的同行组成"同行帮助小组"讲解有关地震和地质数据，通过远转移方式实现知识利用。

（四）战略转移中的知识利用

战略转移是指一个团队向另一个团队转移非常重要的战略性知识，它针对的是非常规的系统性任务，主要发生在不同团队之间。战略转移与远转移的区别在于知识转移和利用后对系统的影响范围大小。战略转移的知识会影响大部分系统，而远转移的范围则比较有限，仅影响一个团队或一个单元。英国石油公司的

---

① 南希·M. 狄克逊. 共有知识——企业知识共享的方法与案例［M］. 北京：人民邮电出版社，2002.

"知识资产"策略就属于战略转移形式，知识资产是公司的"中心知识管理团队"在特定的主题下，为某个明确的最终使用者编辑来自全世界各个分公司的团队经验，经过编辑的知识，提供了受访团队所没有考虑到的问题，提供对难题的多种看法，并且提供某一相关主题上英国石油公司的集体经验。当这些知识实现转移和利用后，可以帮助受访团队实现战略性的变革与发展。

（五）专家转移中的知识利用

专家转移是指当团队需要某一方面超越本身知识范围的知识时，可以通过特定的方式寻求专家提供专业知识的帮助。专家转移针对的是偶尔需要执行的任务，更多是对专家个人知识和经验的应用。比如政府工作人员发电子邮件给公共管理专家，请教如何处理政府绩效评估的数据统计，并及时得到他相关专业知识的指导和帮助，从而顺利完成任务。

五、知识的创造

知识经济的实质是创新型经济，知识的创造对于组织发展至关重要，它是组织获取竞争优势的关键。知识的创造是指组织通过不同方式提升和强化既有的知识，或者创造对组织有价值的新知识，比如新的产品、新的技术、更有效率的业务流程或者更富有价值的组织文化。

（一）知识创造的模式

日本学者野中郁次郎将知识创造视为知识的显性和隐性维度之间的连续相互作用，以及知识从个人层到群体层和组织层移动的螺旋式增长流。他深入分析了隐性知识和显性知识转化与知识创造的关系，并在此基础上提出了著名的知识创造 SECI 模式（见图 9-1），即社会化（socialization）、外化（externalization）、整合（combination）和内化（internalization）①。

图 9-1　知识创造的 SECI 模型

---

① 野中郁次郎，竹内弘高. 创造知识的企业　领先企业持续创新的动力［M］. 北京：人民邮电出版社，2019.

1. 社会化

从隐性知识到隐性知识，指隐性知识通过个体间的经验分享转化为新的隐性知识的过程，主要通过观察、模仿和亲身实践等形式使隐性知识得以共享和创造，师徒传承是较为典型的社会化模式。社会化过程是隐性知识到隐性知识的创造过程，借助信息技术，如通信、电视会议、网络会议、虚拟社区等可在更大范围内实现知识的社会化创造。

2. 外化

从隐性知识到显性知识，是将隐性知识转化为新的显性知识的过程。个体通过隐喻、类比、观念、假设或模型等对话手段将自己的观点和意向外化成为语言、概念、形象等，从而将新的显性知识从隐性知识中创造出来，并在群体中传播与沟通。外化是知识创造的关键，因为知识的发展过程正是隐性知识不断向显性知识转化和新的显性知识不断生成的过程。

3. 整合

从显性知识到显性知识，是通过合并、分类、分等、综合现有的显性知识来创造新的显性知识的过程。整合可以是将一个或多个现有显性知识转化为新的显性知识，也可以是将一种或多种形式的显性知识结合为另一种形式的显性知识。基于现有的显性知识来创造新的显性知识时可以通过文献、会议、通信网络、数据库等技术工具来促进知识的整合。

4. 内化

从显性知识到隐性知识，是将外化的显性知识在个人及组织范围内转化为新的隐性知识的过程。显性知识必须通过模拟和仿真在行动和实践中触发"干中学"，从而促使个体将现有的显性知识转化为新的隐性知识，内化主要通过个体的实践活动得以实现。

知识的创造是一个动态、递进过程，知识从隐性潜移默化为隐性进行传递，再经过外化进行分享，在此基础上，组合为更系统化的显性知识，进一步内化为新的隐性知识，到此，知识完成一次创造，并成为另一次创造的起点，野中郁次郎称之为"知识螺旋"。

（二）知识创造的管理策略

SECI 模型揭示了知识创造的动态过程与机制，知识创造的管理就是要促进知识创造过程实现，野中郁次郎认为要从四个方面加以努力[①]。

1. 采用"中上下"的管理模式

传统意义上的管理模式是自上而下，由高层管理者制定政策、发布命令，这

---

① 易凌峰，朱景琪. 知识管理［M］. 上海：复旦大学出版社，2008.

种管理模式过于刻板刚性，容易受到长官意志的影响，不利于知识创造。自下而上的模式又容易造成各自为政，也不利于知识创造。而中上下模式里，中层管理者成为知识创造的关键角色，位于组织纵向和横向知识流的交叉点上，有利于发挥促进组织创造的作用。在中上下的管理模式里，高层人员提出远景规划作为知识发展方向，作为中层的人员将远景规划分解为实践中可以实施的众多具体概念，而一线员工关注具体的实施过程。

2. 拟定知识的发展远景

组织的知识创造需要规划远景，来使组织朝它必须获得的知识方向发展，规划和清晰表达这种远景，是高层管理者在知识创造过程中的重要职责。而中层管理者在知识远景的实现过程中，作为一种桥梁，需要将高层人员制定的远景规划、价值体系分解为能有效指导知识创造过程的具体概念和步骤，进而让一线员工能够有章可循。

3. 开发和促进知识资产的共享

知识资产是组织独有的、对创造组织价值不可缺少的知识资源，具体包括工作实践经验的经验性知识资产、产品设计类的概念性知识资产、技术专利类的系统性知识资产以及组织文化类的常规性知识资产。知识资产是组织知识创造的基础，应当设有专门的机构和人员，比如 CKO（首席知识运行官）来负责知识资产的管理，促进知识资产的开发和共享。

4. 建构知识创造的环境

野中郁次郎将知识创造的环境定义为巴（日语中环境之意），他认为巴是知识创造的重要构件，是为知识创造提供交流思想、促进灵感产生的场所，是促进知识动态流动的平台，而且能够影响成员知识创造的积极性以及知识共享与转移的效益与速度。因此，组织要积极营造有利于知识创新的环境——巴，组织管理者可以通过提供物质空间、虚拟空间，如交流场所、网络平台等来促进成员在知识创造过程的交流，或者通过增加成员的自主性、培育组织知识共享的文化等来强化巴的功能。

课程思政小贴士

思政元素：科学技术从来没有像今天这样深刻影响着国家前途命运，从来没有像今天这样深刻影响着人民幸福安康。我国经济社会发展比过去任何时候都更加需要科学技术解决方案，更加需要增强创新这个第一动力。（摘自习近平 2020年 11 月 12 日在浦东开发开放 30 周年庆祝大会上的讲话）

教学意图：引发思考，从知识创造层面分析创新为何是经济社会发展第一动力？

第三节　知识管理技术

知识具有复杂性和隐藏性，没有强大的知识管理技术支持，组织很难有效实施知识管理。达文波特指出：知识管理远不只是一门技术，但"技术知识"显然是知识管理的一个部分。知识管理技术是使知识管理得以具体实现的主要工具，它在知识管理的任何一个环节中都发挥着重要作用。

一、知识管理技术的概念

目前对知识管理技术概念的认识并不统一。狭义的理解认为知识管理技术是指能够协助人们获取、存储、共享、利用和创造知识的基于计算机的现代信息技术，这一界定所指的知识管理技术仅指基于计算机的现代信息技术。广义的理解认为知识管理技术不局限于以计算机技术为核心的相关技术，而是指用于知识管理流程，促进知识的获取、存储、共享、利用和创造的各种有效方法与手段的总和，这一观点所指的知识管理技术较为广泛，针对知识管理目标所采用的各种技术都可称为知识管理技术，包括知识管理的信息技术、知识管理工具和知识管理软件等。

从广义上看，虽然知识管理技术不只是以计算机技术为核心的相关信息技术，其他如编辑出版技术、印刷技术等也是组织进行知识管理的重要手段。但在现代信息社会，只有现代信息技术是知识管理产生的催化剂，也是知识管理得以有效实现的基本前提。因此，我们将知识管理技术定义为基于现代信息技术，能够协助个人或组织获取、存储、共享、利用以及创造知识的技术体系。知识管理技术不是单项技术，而是多项技术构成的技术体系，包括分布式存储管理、数据库、电子表格、Intranet 等技术以及技术集成的知识管理系统，覆盖着知识的获取、存储、共享、利用以及创造的各个环节。

知识管理技术以数据管理技术和信息管理技术为基础，但又不同于它们。数据管理技术是以数据为管理对象，协助人们生成、检索和分析数据的技术，包括数据仓库、数据搜索引擎、数据建模工具等。信息管理技术是以信息为处理对象，协助人们更好地处理信息的技术，如自动化信息检索与查询系统，初级的决策支持系统（DSS）、经理信息系统（EIS）、文档管理技术等。数据管理技术和信息管理技术处理的对象基本都是显性知识，对隐性知识无能为力，无法把握知识的丰富性和知识背景的复杂性。因此，知识管理技术是在数据管理技术和信息管理技术基础上，针对知识特性而开发的一些具有特殊功能的，能够协助知识管理人员和知识工作者进行知识获取、存储、共享、利用以及创造的技术。

二、知识管理技术的分类

随着现代信息技术的快速发展及知识管理在各类组织中的不断普及，知识管理的新技术、新工具、新方法层出不穷。知识管理技术的分类多种多样，我们主要基于三种分类标准对知识管理技术的类别进行描述，便于更好地了解知识管理技术发展状况。

（一）基于知识转化的分类

依据知识的特征可将知识分为显性知识与隐性知识，而这两种知识之间的相互转化是知识管理的重要任务，从知识转化的角度可将知识管理的技术分为以下几类[1]：

（1）隐性知识向隐性知识转化的技术。主要有电子社区、电子邮件、群件、讨论组、即时消息、P2P 应用、专家定位系统等。

（2）隐性知识向显性知识转化的技术。主要有文档工作流、内外网站的内容管理、搜索引擎和全文检索、数据库和在线分析、商业智能、数据挖掘和知识挖掘等。

（3）显性知识向显性知识转化的技术。主要有知识库联网、异构数据库搜索、数据仓库和数据集市、门户、企业应用集成等。

（4）显性知识向隐性知识转化的技术。主要有电子社区、电子邮件、群件、讨论组、即时消息、P2P 应用、e-Learning 等。

（二）基于知识管理过程的分类

知识管理技术覆盖知识管理全流程，康柏公司（Compaq）将知识管理的流程分为知识收集阶段、知识共享阶段、知识利用阶段和知识拓展阶段，在每个阶段都有相应的支撑技术（见图 9-2），这一过程分类法有利于我们了解不同知识管理阶段中所涉技术的特点与功能[2]。

1. 知识收集阶段

Intranet 提供了收集组织知识的基本环境，组织利用数据库和信息库将分散的信息知识集中化，数据挖掘技术则从无序的数据中发掘出有意义的信息和有价值的知识。

---

① 易凌峰，朱景琪．知识管理［M］．上海：复旦大学出版社，2008.

② 姚伟．知识管理［M］．北京：清华大学出版社，2020.

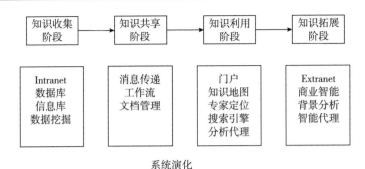

图 9-2 Compaq 的知识管理技术分类

2. 知识共享阶段

多种技术可以实现知识共享，如消息传递为知识传送提供了支持，工作流能保证正确的知识在正确的时刻传递给正确的人，文档管理能实现个人隐性知识的文档化，从而为更多的人共享。

3. 知识利用阶段

门户提供了利用知识的统一入口，知识地图使无序的知识结构化，专家定位帮助人们快速寻找专家并与其交流，搜索引擎提供了在知识海洋中快速查找知识的手段，分析代理则能帮助人们更好地分析和利用知识。

4. 知识拓展阶段

Extranet 使知识利用跨越了组织边界，商业智能、背景分析、智能代理则赋予了知识管理更多的智能。

（三）基于知识管理实践的分类

美国国际商用机器公司（IBM）基于自身知识管理的实践，将知识管理技术分为商业智能技术、电子协作技术、知识传递技术、知识发现技术和知识搜寻技术。

1. 商业智能技术

旨在描述业务流程，能够对所获信息进行综合，进而改善组织决策，包括数据挖掘技术、数据仓库技术、联机分析处理技术以及其他能从存储的数据中提取有价值知识的先进技术。

2. 电子协作技术

能够使组织员工共享他们的信息、经验、专长及知识的技术，包括实时协作技术和异步协作技术。

3. 知识传递技术

能够扩展知识与技能传递范围的技术，包括基于计算机的培训技术（CBT）、分布式学习技术以及实施电子课堂、电子研讨会和讨论会技术。

4. 知识发现技术

包括能从文本源中提取知识的文本采掘技术，以及能根据人和信息之间的关系描述知识的知识地图技术。

5. 知识搜寻技术

能够发现、编目并提供组织决策所需最佳经验的技术，包括搜索引擎技术等。

三、主要的知识管理技术

现代知识管理技术以计算机网络技术、人工智能技术为基础，包括群件技术、文档管理技术、数据挖掘技术、网络技术、人工智能和专家系统技术等，这里重点介绍数据挖掘、知识库、知识地图以及知识管理系统等应用较为广泛的主要知识管理技术。

（一）数据挖掘

知识管理需要知识获取技术从各种知识源中提取有价值的知识，数据挖掘技术是公认的富有成效的知识获取技术。数据挖掘（Data Mining）又称数据库中的知识发现（Knowledge Discovery in Database，KDD），是从大量的、不完全的、有噪声的、模糊的、随机的数据集中识别有效的、新颖的、潜在有用的，以及最终可理解的模式的非平凡过程。简单地说，数据挖掘就是从大量数据中提取潜在的、有价值的知识的过程。

1. 数据挖掘的功能

数据挖掘的主要目标是从数据中发现隐含的、有意义的知识，主要有以下六种功能：

（1）分类：目的是构造一个分类函数或分类模型，该模型能把数据项映射到给定类别中的某一个。比如银行部门根据以前的数据将客户分成了不同的类别，现在就可以根据这些来区分新申请贷款的客户，以采取相应的贷款方案。

（2）聚类：聚类是按照特定规则将数据分成若干类，使得同一类中的数据具有极高相似性，不同类中的数据很不相似，便于将数据组织成分层结构。比如将申请人分为高度风险申请者、中度风险申请者、低度风险申请者。

（3）关联分析：寻找数据之间的相关性，可分为关联规则和序列模式。关联规则是寻找在同一个事件中出现的不同项的相关性，比如超市中客户在购买 A 的同时，经常会购买 B；序列模式寻找的是事件之间在时间上的相关性，比如客户在购买 A 后，隔一段时间，会购买 B。

（4）预测：从数据中发现规律，对未来的趋势做出预见。比如从过去促销的数据中预测未来投资中回报最大的用户群体。

（5）偏差的检测：发现数据中心的一些异常记录，揭示内在的原因。比如在银行的 100 万笔交易中有 500 例的欺诈行为，银行为了稳健经营，就要发现这 500 例的内在因素，减小以后经营的风险。

（6）概念描述：对某类数据的内涵进行描述，并概括其所具有的特征。概念描述可分为特征性描述和区别性描述，前者描述某类数据的共同特征，后者描述不同类数据之间的区别。

2. 数据挖掘的过程

数据挖掘的过程是从数据文件中挖掘出先前未知的、有价值的、实用的知识，可分为五个阶段：确定业务对象、数据准备、数据挖掘、结果分析以及知识的同化[①]。

（1）确定业务对象。清晰地定义出业务问题，认清数据挖掘的目的是数据挖掘的重要一步。挖掘的最后结构是不可预测的，但要探索的问题应是有预见的。根据数据挖掘的目的，如关联性挖掘、分类预测、聚类等选择挖掘算法。

（2）数据准备。数据准备包括数据的选择、预处理及转换。数据的选择指搜索所有与业务对象有关的内部和外部数据信息，并从中选择出适用于数据挖掘应用的数据。数据的预处理在于研究数据的质量，为进一步的分析做准备，并确定将要进行的挖掘操作的类型，数据预处理一般包括消除噪声、推导计算机缺值数据、消除重复记录、完成数据类型的转换等。数据的转换是将数据转换成一个分析模型，这个分析模型是针对挖掘算法建立的，数据转换的主要目的是削减数据维数，即从初始特征中找出真正有用的特征以减少数据挖掘时要考虑的特征或变量个数。

（3）数据挖掘。利用选择好的挖掘算法构建模型，对预处理好的数据进行挖掘处理，以发现规则或知识。

（4）结果分析。数据挖掘的模式、规则和知识必须具有可理解性和有效性，而挖掘阶段发现出来的模式有许多是不可理解的、无用的，所以必须进行评估。比如存在冗余或无关的模式需要将其提出，无法满足用户要求的模式则可能需要重新退回到前续阶段。

（5）知识的同化。将分析所得到的知识集成到业务信息系统的组织结构中。

3. 数据挖掘的方法

数据挖掘的方法包括神经网络、遗传算法、决策树、粗集、模糊集、统计分析、可视化技术等。神经网络是数据挖掘中应用最广泛的技术，它是在结构上模

---

① 李海生. 知识管理技术与应用［M］. 北京：北京邮电大学出版社，2012.

拟生物神经网络，通过反复训练学习数据集，从待分析的数据集中发现用于预测和分类的模式。遗传算法利用生物进化的一系列概念进行问题的搜索，模仿生物进化的过程，反复进行选择、交叉和突变等遗传操作，最终达到优化的目的。决策树是一种常用于预测模型的算法，它通过将大量数据有目的分类，从中找到一些有价值的、潜在的信息。粗集是一种处理含糊和不确定问题的数学工具。模糊集用隶属度来描述差异的中介过渡，是一种用精确的数学语言对模糊性进行描述的方法。统计分析则用描述统计、概率论、回归分析、时间序列分析、因子分析、聚类分析等统计学方法对数据进行统计分析。可视化技术是采用直观的图形方式将信息模式、数据的关联趋势呈现给用户，以便用户交互的分析数据。

（二）知识库

知识库（Knowledge Base）是一种结构化、易操作、易利用、全面有组织的知识集群，是采用某种知识表示方式在特定媒介中存储、组织、管理和使用的知识集合。这些知识包括与某一或某些主题领域相关的理论知识、事实数据，以及由专家经验得到的启发性知识等。知识库是人工智能和数据库两项计算机技术的有机结合，使基于知识的系统更具有智能性。

1. 知识库的构建

知识由最初分散的、孤立的元知识到具有较强关系知识库的建立，需要经历一系列复杂的过程，包括从最初的知识发现，到对知识的有序化组织，再到最后知识库的构建，具体步骤如下：

（1）分析构建目标。根据组织构建知识库的目标，分析实现该目标所需的知识类型、知识形态和存储情况，确定知识库的规模、类型，明确知识库要解决的问题，使组织的知识库目标明确、结构合理、规模适度。既不铺张浪费，又不影响发挥知识库的应有作用。

（2）构建知识库框架。构建知识库的目的是为了实现知识共享和促进知识创新，要根据组织目标设计知识库的结构、检索界面和模型。针对不同用户设计界面友好、功能全面、不同风格和用途的检索系统，依据构建目标选择合适的数据模型，如层次型、网状型、关系型、面向对象型、面向主题型等。

（3）净化数据、知识去冗。应根据构建目标收集和选取相关知识，将无序有噪声的数据进行净化处理，与目标无关的知识进行去冗处理，使得知识库中的知识更加精炼、更具针对性、更可靠。

（4）知识整序。经清理、去冗后的知识，通过知识的分类、聚类等方法，按构建目标进行重新组合，并对重新组合后的知识进行整序，对知识单元进行结构化处理。

（5）实施和联网。将去冗净化、整序后的知识，按构建的框架结构组织起来，形成有机整体，对各字段建立索引，并将数字化、有序化的知识存入数据库，接入互联网，在相应的软件支持下为用户提供知识。

2. 知识库的作用

知识库在知识管理中具有重要作用，主要体现在四个方面：

（1）知识库有利于知识的获取和利用。组织建立知识库，要对原有的数据和知识做一次大规模的收集和整理，组织中每一个成员的经验、技巧等大量的隐性知识也被显性化和编码化，对知识进行清理、去冗、分类，并提供相应的检索手段，使知识从原来的混乱状态变得有序化，大大方便了知识的获取和利用。

（2）知识库有利于知识的共享与交流。组织的知识库是组织内部和外部知识的集散场所，有序化的知识库也极为方便用户存取知识，加速了知识的共享和交流。例如，英特尔公司在新产品开发过程中，发现60%以上的技术问题是在其他小组的开发经验中早就已经碰到过，而且已经得到了解决，于是建立了一个"最好方法资料库"（即知识库），让每一个员工都能在此分享其他人的经验。

（3）知识库有利于促进人力资源配置。过去人力资源的调配和使用，主要借助于个人档案和履历等。知识库使得知识库中的知识与提供知识的人员相连接，可以借助知识库来调配选用人员，当检索某一方面的知识时，同时也能找到与该知识相关的人，大为提升组织人力资源配置效率。

（4）知识库有利于提升知识的管理水平。知识库是科学管理知识的信息系统，它能够有效地防止组织内部的知识流失，使分散的、无组织的知识，实现结构化、系统化、网格化、存取自动化、管理科学化，进而全面提升组织的知识管理水平。

（三）知识地图

知识地图（Knowledge Map）是一种知识导航系统，是利用现代信息技术制作的组织中知识资源的总目录，显示不同的知识存储之间重要的动态联系。知识地图实质上是一种帮助用户知道在什么地方能够找到知识的知识管理工具，当用户需要某项专业知识时，可以通过知识地图的指引，快速且正确地找到所需的知识。知识地图仅指出知识的所在位置或来源，并不包含知识的具体内容。

1. 知识地图的类型

（1）流程型知识地图。该种知识地图是基于组织业务流程，将所需或所包含的知识或知识源进行图形化表示。这里的业务流程涵盖了一个组织机构的任何业务操作流程。

（2）概念性知识地图。该种知识地图依据主题或概念组织而成，主要按内容或组织等级来分类汇总知识，比如网站的内容地图。

（3）能力型知识地图。该种知识地图将一个组织结构的各项技能、职位甚至个人的职业生涯视为一种资源并进行记录，从而勾画出了一张该组织的智力分布图。它的功能类似于黄页电话簿，可以使员工方便地找到他们所需要的各种技能或职责描述。

（4）社会关系知识地图。揭示了不同的社会实体之间，不同的组织机构之间和统一组织内的不同成员之间关系的表现形式和处理原则。

2. 知识地图的应用

知识地图的功能主要是实现知识共享和利用，它使得计算机对信息和语言的理解上升到语义层次，在知识检索、获取方面具有较强的应用。

（1）知识集成。集成方式有两种：自顶向下和自底向上。自顶向下方式是先建立相关领域的知识地图，然后由该知识地图来统一底层各知识源的语义。自底向上是先提取底层各知识源的局部资料模式，再在局部资料模式上抽取局部概念模式，最后构造全局概念模式。

（2）知识检索。知识地图使得传统的基于关键词的检索上升到语义检索的高度。基本构造方法为：先建立相关领域的知识地图，对知识地图收集的信息进行标注，用户的检索请求按照知识地图转换成规定的格式，而后在知识地图的帮助下匹配出符合条件的知识集合，发送给用户。

（3）知识获取。借助知识地图能够更加有效地获取知识。知识地图是对概念和知识关联的切实表述或分类，是可视化的；通过"语义入口"进行浏览，可以使用户快速找到他们所需要的知识点，然后重新返回到相关的知识源。

（四）知识管理系统

知识管理系统（Knowledge Management System）是集成各种知识管理技术以实现知识管理过程和功能的复杂的技术系统，能够从技术上提供对知识获取、存储、共享、利用和创造的系统支持。知识管理系统经历了静态型、动态型到整合型的发展历程。静态型系统主要解决组织中各类文档的管理，用于显性知识的统一存储与共享。动态型系统主要解决组织知识的共享和隐性知识的显性化，通过动态知识管理加速知识的沉淀、共享与应用。整合型系统同时兼顾显性知识和隐性知识，提供知识管理全生命周期的支持。目前知识管理系统的代表性产品有IBM 的 Lotus、微软的 SharePoint、Autonomy 以及国内的知汇知识管理系统、蓝凌EKP、泛微等。

例如，IBM 的 Lotus 系统围绕着知识管理的"人员、场所和事件"三要素，建立专家网络和内容管理，方便用户和员工获得所需的知识，设立企业社区供员工共享知识和相互协作，开展企业培训，帮助员工自主学习，以提高企业的整体素质。该系统知识管理框架主要包括知识管理平台、实时协作、业务流程、内容管理、知识发现、项目协作、企业培训、企业知识门户等模块，运用的知识管理技术包括 Lotus Notes、Lotus Workflow、Lotus Discovery Server、Quick Place 和 IBM Domino 等。其中，Lotus Notes 为群件技术，Lotus Workflow 可以让用户快速地建立和维护工作流的应用，Lotus Discovery Server 是知识搜索和发现服务器，Quick Place 可以创建一个即时共享的工作空间进行知识共享和管理，IBM Domino 则是一个稳定的通信、协作和知识管理的基础设施，这些构成了功能强大的知识管理解决方案。

随着信息技术发展，越来越多的新信息技术被引入到知识管理系统的设计和革新中，包括本体、Web 2.0、语义网、人工智能、云计算与大数据技术。本体是一种能在语义和知识层次上描述信息系统的概念模型建模工具，可以有效地进行知识表达、知识查询或不同领域知识的语义消解。Web 2.0 通过网络应用促进网络上人与人之间的信息交换和协同合作，微信、微博、博客、维基等社会性网络工具都可以融入到知识管理系统中。语义网是能够根据语义进行判断的智能网络，通过给万维网上的文档添加能够被计算机所理解的语义，使整个互联网成为通用的信息交换媒介。云计算让每一个使用互联网的人都可以快速便捷地使用网络上的庞大计算资源与数据中心，大大突破了知识存储与共享的界限。人工智能和大数据技术更是为知识管理系统带来了颠覆性变革。目前，知识管理系统有着日益广泛的应用领域，已从企业延伸到政府、高校、图书馆、医疗卫生机构等。

课程思政小贴士

思政元素：运用大数据、云计算、区块链、人工智能等前沿技术推动城市管理手段、管理模式、管理理念创新，从数字化到智能化再到智慧化，让城市更聪明一些、更智慧一些，是推动城市治理体系和治理能力现代化的必由之路，前景广阔。（摘自习近平 2020 年 3 月 31 日在浙江杭州城市大脑运营指挥中心考察调研时的讲话）

教学意图：引发思考，如何运用前沿知识管理技术推动城市管理创新？

案 例
新加坡某政府部门的知识管理

新加坡某政府部门作为引领新加坡企业开拓国际市场的专业机构，该部门十分注重多年积累的知识及其服务产生的价值。在新加坡本土企业进军海外市场的过程中，正是该部门的"知识宝库"发挥了极大的作用。

该部门是在 1996 年引入知识管理的。当时，仅仅是为了共享信息，因此只搭建了一个平台，使工作人员可以自愿地分享信息。由于缺乏正规的程序，无法将平台上的信息进行筛选，并提炼出有价值的内容，因此当时的知识管理系统所产生的效力十分有限。

以往的经验让该部门认识到，知识管理不仅仅是指创建一个用于分享信息的信息技术系统，对信息的整理、提炼往往更为重要。然而信息的分类、整理和提炼是需要时间的。例如，如果某个人是信息提供者，那么他必须明确如何把信息标准化。此外，确保最后共享的内容标准化也是整理信息过程中不可缺少的环节。为此，该部门成立了两个工作小组：一个由各个部门主管组成，负责方案和标准化方面的决策；另一个由各专家组成，负责解决技术方面的问题。两个小组相互协作。

该部门花了三个月来制定各种标准和流程，同时用了六个月评估各种解决方案。技术小组对各方案的试用版进行了测试，并与各个使用者进行了交流，从中了解实施过程的更多细节。无论选择哪种解决方案，都必须是基于 Web 的，因为人们习惯于使用浏览器。而且网络信息易于管理、维护和打印。此外，解决方案必须拥有强大的搜索功能，以便使用者能够迅速查找信息；网络的运行速度也要有所保证，以满足 400 多名员工（包括海外 35 个办事处的员工）同时使用的需要。

经反复考察和严格筛选，该部门最终选定由 IBM 完成该知识管理系统。他们的理由是：IBM 不仅有过硬的技术、良好的记录和低成本，而且其方案更易于兼容、支持现有的系统。为了如期交付使用，IBM 商务咨询服务部付出了很大的努力。由于该门户是基于 Web 的，因此终端用户几乎不需要接受任何培训就可以直接使用，而且对技术支持的依赖也很小。

知识管理系统让该部门的工作人员更加自信——从准确、及时的内部信息中（以演示文稿形式存储在 Web 中的信息），他们能够轻易获取并了解到那些有利于企业的知识。知识管理系统第一阶段的开发工作已经顺利完成，该部门已经着手第二阶段，以期拓展知识管理系统的应用，增加员工自助性服务和其他更多功能。

资料来源：http://www.kmpro.cn/html/hyzsgl/yiliaoyiyuanxingye/xingyeguandian/2011/0807/10688.html.

案例讨论

结合案例，从知识管理角度谈谈如何提升政府管理能力？

复习思考题

1. 什么是知识？它与数据、信息之间的区别是什么？
2. 如何理解知识管理？知识管理的构成要素有哪些？

3. 简述知识获取的主要途径。

4. 知识存储的媒介有哪些类型？

5. 结合实践阐述知识共享的机制和策略。

6. 简述知识利用的类型。

7. 阐述知识创造的 SECI 模式。

8. 主要的知识管理技术有哪些？简要谈谈它们的功能。

第十章　大数据治理

智慧政府能否破解政府效率困境?[1]

行政效率是国家机关和行政人员行政管理活动效果的重要衡量标准。提高行政管理效率是政府机关所追求的重要目标。政府在激励多元利益主体参与公共政策的实施中发挥着关键作用。但在具体政策执行过程中，行政机关的政策执行效率却存在"中央—地方—基层"逐层递减现象。那么，依托大数据形成的"智慧政府"治理模式能否破解政府的效率困境呢？

近年来上海全力推进"一网通办"的政务服务，对面向群众和企业的所有线上线下服务事项，逐步做到一网受理、只跑一次、一次办成，逐步实现协同服务、一网通办、全市通办。全面推进线上线下政务服务流程再造、数据共享、业务协同，形成融一网受理、协同办理、综合管理于一体的政务服务体系。

重构政府横向组织体系，实现条块之间信息共享。将各部门碎片化、条线化的政务服务事项前端受理功能统一整合进上海政务"一网通办"总门户，推动各区行政服务中心、社区事务受理服务中心建立一窗受理、分类审批、一口发证的新型政务服务机制。数据整合共享是实现"进一网、能通办"的关键。政府条块整合与数据共享有机配合才能够真正达到"智慧政府"的目标。目前全市建成1个市级和16个区级数据共享交换平台，累计实现数据共享交换5.15亿余次，调用国家数据304万次。

简化服务流程。上海将对线上线下的政务服务进行流程再造、数据共享、业务协同，做到全市网上政务服务统一入口和出口，从以往"群众跑腿"转向现在的"数据跑路"。原来在上海开办企业需要7个环节，涉及5个部门，至少需要22天的运作时间。办事群众和企业家需要多次奔波于各个政府部门。现在所有手续都可以在上海企业"一窗通"办理，具体的办理流程则由政府各部门在后台完成。"一网通办"正式运营后群众的参与积极性也被快速激发出来。目

---

① 依据上海市人民政府网站资料整理。

前，总门户个人实名用户注册量已突破 1008 万，平台累计办件量已超 2489 万件，其中，"最多跑一次"办件量为 1377.1 万件。此外，平台已接入 2035 个政务服务事项，已整合微信、支付宝、银联三种主要支付渠道，对接 47 项收费事项，累计缴费 887 万笔，总金额超 11.8 亿元。

那么，大数据在"智慧政府"建设中究竟发挥了哪些作用？大数据如何作用于政府治理效率？大数据参与政府治理中还存在哪些不足或潜在风险？

第一节　大数据治理概述

一、大数据的概念

（一）大数据的内涵

大数据是信息化发展到一定阶段的产物。信息技术的发展和互联网在全世界的推广和普及，全球数据呈现爆发增长、海量集聚的特点，这些数据对国家治理产生非常重大的影响。欧盟、美国、英国、日本、韩国、澳大利亚等发达国家和地区，均出台了相应的政策来推进大数据产业。大数据及其相关应用产业在我国也受到高度重视，党中央、国务院甚至将大数据产业纳入国家战略范畴。那么，究竟什么是大数据，大数据的内涵是什么？

首先，我们需要了解何为数据？《中国百科大辞典》将"数据"定义为"可由人工或自动化手段加以处理的那些事实、概念和指示的表现形式，还包括字符、符号、表格、图形等"。涂子沛将数据界定为"对客观世界进行量化和记录的结果"[①]。齐志远将数据定义为"人类对客观物质世界的表征"[②]。

其次，大数据究竟意味着什么？它与传统的数据有何差别？美国未来学家阿尔文·托夫勒（Alvin Tolffler）早在 20 世纪 80 年代就提出过"大数据"概念。迈克菲（McAfee）等认为，大数据是分析的另一种表达，是一种寻求从数据中获取知识，并将其转化为价值竞争优势的智能化活动。大数据的真正价值不在于掌控了多少数据，而在于通过数据的获取、存储、处理和分析挖掘出更多的社会意义和商业讯息。2011 年麦肯锡全球研究院将大数据定义为"大小超出了典型

---

① 涂子沛. 大数据及其成因［J］. 科学与社会，2014（1）.
② 齐志远. 从数据到大数据技术：实践对传统主客二分的超越［J］. 北京理工大学学报（社会科学版），2022（1）.

数据库工具收据、存储、管理和分析能力的数据集"。

综上所述，大数据是指无法在一定时间范围内用常规软件工具进行捕捉、管理和处理的数据集合，是需要新处理模式才能具有更强的决策力、洞察发现力和流程优化能力的海量、高增长率和多样化的信息资产。

（二）大数据的特征

1. 大数据是全体数据，不是随机样本

一定规模的数据能够产生持续积累型的生产能力。一方面，规模性的数据是创造价值的前提。单个数据创造财富的能力极为有限，个人数据必须通过量的累积才能被提取出商业价值。另一方面，数据的积累可以带来强烈的正反馈作用。在正反馈的机制下，以数据挖掘和利用为价值创造方式的平台企业应运而生。

2. 大数据具有混杂性、形态多样性

多维数据能够发挥乘数效应，形成"大数据×"类型的生产能力。在数字经济中，非结构性数据占比80%左右，这些非结构性数据包括来自人与人之间的交互信息、物联网世界的终端数据、企业的生产运营数据等。大数据格式并非狭义的数字形式，而是综合音频、视频、图片、文本等多种格式。多元异构的零散数据被广泛连接、耦合，其带来的经济价值和社会价值大于孤立数据的简单加总，形成了价值创造的涌现效应。经济运行机制是多维的，在大数据被广泛应用之前，通过局部、片面的数据抽样而对世界形成的认知，往往是表面的、静态的甚至是扭曲的，而借助全视域、多维度的系统数据，经济主体能获取过去无法获取的客观认知，从而带来财富的系统性增长。

3. 数据收集、运用、传播的快速性

海量数据的实时收集、运用和传播能够形成更加敏捷的生产能力。在日趋激烈、复杂的市场竞争态势下，企业的创新能力不仅是向市场交付创造性的产品和服务，更需要快速地对市场需求和潜在机会进行响应。大数据的实时处理机制，可以通过挖掘需求、识别机会、化解风险三个方面来逼近对需求的机敏反馈。从资源配置效率看，通过及时捕捉用户需求和市场机会，能够推动企业形成更加柔性化的生产能力；从风险化解看，利用数据实时处理的机制，能够识别萌芽状态中的风险。无论是生产过程的风险预警，还是来自潜在竞争对手的威胁，都能以最小的成本化解。

4. 数据具有再用的零边际成本

大数据与其他自然资源，如石油、水资源、土地资源等，最大的差别在于它是人类经济社会生活活动的产物和附属品，任何人在参与使用智能终端设备、互联网浏览、在线消费、交通出行、商业交易、健康医疗、公共服务等活动时都会留下大量的数据，通常，网民数量越多，网络使用频率越高，数据资源就越丰富。同一数据要素的重复使用并不增加成本，但会带来较大的递增价值创造，不会因为过多被人使用而形成资源枯竭，也不会因为太多人使用而酿成"公地悲剧"。

5. 数据具有资源与资产双重属性

大数据最大的价值不在于数据数量大，而在于数据经过开发后所具有的社会意义。从数据价值链的开发环节来看，停留在消费者端的数据只是潜在的有价值资源，当企业或者其他组织投入资金对这些资源进行有目的筛选和分析，就形成了具有无形资产价值的数据库。其他组织在对这些数据进行深度挖掘，探知数据潜藏的社会价值和社会意义后形成知识，且当这些知识对组织发展形成巨大的辅助作用时，数据才能驱动组织行动创新。

（三）大数据的功能

1. 大数据助力金融风险化解

互联网技术的快速发展为投资者与企业之间建立起更为完备和便利的沟通渠道，投资者不仅可以轻松借助移动电子设备实现在线交易，还可以与自己的经纪人展开在线互动，以获取最新的经济发展信息。虽然互联网与金融的结合可以为消费者提供更可靠的金融产品，但互联网的隐蔽性使风险逐渐多样化，其中包括互联网法律风险，即不法分子利用互联网的虚拟性和政府监管不力等情况，专门钻现有行业法律法规的制度漏洞，将违法所得转化为虚拟资金并迅速提现或恶意利用网络技术制造虚拟交易来盗用资金；互联网信用风险，即互联网平台难以对交易双方进行有效监管；网络安全风险，即在第三方支付平台上，用户的身份证号、银行卡号等隐私信息有被泄露的风险。通过发展区块链技术，将该技术融入互联网金融防控，将金融交易场域的信息尽可能实现共享，能够有效化解金融风险的产生。

2. 大数据助力经济发展形势预判

经济不确定性是衡量经济的运行状态同经济参与者的评估和预期之间不一致的重要参数和指标。布鲁姆（Bloom）指出，当经济发展较好时期，其不确定性相对较小；当经济不景气时，经济不确定性普遍较高。因而，量化的测度经济不确定性就成为理解经济形势波动、评估宏观政策等的关键。在新的宏观经济环境下，基于大数据的经济不确定性测量方法具有覆盖面广、经济参与者多和可以利用实时数据作预测等特点，大数据具有广阔的发展空间。大数据对重大事件的发生具有明显的感知性，基于大数据而构建的经济发展不确定性指数与经济实际运行趋势之间具有很高的一致性。

3. 大数据助力个人征信完善

征信是金融基础设施的重要组成部分，有助于解决信贷交易中的信息不对称问题，防范金融风险，降低融资成本，提高融资效率。个人征信是基于个人资产状况和经济交易信息，对个人未来履约能力的评价和预测。近年来，随着互联网技术的快速发展，人类交往频繁，信息流通迅速，世界自此进入了大数据时代。当前，数据作为重要的生产因素，已渗透到不同行业领域。同时，人们对于海量数据的挖掘和运用，推动着新一波生产率的增长。大数据也引发了个人征信市场的持续创新：以海量数据为主要依托，新型个人征信服务被广泛应用于获取贷款、酒店入住、共享汽车、租房等生产或消费新场景，与人们的日常生活和经济活动息息相关。由此，大数据时代下个人征信市场的繁荣发展对中国经济稳健增长，乃至提升社会整体福利，意义重大。但是当前中国行政主导下的征信体系存在明显滞后性。第一，审批制的监管工作的有效性存疑。外生于市场的监管部门难以动态掌握生产经营者情况，通常只能对资金、设备、场地等静态要素提出具体要求，因而审批制度的科学化和规范化建设滞后。同时，监管部门过度依赖事前准入，监管资源大量倾斜于事前的资料审核等工作，事中事后环节却受到监管资源相对不足的客观约束，难以集中精力查处市场活动中的违法行为。第二，严格的事前准入使个人征信市场难逃"行政垄断"的诘问。在过去较长时间，央行在实际结果与事实层面限制甚至直接排除个人征信机构的市场化竞争格局，造成少量征信机构寡头垄断的局面。

4. 大数据助力舆情引导

大数据时代网络舆情产生速度快，数据体量大，而且异常复杂，对我国政府舆情引导提出了新的挑战。同时，我们也应该看到，大数据也为网络舆情引导带来了新的机遇。

（1）大数据使网络舆情预测成为现实。群体性事件不仅在现实世界中发生，在网络上同样会发生，特别是一些具有负面影响的网络群体性事件，往往是先在网络上发酵、失控。在网络群体性事件治理中，政府部门可以对网络舆情中具有关联的数据进行挖掘并加以分析，使有关网络群体性事件最敏感的信息在事件爆发的初期能够被检测到，并依托虚拟仿真技术对网络群体性事件的走向进行科学预测。

（2）大数据使网络舆情分析更为全面。要加强对网络舆情，尤其是对网络群体性事件的监控，首要在于能够对网络数据进行全面、准确的分析。在传统的舆情防控中，由于数据库的缺乏和计算分析能力有限，难以对数据进行完整、全面的分析，导致分析的结论有时也会出现偏颇。大数据环境下，对网络舆情数据的分析由静态化向动态化转变，由片面化向立体化转变，由单一化向全局化转变。利用大数据技术可以对海量数据进行解构，进而可以全面科学地分析并预测网络舆情的发展趋势。

课程思政小贴士

思政元素：当今世界，正在经历一场更大范围、更深层次的科技革命和产业变革。互联网、大数据、人工智能等现代信息技术不断取得突破，数字经济蓬勃发展，各国利益更加紧密相连。为世界经济发展增添新动能，迫切需要我们加快数字经济发展，推动全球互联网治理体系向着更加公正合理的方向迈进。（摘自习近平 2018 年 11 月 7 日在致第五届世界互联网大会的贺信）

教学意图：①大数据时代，如何利用社会主义核心价值观引导网络社群价值观？

②借助大数据技术讲解电信诈骗的危害及国家战略。

二、大数据治理的概念

（一）大数据治理的内涵

1. 大数据治理的要素论

大数据治理的学术概念源于国外企业对数据资产的治理。侯东德和张可法从法律的角度提出，数据治理框架是一系列政策和规则的集合[1]。陈兵和马贤茹对数据权益内容及其配置方案做了大量讨论[2]。总而言之，这些研究将数据治理定位为数据要素、技术要素和思维要素的多重集合体。

2. 大数据治理的特征论

中西方学者大多使用大数据特有的大容量（volume）、高速性（velocity）和多样性（variety）概括其基本特点。许阳和胡月注重强调了大数据治理结构的复杂性[3]。

3. 大数据治理的功能论

詹姆斯·埃文斯（James Evans）等认为大数据应用过程包括数据收集、数据准备、数据分析、决策形成四个阶段。陈鹏认为，大数据是技术形态的权力、资本的权力、对特定对象的影响力和控制力的集合体[4]。安小米等认为大数据治理是 IT 治理、数据资产管理、数据管理等的集合体[5]。综上所述，我们认为大数

① 侯东德，张可法．"人工智能黑客"的法律规制［J］．重庆大学学报（社会科学版），2022（4）.
② 陈兵，马贤茹．数据要素权益配置类型化研究［J］．科技与法律（中英文），2022（1）.
③ 许阳，胡月．政府数据治理的概念、应用场域及多重困境：研究综述与展望［J］．情报理论与实践，2022（1）.
④ 陈鹏．数据的权力：应用与规制［J］．安徽师范大学学报（人文社会科学版），2021（5）.
⑤ 安小米，王丽丽．大数据治理体系构建方法论框架研究［J］．图书情报工作，2019（24）.

据治理包含数据共享、数据集成、数据存储、数据处理以及数据一致性等，如图 10-1 所示。

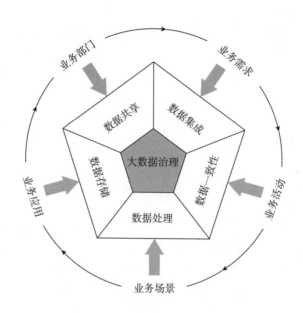

图 10-1 大数据治理核心概念及其关系

（二）大数据治理的特征

1. 以数字化基础设施为硬件基础

随着新一代信息技术的快速发展，新一代高速光纤网络、高速无线宽带加快普及，物联网、云计算、大数据、人工智能等新一代数字技术渗透到经济社会生活的方方面面，从单一技术提升到综合集成应用转变，数字技术改变了人们交流沟通的方式，塑造了人们的生活习惯和方式。人们不再依靠传统的祖辈经验累积的生活方式，而是借助生活和生产的网络化、数字化、智能化来破解信息接入和获取能力不足的困局。

2. 以数据化知识和信息为关键生产要素

信息化社会中，谁掌握大数据谁就有可能在市场竞争中获得先机，也可能在提供服务的时候最早知悉公众最真实的需求，可以说大数据已经成为重要的生产资料。随着信息网络技术及相关设备在城乡之间普及，由网络所承载的数据、由数据所提取的信息、由信息所化生的知识，正在成为农业生产、经营、决策的新动力、农产品贸易的新内容、乡村有效治理的新手段，由此带来新的价值增长。借助大数据的优势，土地、劳动力和资本等原来有明显地域限制的生产资料更有可能实现高效供给。

3. 以数字技术创新为核心驱动力

推动经济增长的内生动力是技术进步，而现代农业技术的演化都离不开信息化的强力支撑，数字技术创新已经成为推动乡村振兴发展的核心驱动力。数字技术的创新进步和应用普及，正是当下数字经济时代变迁的决定性力量。区别于以往的通用技术，不断更新迭代的数字技术对经济社会发展的引领作用日益凸显，在整合生产要素、促进经济转型、催生发展新业态、支撑决策研究等方面的作用愈发明显。数字技术创新源源不断地为乡村振兴注入强劲动力。

4. 以现代互联网信息平台为重要载体

数字经济时代，互联网信息平台已经成为资源分配和价值汇聚的中心点。一方面，互联网平台新主体快速涌现。中国涌现出的一大批具有包容性创新特点的网络社交媒体和电子商务平台，为广大农户对接广阔的外部市场提供了机会，为中国农业农村升级改造提供了便利。另一方面，传统企业加快平台化转型。互联网平台可以发挥供需匹配的集散功能，且交易双方可以直接输送农产品，无须到批发市场进行中转，流通环节的减少也有助于减少产品损耗和流通时间，有利于提升产品利润率。

课程思政小贴士

思政元素：我们要本着对社会负责、对人民负责的态度，依法加强网络空间治理，加强网络内容建设，做强网上正面宣传，培育积极健康、向上向善的网络文化，用社会主义核心价值观和人类优秀文明成果滋养人心、滋养社会，做到正能量充沛、主旋律高昂，为广大网民特别是青少年营造一个风清气正的网络空间。（摘自习近平 2016 年 4 月 19 日在网络安全和信息化工作座谈会上的讲话）

教学意图：通过增强主流意识形态的引领力、增强思想理论的供给力、增强主流意识形态的治理能力以及践行力，来增强学生对中国的网络空间主流意识形态的认同。

第二节　大数据治理的风险

一、大数据的技术风险

大数据技术在商业、金融等领域的推广为这些经济活动带来了巨大的发展机遇。一方面，大数据的引入有效提升了经济活动的效率。无论是早期的电子技术，还是现在的人工智能技术都显著降低了金融活动的交易成本，便利市场活动。另一方面，大数据技术有助于优化市场结构。自动化智能化的交易流程能够尽可能降低人为干预和道德风险对金融活动的不利影响。然而，市场中固有的信用风险、市场风险、系统性风险等传统风险，并不会因为大数据技术的应用而消弭，相反以更为隐蔽的形式存在。

大数据的技术风险是指由于技术漏洞、系统缺陷、技术失灵等导致大数据技术应用中的不确定性以及偏离行动目标结果的可能性。例如，吴勇和黎梦兵发现大数据治理存在"数据内容失真、安全隐患、信息孤岛及算法偏见等"风险[①]。大数据、人工智能等新兴技术的应用，催生了大数据的技术风险，且这种风险较传统信息系统技术风险而言，具有更多的风险特征。首先，作为静态技术而存在的人工智能、物联网等技术本身所固有的技术失灵或脆弱性增加了市场活动的风险。尽管软硬件技术发展迅猛，但就像创造软硬件的人类，大数据技术也有其技术不完备性。例如，随着密码破译技术的进步和量子计算的应用，运用密码学原理加密的区块链的软件和协议也都有被破解的可能。技术不完备所导致的系统漏洞或设计缺陷往往难以预先察觉，因此而造成的技术失灵或者受到攻击干扰都将影响金融安全。其次，网络安全威胁加剧了金融科技的脆弱性。随着互联网技术的普及，网络攻击事件也呈现喷发态势。恶意攻击者会借助安全漏洞、网络攻击、垃圾邮件、僵尸网络、恶意代码或者黑名单等手段对网络安全造成威胁。一旦金融科技在应用过程中受到恶意网络攻击，可能会导致数据泄露、病毒感染、数据篡改、基础设施瘫痪等重大安全事故。

课程思政小贴士

思政元素：网络空间是虚拟的，但运用网络空间的主体是现实的，大家都应该遵守法律，明确各方权利义务。要坚持依法治网、依法办网、依法上网，让互联网在法治轨道上健康运行。（摘自习近平2015年12月16日在第二届世界互联网大会开幕式上的讲话）

教学意图：讲解网络治理的相关法律制度、规范，阐述网络不法行为的危害。

二、大数据的政府治理风险

大数据和人工智能的快速发展，客观上为我国政府数据治理改革提供了良好的技术和数据支持，但是大数据应用于政府治理，贯穿不同层级政府、涉及多元

---

① 吴勇，黎梦兵. 新兴信息技术赋能环境治理的风险及其法律规制［J］. 湖南师范大学社会科学学报，2022（2）.

利益相关者，治理行动中自然存在很多风险，这些风险主要包括：

（一）政府治理的数据化过程的风险

在传统的政府治理思维中，政府治理数据都是依托官僚制组织来汇聚的，但是各级政府官员对权力过度掌握，并且受限于传统思维和习惯，政府官员在采集和利用数据信息时往往能力不足。在条块分割的管理体制下，各地区、各部门分级负责本地区、本部门平台系统的建设和运营管理，各个部门之间彼此相对独立，也无法实现信息共享。因此，缺乏跨地区、跨部门、跨层级的数据共享机制来确保明确的顶层设计。此外，还存在缺少政府数据治理的相关领导机构，数据分级分类、安全保护、使用操作划分不明确，监控管理的原则、策略、规范不完善等多重风险致因。

（二）政府治理的数据监管风险

数据资源本身的低质量及采集过程中的监管缺失等都是引致数据风险的重要因素。数据冗余及基层数据采集人员对数据的理解出现偏差，数据采集对象的重复提供等原因，都增加了后续数据清洗的成本，降低了数据治理决策的科学性。数据残缺包括感知、能力、主动限制三种表现，数据采集对象及采集人员的认知和能力限制是数据残缺的主要诱因，其中也不乏个别领导干部利益需求膨胀，政绩观扭曲，无视党纪国法，随意破坏数据。数据造假的原因一般包括基层政府工作人员为了完成数据指标，对一些不能获得的数据采取凭空捏造的处理方法；系统外部黑客等侵入政府数据采集系统并对数据进行改写，其目的是从数据来源上影响政府的政策过程；对于部分采集对象主动填报的数据，填报者可能会选择替代性的数据或进行数据捏造来上报。

三、大数据质量

数据采集是保证后续公共数据质量的最初阶段，是满足"大数据+网格化"数据分析、共享、利用等各项需求的基础。只有在数据采集的初始阶段能满足唯一性、完整性、精确性、一致性要求，大数据的质量才能得到保证。但是在具体应用过程中，一部分数据被重复采集，另一部分数据存在缺漏。基础数据难以转化为高质量的公共数据，自然数据资源的价值就存疑。

（一）基础数据质量风险

基础数据质量与应用需求不匹配的问题在数据采集的初期容易出现。首先，数据的唯一性要求无法满足，数据被多头重复采集现象时有发生。比如，在公共治理行动中部分地区各部门重复向基层社区派任务、要表格，表格涉及的信息大同小异，工作人员却不得不多次修改格式、重新收集填报；部分地区对于同一居民的个人信息通过电话、网络等手段短时间内多次重复收集。其次，数据的完整性要求无法满足，一些数据未被列入统计项目，导致数据缺失。例如，各地曾对与参与公共政策行动有关的个人信息统计较为全面，但对一线工作人员家属（特别是"一老一小"等需要特殊保障群体）信息的掌握不够充分，使之成为防控工作中的短板，需要大量的后续工作进行弥补。最后，数据的精确性与一致性要求无法满足，各地采集数据的具体项目、标准存在差异，导致采集到的数据无法迅速标准化并产生规模效应。

（二）政府数据共享质量不高

以疫情防控为例，政府公共数据共享不畅的问题主要体现在两个方面：一是不同地区之间的数据流动和互认存在困难，一旦相关数据需要进行跨地区流动和互认，障碍就会产生。其中，"健康码"的跨地区互认问题最为明显。二是同一地区各个政府部门之间的数据共享存在障碍。例如，一些地区的交通运输、公安、民政等部门信息联动需要进一步增强，对于确诊、疑似病例的密切接触者、高风险地区输入者等重点人员身体状况、乘坐公共交通情况、活动路线等涉及多部门的信息对接不够顺畅，影响了通过大数据分析来筛查隐性传染源的效率。

（三）个人信息保护不足

在突发公共卫生事件的防控中，侵犯公民个人信息权利的心理状态可分为故意和过失两种。一方面，某些人员故意将自己在工作中收集到的密切接触者、高风险地区返回者等人员的详细个人信息表格在网络、微信群中完整传播，泄露他人隐私和个人信息，这种行为已经明显违反法律中的强制性规定。另一方面，某些地区公布的确诊病例信息过于详细，没有达到信息"脱敏处理"的要求，这导致可以通过病例姓氏、家庭成员、居住小区等信息判定具体人员。这种行为虽无侵害他人个人信息权利的故意，但已经在实际上造成了侵害权利的后果。

课程思政小贴士

思政元素：网络空间是亿万民众共同的精神家园。网络空间天朗气清、生态良好，符合人民利益。网络空间乌烟瘴气、生态恶化，不符合人民利益。谁都不愿生活在一个充斥着虚假、诈骗、攻击、谩骂、恐怖、色情、暴力的空间。（摘自习近平2016年4月19日在网络安全和信息化工作座谈会上的讲话）

教学意图：①讲解防止网络金融诈骗的相关法律制度、规范，阐述防范网络金融诈骗不法行为的危害。

②引导学生合理理财，树立正确的理财观念，杜绝校园金融诈骗案件。

第三节　大数据治理实务

一、大数据与社会治理

突如其来的疫情，是对社区治理能力的严峻考验，社区是疫情防控抓实抓细最小单元，是疫情联防联控、群防群控的关键防线。互联网、物联网、大数据、云计算等现代技术的发展要求社区治理从治理理念、治理制度、治理工具和治理模式等方面积极转型。因此，应适应大数据时代社会需要，变革社会治理方式。

（一）大数据与社会治理的有机衔接

1. 大数据技术提升社会治理能力

首先，大数据技术提升社会的风险防控能力。为了高效利用大数据技术，党的十九大报告提出了"提高社会治理智能化水平"的具体任务。在党中央的重点关注下，"雪亮工程"综治应用平台、群防共治小程序、视联网会议系统、跨部门大数据办案平台、信息管理平台等实战应用平台在各地纷纷建立起来。政府各部门之间可以将人口、房屋、企业、车辆、精神病人、吸毒人员等多项数据资源共享共用，能提前对影响社会稳定的矛盾纠纷、治安问题、公共安全隐患等事件做出预判。例如重庆市铜梁区自建"雪亮工程"视频监控镜头 5000 余个，整合有关部门、物业小区、电网等视频监控 2.3 万个，实现对重点区域、重点部位 24 小时在线监管。此外，全区将视频会议系统覆盖到全区 28 个镇街、333 个村社区指挥中心，实现了 24 小时对所有镇街、村社区视频调度，极大地提高了社会治理的效率①。

其次，大数据技术为政府与社会合作创造了契机。大数据技术本身的技术门槛使得单纯依靠行政力量的驱动很难完成既定的任务，而且在当下，大数据技术大多被企业所掌握，为此需要调动包括企业、高校科研机构等主体共同合作开发社会治理智能技术。

2. 大数据及时扩充社会治理主体

首先，大数据网络壮大基层网络员队伍。为了提升基层社会治理效能，准确获取基层群众最真实的社会需求信息，全国各地都开展了网格化治理的行动与实

---

① 资料数据参考自重庆市铜梁区人民政府网站。

践。其结果是基层网格员的职能进一步扩展、基层网格员队伍进一步壮大。网格员不仅肩负信息采集、巡查管理的职能，还担任政策宣传员、纠纷调解员、民情联络员等角色。

其次，大数据技术夯实基层执法力量。基层社会事务纷繁复杂，基层执法工作人员不足是制约这些事务及时处理的一个重要因素。智能化建设虽然不能增加基层执法队伍的人员编制，但是能够对执法队伍结构进行优化。

3. 大数据技术提升供给端与需求端之间的匹配度

我国社会主要矛盾已经转化为人民日益增长的美好生活需要和不平衡不充分的发展之间的矛盾，社会有效治理的重点和难点在于保障政府公共服务或公共产品供给与民众的社会需求之间精准匹配。大数据技术凭借自身的信息获取和分析优势，从海量数据中快速获得有价值的决策信息，实现从"经验决策"向"数据决策"转变。首先，用解构和重构的方式推进基层治理业务数字化，建立所有信息的共享平台，群众办理事务只需要一次就可完成，其他工作由政府部门后台协调运行，极大地提高办事效率。其次，依托大数据技术网络，政府部门可以采用线上线下融合的方式，推动矛盾纠纷化解、平安建设、服务群众等工作。

课程思政小贴士

思政元素：我国全过程人民民主实现了过程民主和成果民主、程序民主和实质民主、直接民主和间接民主、人民民主和国家意志相统一，是全链条、全方位、全覆盖的民主，是最广泛、最真实、最管用的社会主义民主。（摘自习近平2021年10月13日在中央人大工作会议上的讲话）

教学意图：①社会治理中如何借助大数据技术实现社区居民主体地位？②大数据如何促进社区党组织党群工作开展？

（二）大数据在社区物业服务中的应用

我国的物业管理产生于20世纪60年代，随着改革开放后房地产市场逐渐兴起，物业管理开始在人们的生活中扮演重要的角色，并影响到人们工作、生活居住环境的舒适度。当前，随着新型城市化的快速推进，以及人们生活水平的普遍提高，群众对改善居住环境、提升生活品质的追求日益强烈。但是受制于庞大物业管理成本和人力成本，物业管理中存在职责不清、管理观念落后、重管理轻服务、从业人员素质低、专业人员缺乏、制度及服务内容不完善等弊病。以物联网、大数据、云计算和人工智能为代表的信息技术，恰恰为传统物业管理行业的转型与变革提供了机遇。将这些大数据技术融入到管理流程当中，依托社区所有信息建立共享数据平台，实现物业管理人员与业主之间的无缝对接。

武汉"红色物业"①

武汉市江宁区共有各类小区 1200 多个，占全市小区总量的近 1/4。为解决小区治理中公共服务供给不能满足社区居民需求的困境，江宁区委、区政府从顶层设计上提出成立由国资主导的"红色物业"。第一，搭建公益平台，理顺物业服务机制。全区各街道共组建 12 家"红色物业公司"，这 12 家公司建立统一的信息共享平台，各公司定期将自身工作内容上传信息共享平台，社区居民可以借助这些平台查看其所在小区物业服务的动态。水果湖街打造"红色物业"智慧平台，与区网格化管理平台连通，打造信息化快修、信息化响应、信息化安防服务新模式。针对老旧居民区安防难点，逐步推行人脸识别门禁系统，将门禁信息与社区警务室、物业公司连通，实现 24 小时"有人看门"，为居民提供个性化管家式服务。第二，对接招才引智，打造干部培养链条。数据共享虽然有助于实现业主与小区居民有效对接，让小区居民参与到社区治理活动中，让居民了解更多小区发展动态，但是要更好地化解小区居民与物业公司信息不对称等问题就需要更多的主体来协调二者的关系。全区将"红色物业"工作与"双百万计划"相结合，在市区两级人才招聘网和各高校就业网等平台上发布招聘公告，借助这些数据平台实现将多元主体纳入社区治理的行动。

二、大数据与政府治理

从服务型政府到新一轮的"放管服"改革，中国政府各个层级都在竭力为民众提供更有效的服务，公共服务近年来取得了长足发展。但是随着经济社会的快速发展，公众越来越多样化、个性化以及复杂化的服务需求均对政府服务流程提出更高要求。近年来，全国各地都在智慧城市建设中引入了大数据治理的思路，这使得政府电子政务处理水平跃升到一个新的台阶，政府掌控社会公众服务需求的信息及相关数据的能力也有很大的提升。

（一）大数据与政府治理之间的关联性

数据能够驱动政府治理效率提升已是不争的事实，以大数据、云计算、区块链和人工智能技术为代表的新兴技术应用为政府数字化转型与精细化管理提供了坚实基础。但是大数据如何驱动政府治理需要回答以下基本问题：

1. 大数据治理对政府能力建设提出哪些新要求

首先，大数据治理对政府官员的地方治理意识形成新的挑战。部分领导干部

---

① 依据武汉市住房保障和房屋管理局网站资料整理。

的大数据思维意识不强，目前省级信息化平台基本日臻完善，市级信息化平台还在完善过程中，很多政府官员干脆利用省级信息化平台的数据分析本市治理中问题，导致市级信息化平台有被边缘化的风险。其次，大数据治理需要加快对大数据平台的整合交换的开放进度。这需要各级政府部门在现有数据库基础上，逐步推进人口、法人、空间地理、自然资源、宏观经济等信息数据库建设，同时，加快建立数据资源目录体系，逐步完善各部门的数据资源清单。此外，大数据治理面临的最大的问题是实现政务数据与社会数据的有机整合，实现各部门、各领域数据的统一目录管理、统一认证和统一交换。多元化扩展大数据产业资金投入渠道。除各级各类产业专项资金应适度向大数据产业倾斜外，还需要引导社会资本共同发起大数据产业投资基金，支持大数据核心技术攻关、重大应用示范平台和公共服务平台建设等。

2. 大数据在政府治理中存在的问题

（1）信息共享面临部门技术壁垒。在大数据技术应用于政府治理行动时，很快就受到传统官僚制度以及行政环境的影响，形成部门技术壁垒。首先，信息系统林立导致政府数据资源整合困难。我国加强电子政务建设由来已久，在纵向权力体系中，从国家部委到市县级相关部门都建立了自己的数据系统，这些数据系统在国家治理中发挥了非常重要的作用，也形成了一系列较为固定的业务流程，诸如国家公安、税务等部门的系统平台。然而，在条块分割的权力体系下，纵向不同层级政府之间、横向政府各部门之间往往因为职能的划分形成了相互排斥、互不相通的数据网络，而这些数据很难完全做到数据共享。当中央提出推进政务一体化改革的时候，就需要众多部门就多项业务流程进行重组，而且这些重组行动短时间内并不会直接提升相关部门的行政绩效。因此在面临政务一体化改革与数据共享的需求时，这些政府部门往往会最大限度保持原有的组织结构与业务流程，选择性使用或执行信息技术。

（2）政府官员个人数字化意识差异导致共享数据的有效性与质量偏低。将大数据技术运用于政府治理的目的在于实现政府部门的扁平化和部门间的协同行动。但当下我国政府治理中采用的大数据技术主要应用于政务服务，所有的数据都是围绕政府工作的需要而形成的，并非基于社会的最广泛需求。数据共享只是上级下达的政治任务，只需完成数据共享权责清单内明确划分的部门共享业务即可。对于一些政府官员来说，他们并不能够意识到大数据的价值和作用，数据共享在他们看来只是一项日常的工作，而且政府部门上传到政务服务中心的数据中含有较多的无用数据。

（3）各部门在数据共享业务方面往往各自为政，缺乏权威性统筹部门。一方面，目前我国数据共享的主要业务开展部门以及应用部门都在地方大数据局与地方政务服务中心，但是这些数据统筹部门不具备高于其他部门的权威，无法对其他部门就数据共享形成强制性激励。另一方面，长期以来形成的条块分割的权力运行格局，导致政府部门信息供给与需求之间的脱节，有些部门不清楚在哪些部门可以获取自己需要的信息，也不知道自己手中掌控的数据对哪些部门有用，这使得部门之间协同起来非常困难。

（二）大数据治理作用于政府治理的领域

1. 大数据治理推动税收监管创新

近年来，我国税务机关不断革新拓展大数据技术在税收征管领域的应用，已经初步具备了覆盖全部税收工作的风险监管体系。首先，构建高效的大数据库平台。税收征管体制改革之后，税务机关实现了金税三期数据库和征管模式的统一。开发建设大数据云平台，打通涉税"信息孤岛"，加大整合内外部数据的力度，推进数据共建共享。其次，实施"信用+风险"动态监控。近年来，税务机关积极探索建立信用动态评价和风险动态分析评估联动机制。最后，开发税收风险监控系统。各地税务机关探索利用大数据技术开发各类应用系统，加强税收风险管理和监控。例如，河南省税务局以增值税发票管理系统电子底账为核心，与金税三期综合征管软件、防伪税控系统等互联互通，开发应用"增值税发票数据应用分析系统"。

2. 大数据在网络舆论监管中的应用

互联网是信息的集散地、网民情绪的发泄口，更是谣言的滋生地。大数据时代对谣言的产生推波助澜，谣言混杂在大量的数据信息之中。由于谣言类型的多元化、复杂化，往往和言论自由、诽谤等联系在一起，这些因素的不断叠加增加了谣言治理的难度。在信息化社会，网络谣言依凭互联网技术而对政府的治理行动形成新的挑战。首先，互联网产生了新的谣言传播、获取方式，传播、获取谣言的成本大大降低。借助互联网技术的推广，谣言凭借网络平台快速传播，人们在接触到谣言后往往采取多点交叉辐射、接力传递的方法，使得谣言的传播速度呈指数倍增长。其次，网络空间的虚拟性、匿名性和身体不在场、时空压缩与时空延伸等特征进一步加剧了政府监管的难度。网络空间的去中心化和扁平化结构，使得网民能够摆脱身份的限制肆意发表自己的观点，有的网民甚至故意捏造虚假违法信息。

借助大数据技术，我国政府形成了三种典型的网络舆论监管模式。第一种模式：道德规制模式。党和国家也将"建立健全坚持社会主义先进文化前进方向、遵循文化发展规律、有利于激发文化创造活力、保障人民基本文化权益的文化法律制度"作为国家互联网治理的重要内容。第二种模式：技术规制模式。《国家信息化发展战略纲要》中明确提出，"核心技术和设备受制于人，信息资源开发利用不够，信息基础设施普及程度不高"是当下中国网络舆论监管中的难题。第三种模式：法律规制模式。我国目前对于网络空间治理采用的是专门法与其他单行法混合调整模式，由此形成了一个以《中华人民共和国网络安全法》为基本法，其他单行法为补充的网络空间法律体系。

3. 大数据技术在网络问政中的应用

大数据技术使计算机处理海量信息成为可能，原来沉寂、孤立、分散的原子式存在的数据现在开始建立联系，这也促使舆情发酵中信息互动与共享、关系建立与拓展、情绪传播与感染成为可能①。大数据技术的成熟和发展为有效、有序且大规模的公众参与和政府回应创造了新途径。随着互联网大数据技术的普及，网络空间日益成为公众"自下而上"表达政治诉求的新生渠道和重要载体。比如，近年来以 12345 政务热线为代表的热线问政，在国内大多数城市，尤其是北京、上海、广州、深圳等超大城市中，已经成为市民联系政府最为便捷而有效的形式。在政务热线运行过程中，这些城市积极整合政务网站、博客、微博、微信、App 等多元化市民诉求表达"入口"，传统的政民互动过程从"市民→各职能部门→市民"，变成"市民→政务热线→各职能部门→政务热线→市民"的新模式。

智慧政务②

政务服务中心多举措打通政社互动渠道。近年来，政务服务中心借助 MAX-HUB 等智能化产品，从基层政务大厅的日常业务办理，到政务党务信息公开、会议室内的政务沟通，实现了数字化政务的全面升级，进一步提升了政务服务水平和民企满意度。

政务大厅——智能化查询便民利企。作为政府接待来访群众的一线窗口，政务大厅每天都要聚集很多群众。加之政务服务种类多、事务繁杂，手续要求规范，市民进政务大厅办理事务少不了要与柜台工作人员讨论。广州市黄埔区、广州开发区政务服务中心借助 MAXHUB 全面提升了群众进门办业务的体验。进入政务服务大厅，在作为导办自助区的 MAXHUB 智能会议平板前，市民只需要点击几下屏幕，就可以查看办理业务的楼层信息和清晰明了的路线图。社保、护照在哪个窗口办，工商、报关等企业业务该去找谁，不同种类的业务该去哪里办理，政务服务中心的这块大屏幕可以给出清晰明确的路线，不必再找人问路。

---

① 王仕勇. 大数据时代的社会舆情治理：何以可能与何以可为 [J]. 重庆社会科学, 2021 (12).
② 根据互联网资料整理。

政务公开——信息双向交流，提升服务体验。除了业务办理，政务服务大厅还借助 MAXHUB 智能会议平板将党务和政务信息整合起来，方便周边群众能够第一时间了解到最新的政策信息，同时，群众还可以点击触摸屏进一步了解其感兴趣的信息和内容。

智慧政务服务联系政府、社会与企业，使之通过智能化管理进行互动。如图10-2 所示。

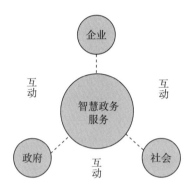

图 10-2　智慧政务服务

三、大数据与经济治理

人工智能既可以通过替代劳动要素、人机融合和人工智能产业链的扩展直接促进经济增长，也可以通过提升人力资本水平，提高技术创新效率、市场效率和政府治理效率间接地促进经济增长[①]。近年来，我国各行各业都积极引入大数据技术，对传统的产业经营结构和模式进行重塑。

首先，大数据技术与创新产业发展模式。大数据治理包括数据标准与规范、数据安全、数据采集、数据存储与管理、数据分析与挖掘、数据运行维护及应用等多个环节。在未来产业发展过程中可以对涉及产业全过程的数据进行采集，深度分析，并在此基础上，将众多产业链数据端连接起来，从而打破产业不同类别与信息之间的鸿沟，在充分共享信息的条件下重塑产业结构。

其次，大数据技术促进关联产业集聚。大数据技术在产业发展领域的作用，不仅仅体现为企业对相关数据的采集、存储，更重要的价值在于通过云计算、分

---

① 程承坪，陈志．人工智能促进中国经济增长的机理——基于理论与实证研究［J］．经济问题，2021（10）．

布式处理、存储和感知等技术的运用，将散落各处的信息进行集成化处理，实现多产业、多渠道信息共享，形成产业集聚效应。例如，辽宁省沈阳市依托应用大数据产业技术的龙头企业，构建以东网超算中心为核心、辐射"东软医疗云""华为智能制造云""浪潮城市云"等云端数据平台的大数据产业体系，实现产业体系内容在各企业、各行业之间信息互通，形成以核心企业为中心的产业集群。

智慧农业①

智慧农业是中国农业由传统经营模式向现代化经营模式转变的一种新形态，希冀借助物联网技术的发展，对农产品生产、加工、运输和销售各个环节实现智能化监管和追踪。以此，提升农产品的流通效率、市场供需结构的匹配效率和政府的监管效率。

首先，智慧农业在农产品生产阶段的应用。在传统的农业生产经营模式中，生鲜农产品要经历很多中间商环节才能够到达消费者端，即使产品有质量问题也很难溯源。如此一来就无法有效对农产品质量形成监管，进而导致一些食品安全问题。借助物联网等技术，可以在生产环节建立智能生产管理系统，记录农产品的生产信息。当下采用的农产品生产监管技术主要有无线传感器技术、GPS 和GIS 技术。生产者会将种子信息、生长周期、位置以及所需的湿度、温度、土壤含量等信息统一录入系统，汇总到数据库后方便他人查阅。

其次，智慧农业在农产品加工阶段的应用。农产品加工环节是决定产品质量关键的一环。现在曝光的农产品加工环节的问题，比如香蕉用药水浸泡后保鲜，某超市将发臭的猪肉用药水除臭后继续售卖等，这些现象都深深刺痛了消费者的心。由于在生产阶段，每一个产品都贴了标签，如果质量有问题，可以做到顺利追踪。此外，在加工过程中，加工工序、配套人员、加工车间、加工时间、加工程度等所有的信息都会被录入数据库，并在加工过程中安装湿度与温度传感器，以监督加工流程。

再次，智慧农业在农产品仓储阶段的应用。冷藏仓储是农产品保鲜中的重要环节。由于农产品的特殊性，大多都不易保存，对仓库的温度、湿度等要求非常严格。智能仓储可以辅助企业将农产品实时动态信息及时传递给仓储管理员，以便仓库管理者调至合理温度和湿度。出入库信息同时也可以输入政府监管系统，供政府实时监管和消费者查询相关信息。

---

① 根据互联网资料整理。

最后，智慧农业在农产品运输阶段的应用。在传统的农业经营模式中，由于供给方与需求方信息沟通不畅，很多农产品在经过长途运输后往往还需要通过层层经销商，这使得农产品在这些环节中产生了大量的损耗。借助物联网技术，原材料生产者、加工商、仓储管理者、第三方物流和分销商都可以实时查阅农产品在所有环节的信息，采用 GPS 和 GIS 对运输车辆进行实时追踪与定位，当车辆发生故障和路线偏离时，启动预警机制和及时救援系统。

案　例
灵台县的苹果产业发展

灵台县位于陇东黄土高原南缘，属黄土高原沟壑区，在泾河与渭河之间。由于产业基础比较薄弱，经营能力比较差，经济发展一直比较滞后。但这里土层深厚，通透性好，光热资源丰富，昼夜温差大，空气和土壤污染指数小而盛产苹果。改革开放初期，灵台县在省市两级政府的支持下，顺应改革开放的大潮，大力发展苹果产业，提出了"一乡一业、一村一品，大搞多种经营"的发展思路。1980 年包产到户后，有的果园村集体继续经营，有的果园则承包给农户经营。从 1985 年零星种植的 5000 多亩苹果树，到 1990 年达到 3 万余亩，接下来灵台县苹果产业发展形势一片大好，到 2001 年苹果树种植面积达到近 10 万亩。从 1982 年到 1998 年苹果的产量一直处于强劲的上升势头。然而，随着树龄的增加，因品种退化，树体衰弱，经济效益差，经营不善，放任不管，病虫危害严重，苹果产业第一次培育尝试宣告失败。从 1999 年开始，为了发展当地农村支柱产业解决群众生活生计问题，灵台县政府动员群众开始第二次大规模苹果树种植。至 1994 年底，全县果园面积 44723 亩，到 2000 年全县果园面积甚至最高达到 10 万亩。然而好景不长，全国果品市场持续低迷，苹果价格低，效益不明显，无龙头企业引领，导致果品滞销，果园管理松散放任，病虫害蔓延，果树死亡。苹果产业第二次培育尝试因此草草收场。2000 年底开始大面积挖除残败果园，苹果面积逐年衰减，到 2005 年果园基本被全部挖除。2006 年温暖和煦的春风给当地带来了振奋人心的消息，灵台县被农业农村部（原农业部）确定为全国苹果最佳适生区，被甘肃省确定为 18 个苹果发展优势区域重点县和省列扶持村级集体经济发展试点。在中央、省、市三级政府的重点扶持下，灵台县从 2006 年开始重启大规模苹果产业发展的征程。

资料来源：http://pl.gansudaily.com.cn/system/2017/11/03/016842523_01.shtml.

案例讨论

辅助农户尽可能多地获取市场供求信息、农业产业技术信息等是促进欠发达地区农业产业振兴的关键要素。灵台县政府在扶持和促进当地苹果产业发展过程中，如果能有效利用大数据治理技术，当地的苹果产业是否可以避免"三起三落"的窘境？如果你是当地政府官员，如何利用大数据技术促进苹果产业的进一步发展？

复习思考题

1. 浅谈大数据技术在社会治理中的作用？
2. 大数据治理对传统政府治理的影响？
3. 大数据技术对于提升政府宏观经济调控能力有什么作用？

参考文献

［1］中共中央马克思恩格斯列宁斯大林著作编译局编译．马克思恩格斯文集（第1卷）［M］．北京：人民出版社，2012.

［2］周三多等．管理学——原理与方法（第七版）［M］．上海：复旦大学出版社，2018.

［3］邢以群．管理学（第五版）［M］．杭州：浙江大学出版社，2019.

［4］夏书章．行政管理学（第六版）［M］．广州：中山大学出版社，2018.

［5］蔡立辉，王乐夫．公共管理学（第三版）［M］．北京：中国人民大学出版社，2022.

［6］张康之，郑家昊．公共管理学（第二版）［M］．北京：中国人民大学出版社，2019.

［7］［美］彼得·德鲁克．管理的实践［M］．齐若兰译．北京：机械工业出版社，2019.

［8］［美］切斯特·巴纳德．组织与管理［M］．詹正茂译．北京：机械工业出版社，2016.

［9］赫伯特·赫尼曼等．组织人员配置（第7版）［M］．徐世勇等，译．北京：中国人民大学出版社，2017.

［10］［美］迈克尔·波特．竞争战略［M］．北京：中信出版社，2014.

［11］［美］迈克尔·哈默，詹姆斯·钱匹．企业再造［M］．小草译．南昌：江西人民出版社，2019.

［12］［美］彼得·圣吉．第五项修炼：学习型组织的艺术与实践［M］．张成林译．北京：中信出版社，2018.

［13］王宏伟．公共危机管理概论（第二版）［M］．北京：中国人民大学出版社，2021.

［14］杨月巧．新应急管理概论［M］．北京：中国人民大学出版社，2020.

［15］［美］迈克尔·K.林德尔等．公共危机与应急管理概论［M］．王宏伟译．北京：中国人民大学出版社，2016.

［16］罗建军，卢红．应急管理概论［M］．长沙：湖南科学技术出版

社，2011.

　　［17］薛捷，李岱素．知识管理——理论与实践［M］．广州：广东经济出版社，2009.

　　［18］易凌峰，朱景琪．知识管理［M］．上海：复旦大学出版社，2008.

　　［19］南希·M.狄克逊．共有知识——企业知识共享的方法与案例［M］．王书贵，沈群红译．北京：人民邮电出版社，2002.

　　［20］［日］野中郁次郎，竹内弘高．创造知识的企业　领先企业持续创新的动力［M］．吴庆海译．北京：人民邮电出版社，2019.

　　［21］姚伟．知识管理［M］．北京：清华大学出版社，2020.

　　［22］李海生．知识管理技术与应用［M］．北京：北京邮电大学出版社，2012.

　　［23］涂子沛．大数据及其成因［J］．科学与社会，2014（1）.

　　［24］齐志远．从数据到大数据技术：实践对传统主客二分的超越［J］．北京理工大学学报（社会科学版），2022（1）.

　　［25］侯东德，张可法．"人工智能黑客"的法律规制［J］．重庆大学学报（社会科学版），2022（4）.

　　［26］陈兵，马贤茹．数据要素权益配置类型化研究［J］．科技与法律（中英文），2022（1）.

　　［27］许阳，胡月．政府数据治理的概念、应用场域及多重困境：研究综述与展望［J］．情报理论与实践，2022（1）.

　　［28］陈鹏．数据的权力：应用与规制［J］．安徽师范大学学报（人文社会科学版），2021（5）.

　　［29］安小米，王丽丽．大数据治理体系构建方法论框架研究［J］．图书情报工作，2019（24）.

　　［30］吴勇，黎梦兵．新兴信息技术赋能环境治理的风险及其法律规制［J］．湖南师范大学社会科学学报，2022（2）.

　　［31］王仕勇．大数据时代的社会舆情治理：何以可能与何以可为［J］．重庆社会科学，2021（12）.

　　［32］夏晖．关于战略管理理论发展历程的综述［J］．中南民族大学学报（人文社会科学版），2003，23（8）：91-93.

　　［33］汪涛，万健坚．西方战略管理理论的发展历程、演进规律及未来趋势［J］．外国经济与管理，2002，24（3）：7-12.

　　［34］宋波，徐飞，伍青生．企业战略管理理论研究的若干前沿问题［J］．上海管理科学，2011，33（3）.

［35］李海波，丁堃，苏朝晖．国外知识管理中知识的基本概念研究进展及评析［J］．科技管理研究，2012（8）．

［36］Maryam Alavi，Dorothy E. Leidner，知识管理和知识管理系统：概念基础和研究课题［J］．郑文全译．管理世界，2012（05）：157-169.

［37］陈文川，余应敏．国家治理现代化背景下政府内部控制的职能拓展［J］.审计研究，2016（4）．

［38］吴益兵，廖义刚．国家能力视角下的政府内部控制体系构建［J］．厦门大学学报（哲学社会科学版），2021（1）．

［39］郑石桥，徐国强，于明星．中国古代法律制度中的内部控制思想考略［J］．法制与经济（下旬刊），2009（2）．

［40］陈天祥．乱问责现象溯源及治理之道［J］．人民论坛，2020（34）．

［41］江国华，罗栋梁．乡镇政府治理职能完善与治理能力现代化转型［J］．江西社会科学，2021（7）．

［42］池国华，王会金．内部控制在现代国家治理中的角色定位与作用机制［J］．财经问题研究，2019（1）．

［43］池国华，郭芮佳，王会金．政府审计的内部控制改善功能能够增强制度反腐效果吗——基于中央企业控股上市公司的实证分析［J］．会计研究，2021（1）.

［44］晁娜娜，杨汭华．耕地规模、农业保险认知及其潜在需求的多样化——基于全国6492个粮食种植户的考察［J］．财经科学，2017（5）．

［45］焦长权．中国地方政府的财政自给能力：历史演变与层级差异（1990—2014）［J］．开放时代，2020（3）．

［46］田先红．弹性财政：基层化缘行为及其解释［J］．西北师大学报（社会科学版），2021（2）．

［47］Prahalad C. K.，Hamel . G. The Core Competence of the Corporation［J］．Harvard Business Review，1990（5）．

［48］U. S. GAO. Standards for Internal Control in the Federal Government［S］．2014-09-10.

［49］U. S. GAO. Standards for Internal Control in the Federal Government（Supersedes AIMD-98-21.3.1［S］．1999-11-01.

［50］陈永隆．第三代知识管理 KM 3.0［EB/OL］．http://blog. sina. com. cn/s/blog_6cbcbce60100nmf4. html，2021-09-23.

［51］新加坡某政府部门知识管理门户案例［EB/OL］．http://www. kmpro. cn/html/hyzsgl/yiliaoyiyuanxingye/xingyeguandian/2011/0807/10688. html，2021-09-21.